U0869876

识干家

企業閱讀　學以致用

HR

三支柱与
业务型人力资源部建设

段凤鸣——著

The construction
of HR three pillars and
business-oriented HR
department

北京燕山出版社
BEIJING YANSHAN PRESS

图书在版编目（CIP）数据

三支柱与业务型人力资源部建设 / 段凤鸣著. -- 北京：北京燕山出版社，2022.4

ISBN 978-7-5402-6457-4

Ⅰ.①三… Ⅱ.①段… Ⅲ.①企业管理－人力资源管理－研究 Ⅳ.①F272.92

中国版本图书馆 CIP 数据核字（2022）第 041373 号

书　　名：三支柱与业务型人力资源部建设
作　　者：段凤鸣
责任编辑：满　懿
出版发行：北京燕山出版社
地　　址：北京市丰台区东铁匠营苇子坑 138 号
网　　址：http://www.bjyspress.com
电　　话：（010）65240430
电子邮箱：bjyspress@126.com
印　　刷：河北宝昌佳彩印刷有限公司
经　　销：新华书店
规　　格：170 毫米×240 毫米　1/16 开　21.25 印张　274 千字
版　　次：2022 年 4 月第 1 版　　2022 年 4 月第 1 次印刷
定　　价：88.00 元

导读

如果问你 HR 在业务高管心中的地位高吗？很多人会明确地回答“No”。

如果问你 HR 的工作忙吗？要求高吗？很多人会毫不犹豫地回答“Yes”。

显然，一定是什么地方出了问题。

我于 1998 年大学毕业，2001 年在培训部门做人力资源工作。20 多年的知识积累和实践让我对人力资源有了深刻的认识，我热爱这个职业。然而，HR 在大多数公司的地位不太重要，与业务的关系也是若即若离。本书的写作初衷是希望加强 HR 部门与业务部门的连接，凸显 HR 的价值并提高其地位。

2010 年以后，在 HR 专业化的道路上，中国的人力资源从业者在外资企业和咨询公司的带动下，大力探索下一阶段的 HR 管理道路。特别是在戴维·尤里奇的三支柱和 BP 理论的指导下，很多在中国的外资企业和本土企业开始学习并探索属于自己的人力资源管理模式，其背后的基本思路就是**从专业型的 HR 管理走向业务型的 HR 管理**。

2021 年，建设业务型人力资源部门，从真正意义上重新定义 HR，让自己的工作围绕业务，成为业务发展的一部分且好坏也由业务及其结果评判，已成为业界的普遍共识。

本书从业务型 HR 部门的画像及如何搭建两方面入手，既从咨询的角度提供前沿理论和方法论，又为 HR 管理者特别是转型项目操盘者提

供从规划、设计到项目管理的全方位、系统性的框架、步骤和实战工具，涵盖了从搭建到落地的所有关键细节。

本书将对正在考虑、处于规划中或者已经搭建了“人力资源三支柱”“HRBP 体系”和“共享服务中心”的 CHO、HRD、HRM、项目总监和专家提供卓有成效的方法论指导，同时对后“三支柱”的人力资源部门建设提供完整的建设思路、框架和路径。

本书将给渴望提升 HR 地位、能力，以及致力于打通业务部门和 HR 部门的所有 HR 从业者提供一个完整的理论和实践体系。

本书英文名词注释

HR：Human Resources，人力资源

BP：Business Partner，业务伙伴

CoE：Center of Experts，专家中心

SSC：Shared Service Center，共享服务中心

SME：Subject Matter Expert，主题专家

CPO：Chief People Officer，首席人力资源官

HRG：Human Resource Generallist，政委（业务伙伴）

OD：Organization Development，组织发展

JD：Job Description，岗位描述

FAQ：Frequently Asked Questions，常见问题与回答

CIP：Continuous Improvement Process，持续改善流程

KPI：Key Performance Indicator，关键绩效指标

OKR：Objectives & Key Results，目标与关键成果

SC：Steering Committee，决策委员会

目 录

第二篇　搭建 HR 三支柱与业务型 HR

第一篇

解读 HR 三支柱与业务型 HR

第一章
为何要建设业务型 HR 部门

本书的主体部分回答了 What——什么是业务型人力资源部门，以及 How——如何建设的两个问题，但是没有解答 Why——为什么要建设的问题。下面将 Why 单列出来分享，这样大家对业务型人力资源管理部门建设会有完整而全面的理解。

第一节 新环境对 HR 管理有了更高要求

一、从科学管理走向人本管理是对 HR 管理的最大挑战

100 年来，管理经历了科学管理、目标管理和人本管理三个阶段。当代中国的人力资源管理并存这三种管理模式。

一般而言，大规模的工厂采用的是科学管理，一般的办公室员工采用的是目标管理，创新性的研发和中高层管理者采用的是人本管理。传统制造业同现代制造业、金融地产业和互联网行业的管理模式也不一样。

目标管理依然适合中国当前的绝大多数企业的人力资源管理，只要充分理解其本质，充分利用其科学性来指导管理工作的应用和操作，就可以极大地发挥员工的潜力，满足企业的管理需求。

人本管理是管理的理想。笔者想科学管理和人本管理在当今社会很长一段时间将并存，人本管理代表一种趋势。科学管理是基础和铺垫，无法逾越科学管理而直接进入人本管理。

二、新时代企业的组织发展对 HR 管理提出了新要求

为帮助企业更好地推动业务发展，企业的管理体系的设计和落实工

作将由人力资源管理者完成，这就要求人力资源部门在组织的顶层架构设计、路径选择及规划方面具备顶层设计的能力。这样才可以在大的方向和结构上不失偏颇，为后期的组织发展和战斗力的提升打好基础。

（一）设计组织发展的顶层架构

从图 1-1 卡普兰 · 诺顿战略地图可以看出，在价值链的四个视角中离不开员工的学习和成长，离不开富有创造力的组织和人才建设，这就意味着人力资源管理在战略制定中将扮演至关重要的角色。

人力资源部门在主持、设计组织顶层架构方面，对参与设计的人和设计活动有很高的要求：

（1）要有一位可以主持和参与顶层设计方面工作的组织发展专家。

（2）要有能影响老板和高层的谋士，既懂战略又能说清楚战略是什么的人。

（3）需要帮助高层保持开放的心态，不要只关注以前的成功，要着眼于未来。

（4）供需不匹配：顶层架构设计开始不要太理想，否则组织能力不匹配，无法落地。

（5）不能让设计出来的架构显得太专业，而难以理解，从而影响后面的落地。

人力资源管理者与高管在制定顶层架构与战略的过程中，需要有能力驾驭、引导这样的讨论并协商达成一致。

组织的顶层架构设计是一项专业工作，对人力资源管理者和公司管理者都提出了非常高的要求。人力资源管理部门能够从总体上把握和促成高质量的顶层设计的成果非常重要，只有这样，HR 才能在业务中占有一席之地。

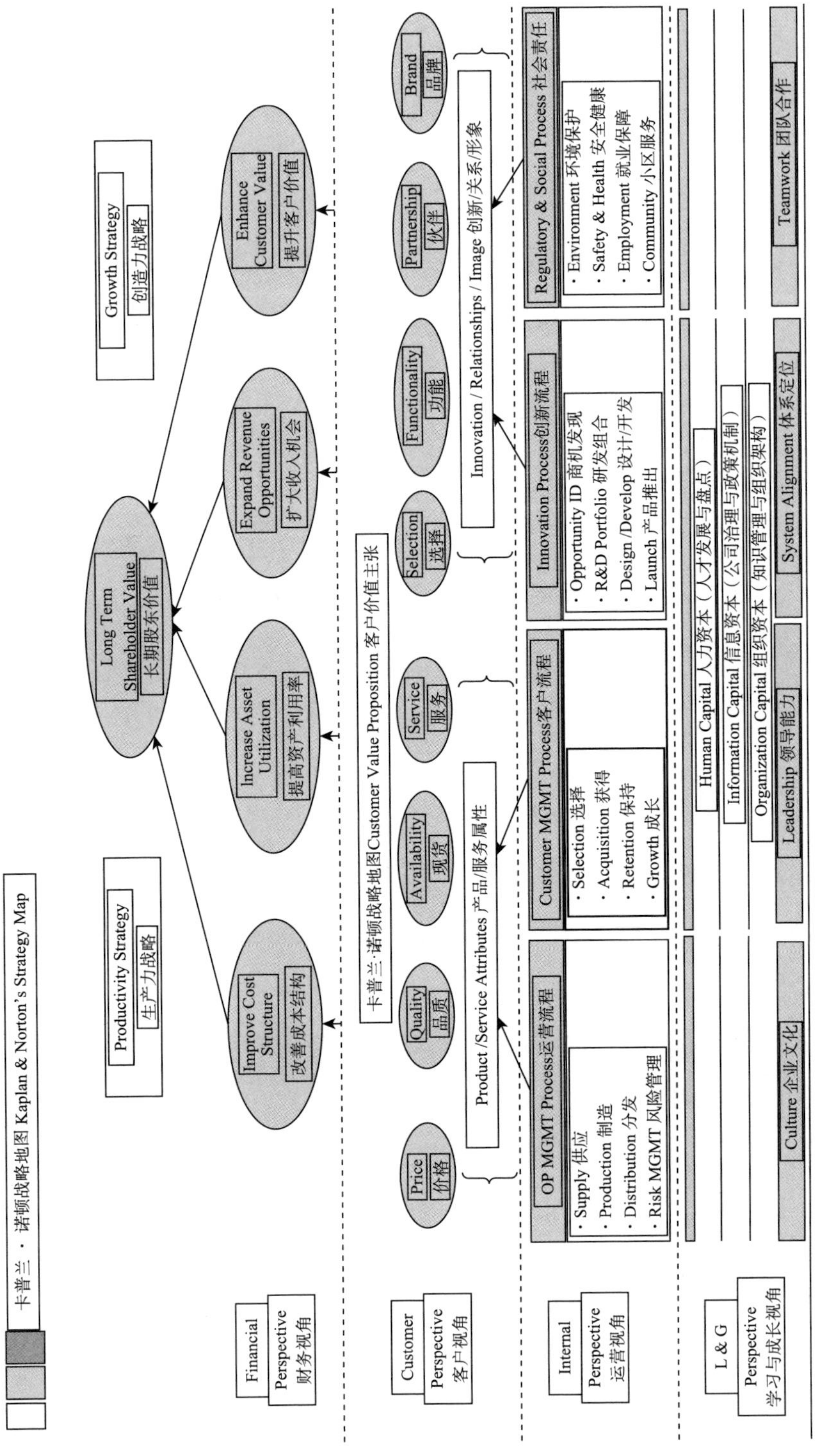

图 1－1 卡普兰·诺顿战略地图

（二）组织顶层设计之后的具体组织发展链条的设计和落实将主要由人力资源管理部门负责

这些工作包括路径规划与设计，具体模块的设计与落实，以及过程中需要考虑各个模块的相互关联。当然，HR 作为这些模板设计搭建的项目负责人，要清楚每一个模块都需要业务管理者与 HR 一同协作才可以完成，离开业务的参与将无法执行。组织发展链条的设计和落实，如图 1-2 所示。

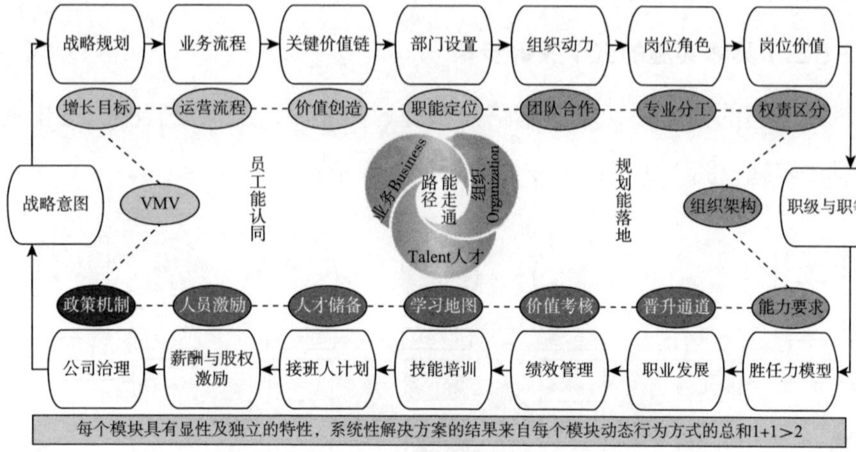

图 1-2　组织发展链条的设计和落实

图 1-2 说明了各个板块的关联性和因果关系：

（1）最外围是第一条线，当业务战略意图明确后，从战略规划开始到业务流程、岗位角色、胜任力模型、绩效管理、薪酬与股权激励，构成了一条完整的从战略制定到战略达成的路线图。

（2）向内的第二条线是配合第一条线执行的关键举措，比如战略规划下面需要制定战略目标，为实现战略目标，需要后续的关键举措，比如业务流程设计、职能定位、专业分工等。

（3）向内的第三条线高度概括了达成业务战略必须具备的三个条件，

即员工能认同、路径能走通和规划能落地。这是实现企业战略落地的指导原则，也是战略落地的核心精神，缺一不可。

以上活动本来都需要 HR 部门参加，但现实未必如此。一方面要看 HR 在业务中的影响力及业务部门对 HR 的重视；另一方面取决于 HR 的能力和实力。所以，不是人力资源管理者的角色不清，关键在于我们在这个舞台上是否有能力发挥自己的价值和才能。

优秀的企业和组织，需要建设和落实好这三条路线，这就意味着没有强有力的 HR 加持，企业和组织也很难成功。

（三）具体实施的五个关键步骤

在战略的顶层设计、实施路径和规划完成后，组织发展的第三步就是具体实施，图 1-3 是组织发展的五个关键步骤。

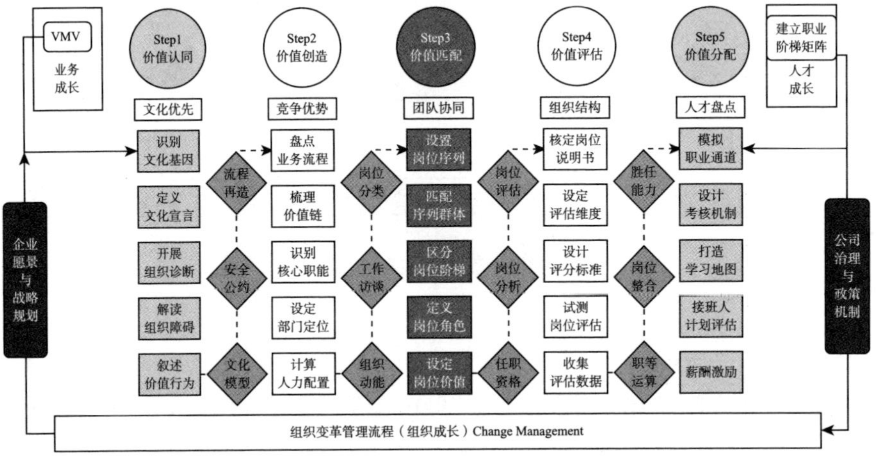

图 1-3　组织发展的五个关键步骤

这五个步骤和具体工具的设计及交付，为人力资源管理者提供了非常明确的行动方向和执行步骤。这五个步骤从价值认同、价值创造、价值匹配、价值评估和价值分配五个方面锚定了组织管理的关键管理行为，也表达了它们之间的相互关系，以及实现组织发展的阶段性目标。

为了能够落实组织发展的五个阶段的高质量的交付成果，需要人力资源部门做好以下五个方面的具体工作：

（1）参与制定企业愿景、战略规划，确保企业把准方向和文化基调。

（2）有效安排组织诊断，并基于诊断结果梳理业务流程和价值链，重新构建组织架构和治理模式。

（3）设定人才选、用、育、留的标准体系，为价值评估做好标尺。

（4）做好人才盘点和培养体系的搭建和项目设计，确保合理的人才密度。

（5）将以上板块和内容梳理呈现为企业的人力资源管理政策和指导文件，指导组织行为。

未来很长一段时间，经济的发展、企业管理的发展和组织的发展离不开高质量的人力资源管理。一方面对企业人力资源管理者和管理体系提出了更高的要求；另一方面也需要企业的 CEO 认识到人力资源管理的重要性，并能够学习如何协同人力资源部门努力实现业务和组织的高质量发展，这也是业务型人力资源部门建设的重要步骤。

三、离开了 HR 部门，组织将难以平衡

有人说：“离开了人力资源部门，公司可以照常运作，CEO 可能会活得更好。”笔者不同意这样的观点。

离开了人力资源部门，从员工招聘到解聘再到退休的整个生命周期的日常人力资源管理工作由谁来做？

离开了人力资源部门，从人力分析规划及预算、定岗定级及组织架构设计与调整、人才标准建立、人才盘点与发展计划到绩效设计与组织绩效提升、员工短中长期薪酬激励计划及企业文化建设的政策、流程和方案设计由谁来完成？

离开了人力资源部门，从“人”的角度的战略意图、战略制定到解码及落地如何执行？

离开了人力资源部门，人的价值创造、价值评估和价值分配的问题收集、澄清、方案设计及落地的整个过程，谁可以替代？

与 CEO 和所有业务管理者的沟通、协作、谏言反馈，甚至提出反对意见的工作，加上员工心理和人文关怀等事无巨细的工作由谁来承担？

这些工作都要让管理者和 CEO 承担吗？

如果这样，公司的市场、产品开发、生产、销售、供应链管理及售后服务由谁来做？如此，答案不言而喻！

正常的做法是：HR 同业务高管一起参与战略地图甚至战略意图的制定，然后一起制定战略目标、业绩指标并参与订立业绩合同。这些工作完成后，HR 还要跟管理者一起做阶段性绩效回顾和计划，必要时提供人力资源支持。比如没有制度就要定制度，需要干预时就要及时引导和干预。如果 HR 从一开始就没有参与战略制定，那么他就无法参与人力资源管理制度或者营造企业文化氛围等工作的规划与执行。

如果一个组织缺了 HR 的角色去制衡业务管理中人的利益，去平衡战略、组织、人才及人力资源管理的方方面面，这个组织特别是规模以上的企业，管理很难顺畅，企业的组织战斗力很难强大。缺了 HR 角色的制衡，把这些工作都交给业务部门自己去平衡，平衡不了就去找 CEO，总有一天老板会被逼疯或者“累死”。

所以，经济发展离不开强大的人力资源管理部门，这是现代经济发展赋予人力资源部门的机遇，也是挑战。

第二节 业务型人力资源部门是 HR 发展的必然

一、人力资源管理发展的三个阶段

人力资源管理在中国的发展分为三个阶段：第一阶段是行政性人事服务，第二阶段是专业型人力资源管理，第三阶段是业务型人力资源管理。大部分中国企业正在从第一阶段向第二阶段转型，少部分企业正经历第二阶段向第三阶段的转型。人力资源管理发展的三个阶段，如图 1-4 所示。

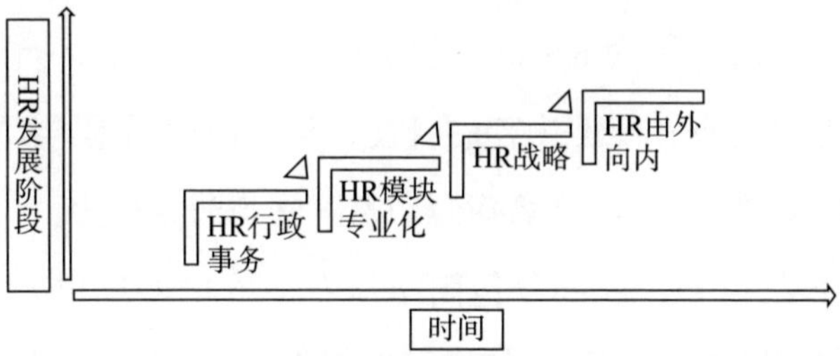

图 1-4 人力资源管理发展的三个阶段

第一阶段的 HR 以行政事务性工作为核心，包括招聘、薪酬福利、员工服务等工作，HR 的角色定位也非常清楚，做好基本事务和服务工作，无须参与太多业务。

第二阶段的人力资源管理工作对 HR 团队的专业要求高，这个阶段的 HR 将大部分的时间、精力花在专业体系建设上，人事部门也转型为人力资源管理部门，系统的六大模块将以专业的形式搭建和完善。

第三阶段是业务型 HR，是戴维·尤里奇对未来 HR 发展趋势的预测，也是 HR 发展的必然趋势。这里强调的是整个 HR 团队工作的指向是业务，在 HR 部门内部需要做好配合，在业务战略、专业和运营三个方面高效协同，力出一孔。

尽管人力资源管理发展的三个阶段有明显的差异和分界点，但是它们的关系是叠加的。也就是说，企业的人力资源管理的三个阶段无法跳跃式发展，没有第一阶段作为基础，就无法走向第二阶段。同样，没有专业的 HR 体系搭建和 HR 团队的专业能力建设，想到达第三阶段也是不可能的。但是在利用资源方面，第三阶段比第二阶段灵活。按照现在社会专业资源的丰富度来看，当企业发展到第三阶段，第一和第二阶段发展所需的资源大多都可以社会化。也就是说，事务性工作将被社会化或者逐步外包，专业的系统搭建、问题诊断和解决方案设计也可以引入专业的咨询公司。

到了第三阶段，因为 HR 的角色逐步向业务靠拢，不允许投入太多的时间、精力做运营和专业内容的开发，与其自己做得不满意，还不如找专业的机构承接，这样 HR 就可以节省时间与业务互动。

有一点非常重要，外部分包商是从专业的角度提供方案，但是他们对组织内的问题的了解远不如自己的 HR。也就是说，他们对客户需求的了解需要 HR 提供更重要的信息作为输入，HR 也要与外部专业机构讨论，并共创出属于自己组织的解决方案。因此，作为未来企业仅剩不多的 HR，除了了解业务建立关系外，专业的判断能力将是门槛，无人替代。

二、人力资源管理遇到的挑战

在谈 HR 挑战前，我们先谈一下近代人力资源管理发展的几个关键的人和事。这里不得不提到戴维·尤里奇，作为人力资源领域的管理大师，目前他还非常活跃，来过中国很多次，非常乐于给中国的人力资源管理者提供咨询和帮助。

这几年，笔者跟尤里奇老师多次探讨过人力资源转型、三支柱和业务型人力资源建设的问题。从笔者与尤里奇老师的接触和对他的学术研究来看，HR 部门面临的挑战有以下几个方面：

（1）在打造组织能力方面：全球化趋势给企业带来新的挑战，企业要在竞争中占有一席之地，不仅要不断提高自己的制造能力，还要兼顾质量、顾客、营销和品牌等方面，这就需要企业建立一个互信的团队、一个高效的组织。人力资源部门就是帮助企业创造、维护组织能力的部门。

（2）在 HR 部门自身能力建设方面：对企业来说，竞争对手可以模仿企业的资金渠道、战略和技术，却不能模仿企业中的人。尤里奇认为，HR 人员的素质可以影响 19% 可控的企业绩效。他的研究结果显示，“只有大约 50% 的企业绩效处于管理层的控制之内，其他 50% 可能是源自政府、病毒等不可控因素。在可控的企业绩效里，19% 取决于 HR 人员的素质。”显然，提高 HR 人员的素质，已经成为提高企业绩效的关键。

（3）在业务对 HR 及 HR 自身的角色定位方面：在新的形势下，人力资源部门不能仅仅是行政支持部门，还应该是企业的战略伙伴、变革先锋、专业管理部门和员工的主心骨。尤里奇认为，要为人力资源部门制定全新的职能和纲领，让它不再把重心放在员工招聘或薪资福利这样的传统活动上，而是把重心放在结果上。也就是说，人力资源部门的意义不在于做了多少事情，而在于给企业带来了什么成果——帮助企业创造多少价值，为客户、投资者和员工提供多少增加值。人力资源部门的新使命，要求人力资源工作者彻底改变自己的思维方式和行为方式。

我们可以感觉到，无论是国内还是国外的 HR 管理者，在社会、经济和政治 VUCA[①] 的情况下，需要在帮助组织提高战斗力方面有所作为，同时需要改变以往对自己角色的定位和认知，并加快提升自己配套的能力和素质。由此，人力资源管理部门必须改变，否则就是第一个被“改变”的部门。

为此，HR 必须做出以下改变：

（1）HR 必须从繁杂的事务性工作中慢慢解脱出来，将大部分时间用在业务和业务管理者身上，从事的工作要对业务结果产生作用。

（2）HR 作为一个团队和部门，必须理解业务，为业务赋能，将所有工作指向业务目标的达成。

（3）去除官僚习气，比如利用制度制定者的优势地位或信息不对称来与业务管理者或者员工进行沟通与合作，将自己的注意力和工作重心放在提高业务水平和专业能力上。

从 HR 发展的阶段和挑战可以清楚地看到，业务型 HR 是 HR 发展的必然。

① VUCA 是 volatlity（易变性）、uncertainty（不确定性）、complexity（复杂性）、ambiguity（模糊性）的缩写。

第二章
什么是业务型 HR 部门

第一节　业务型 HR 部门被赋予价值和意义

在人力资源管理的第一和第二阶段中，HR 扮演两个角色：一是执行层的 HR 行政人员，占 HR 团队的大部分；二是少数专业的 HR，他们会在接受业务需求后研究和设计出符合组织和业务需要的规章制度，或者问题解决的项目方案，然后由专家或者执行人员确保落地。

你可能要问，在这样的 HR 团队中，部门的负责人 HRD 或者 HRVP 又在扮演什么角色呢？在这样的专业型 HR 团队里，HR 负责人的主要工作是理解高层的意图和明白高层的需求。在本质上，这样的角色被取代的可能性很强，有了可以，没有也不会产生太大影响。

以上 HR 部门的角色设置，当企业在经济状况好的时候，或者在业务发展对管理的要求没有那么高的时候，这样的专业人力资源管理团队是可以满足业务发展的。这样的情况，对 HR 的下一步发展，比如同业务进行更多互动和引领的需求是不大的。大家也没有动力去改变，因为改变会带来风险，改变会带来痛苦，不改也不会消亡。

当我们在谈 HR 业务型转型的时候，可能出现了如下或者类似的情形：

（1）当我们需要面对复杂多变的经济环境和竞争环境的时候，对战略、组织和人才提出了更高要求。

（2）当组织的发展遇到第二曲线增长乏力的时候，或者面临被淘汰的时候，变革是唯一的出路。

（3）当 HR 的价值面对业务管理者或者员工质疑的时候，HR 不改变将被人改变。

（4）当市场、产品或者技术遇到瓶颈的时候，企业战略必须改变，与之相匹配的人和管理体系必须变革。

当面对这样一个或者多个情景的时候，组织将面临困局甚至生死存亡，HR 部门必须改变，必须让自己更贴近业务。在战略、组织和人才等方面改变这个组织，在帮助组织变革成功的同时也是改变 HR 的契机，这个契机就是建设业务型 HR 部门。

如果你的组织还没有到需要 HR 现在就改变的地步，请不要等待，从一些小的改变开始。

HR 的意义感是至关重要的，业务型人力资源部门的搭建与完善将为人力资源部门的工作赋予意义和价值，这是企业突破 HR 自身第二成长曲线的必由之路。

第二节　业务型 HR 组织架构的设计逻辑

根据以上 HR 工作性质的描述，笔者把人力资源工作按照角色的性质简单总结为操作、专业和战略三类，如图 2-1 所示。

图 2-1　HR 的三类工作内容

这三类工作内容分别代表不同的工作性质。战略指的是理解业务战略，协助制定和落地业务战略，同时制定属于人力资源管理的战略（包括组织、人才战略等），在配合业务实施战略的过程中，始终围绕战略制定 HR 的策略和方案，以业务战略目标的达成为目的。专业指的是基于业务战略需求的诊断和解读，设计专业的体系、流程和方案，同时要求这样的专业是可落地执行的。操作是指 HR 的行政性事务性工作的执行并达到预期规定的质量。

这三类工作背后，可以构建属于未来业务型 HR 的组织架构。作为参考，图 2-2 是目前业务型 HR 普遍采用的三支柱 HR 组织架构。

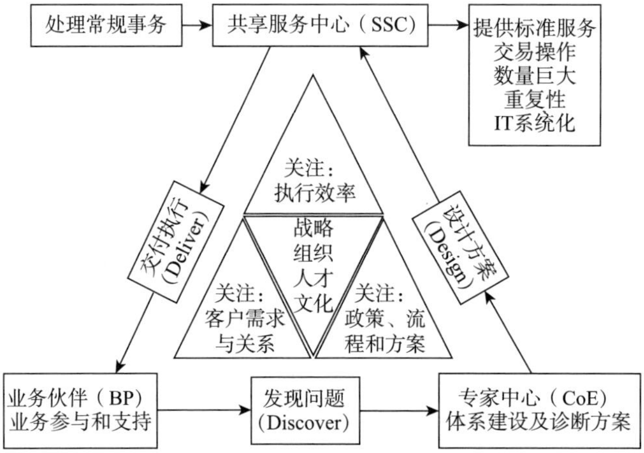

图 2-2　三支柱 HR 组织架构

三支柱由 BP（业务伙伴）、CoE（专家中心）和 SSC（共享服务中心）组成，它们分别代表战略、专业和操作。从解决业务问题的链接来看，这三个角色分别代表了三个 D，即 Discover（发现问题）、Design（设计方案）和 Deliver（交付执行），逻辑非常清晰。

基本的路径是：

第一步：发现问题。BP 作为战略合作伙伴，日常工作中在与业务互动时，发现问题后，进一步与相关人员澄清和明确这是不是一个真实的问题。所以，发现并澄清问题是 BP 的工作重点。

第二步：设计方案。当问题明确后，有时需要专家的支持和帮助，由专家设计出相应的解决方案，过程中也许会需要外部专家的支持和参与，同时要教会 BP 或者 SSC 去执行。

第三步：方案交付。SSC 接到方案后，会根据设计好的流程或者操作步骤去交付方案，过程中会得到 CoE 专家的配合和支持，确保执行的有效和及时。

在这个过程中，BP 将围绕战略性工作展开日常工作，特别是讨论跟战略、组织、人才、文化等有关的话题，这些话题对业务的达成至关重要。

这些话题或者问题的责任人都是 BP，所以他需要对问题的提出、方案和交付的过程及结果全盘负责。BP 也将是面对业务管理者的主要对接人。

当然，不同问题的大小和紧急程度不同，BP 的参与度和要求也千差万别，需要灵活判断和把握。

三 D 的三支柱组织架构是某种理想的组织架构，说是理想，是因为这样的组织架构的设立对 HR 和组织有一定的要求。

（1）业务发展快且竞争激烈，对 HR 团队的诉求高且多，需要 HR 跟业务紧密配合，及时解决业务发展中 HR 的各种问题。

（2）组织的人力资源管理基础比较扎实，事务性 HR 能高效执行，而且在 HR 的专业建设方面有一定的积累，有条件快速设计出专业的解决方案。

（3）业务管理者对 HR 管理比较尊重，对人才比较重视，也愿意在实践中践行业务管理者（人力资源经理）的理念。

（4）HR 团队特别是 HR 负责人自身有很强的危机感，希望通过自身的转型提高 HR 在业务中的地位。

以上是在选择三支柱模式的组织设计时可以参考的条件，可以提前做准备。以上前提不是每一条都需要具备很高要求再去构建三支柱，但是前两条是转型的必要条件，准备度越高，越容易成功。

三支柱为业务型 HR 的组织建设提供了理想的参考，在经过近 20 年的发展和优化之后，三支柱也有很多变形。但万变不离其宗，基本少不了两点：一个是业务伙伴；另一个是方案设计与交付。通常，BP 作为企业的 HR，无论叫什么名称，都不会缺少。至于方案的设计与交付，有些企业是分开的两个角色或者团队，有些是交给一个角色或者团队来完成，这取决于需求。也有一些 BP 承担了部分专业工作和事务性工作，他们会把专业工作和事务性工作的一部分或者大部分外包。

笔者把背后的逻辑叫作小前台和大中台的 HR 组织架构，即 BP 作为前台，CoE 和 SSC 合体作为中台，为客户提供端到端的解决方案。图 2-3 的 HR 组织结构比较完整、全面地描述了这样的组织，可以作为业务型 HR 架构的参考。

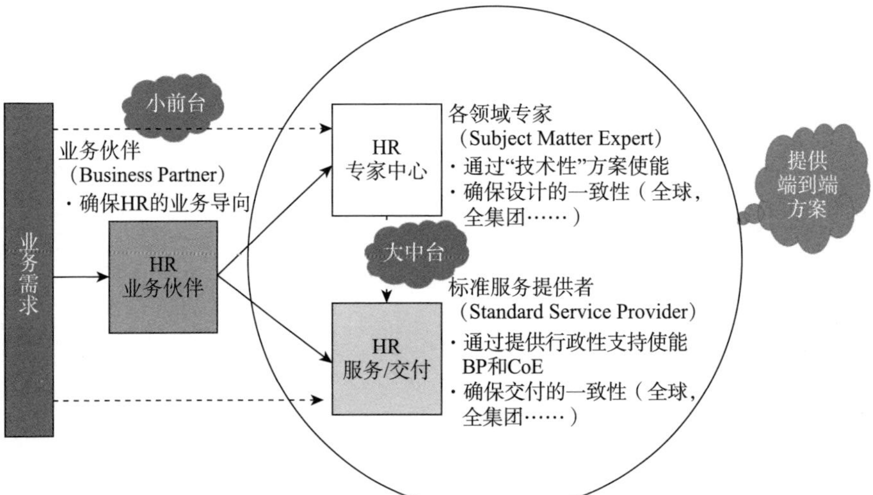

图 2-3　HR 的组织结构

（1）BP 作为小前台，作为与业务对话和落实解决方案的负责人和问题主人，对这样的角色的能力要求高，并且需要具备一些独特的气质，比如对业务高度敏感，有很强的战略思维和组织发展能力。

（2）大中台是方案的设计交付中心，而 BP 将成为内部客户，中台的方案的评价将由 BP 来做。当然，作为方案提供方，也需要同客户密切配合，提高对业务的理解力和方案的落地性，否则收不到客户的钱，企业难以生存。

（3）在三支柱中，笔者大胆预测，专家中心和 SSC 将逐步被社会化和外包，开始可能是内部共享承包，并逐步走向社会化。这样企业的 HR 将保留最少的人头，发挥人员的最大效能。当然，对内部 HR 要求会更高。笔者相信 10 年后这样的 HR 组织会越来越多。

为此，HR 的工作基本可以分为战略型、专业型和事务型，这也基本定义了 HR 的主要角色，基于此，我们也看到了几种基本的 HR 组织框架。第一种是典型的三支柱架构；第二种是前台中台的组织架构，也可以叫作两支柱。未来会有第三种业务型 HR，笔者把它叫作一个半支柱，即一个 BP 角色加上半个运营外包管理者的角色，这里的外包有专业外包和服务外包两种形式。作为专业外包的管理人员相当于 CoE 角色，但主要是与外部专家一起协作并做出专业判断，作为服务外包的管理者相当于 SSC 服务外包管理者。具体角色和交付模式如图 2-4 所示。

（1）BP 可以将大部分精力放在业务管理者，以及对业务本身的观察、了解和参与上，比如将约 20% 的精力放在高管身上，约 60% 的精力放在中层管理者身上，放在日常事务性工作的精力只有不到 20%。

（2）业务管理者会感受到 BP 的存在，从而有条件跟他们互动，相互了解和支持，业务才有可能对组织、人才等工作进行了解和学习，这样才容易达成共识和开展变革项目。

这个三角交付模式反映了以上组织架构的设想，给 HR 部门带来的好处有很多。

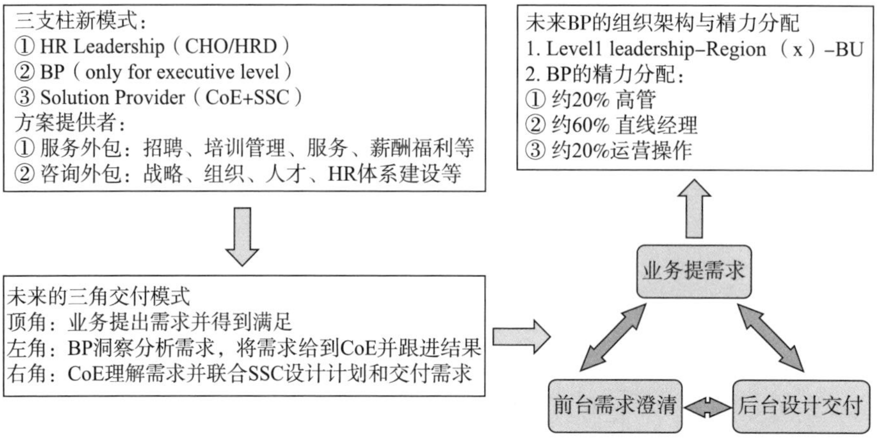

图 2-4　三角交付模式

（3）后台将专家和落地执行的角色放在一个团队，好处是客户不用多头沟通，方案也更容易落地。

HR 三角交付模式同样描述了 HR 的三个主要角色：业务伙伴、HR 专家和落地执行者。

第三节　4 个业务型 HR 部门实践案例

在明确角色和指导思想后，我们需要对业务型 HR 组织中的各个角色的具体工作内容有更深入的了解，这样才能更完整地了解业务型 HR。笔者将选择几家有代表性的业务型 HR 组织架构，来说明业务型 HR 组织的角色、分工和相互关系。这些 HR 组织代表了中国较先进的 HR 组织架构，也是业务型 HR 组织架构的参考范例。了解这些架构后，我们可以思考哪些可以参考和借鉴。这里笔者强调的是借鉴而不是复制，照搬的意义也不大，甚至会适得其反。

【案例一】头牌互联网公司 A 公司 HR 组织架构是典型的三支柱管理模式，角色分为业务伙伴（BP）、专家中心（CoE）和共享服务中心（SSC）。三支柱对这家互联网公司的发展起到非常重要的作用，有些经验可以借鉴，如图 2-5 所示。

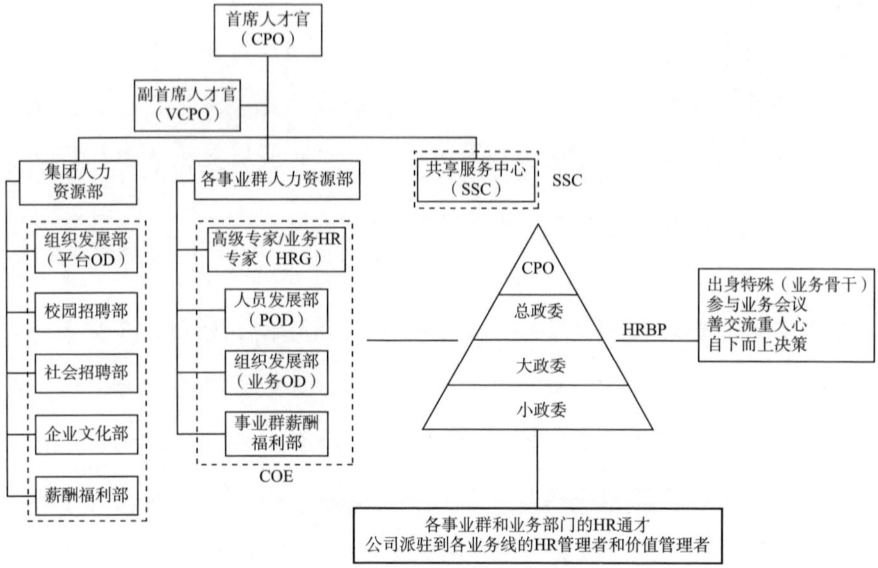

图 2-5　A 公司 HR 组织架构

（1）他们把 BP 叫作政委，取自电视剧《亮剑》里的政委赵刚的形象，并结合了中国军队里的政委角色，将这个政委角色的定位作为参考放到企业的 HR 团队中。政委的角色突出了对业务的洞察，重心放在组织文化与员工的思想工作方面。

（2）日常工作中，BP 必须有超过一半的时间跟业务人员待在一起，陪伴业务人员见客户、讨论方案和解决客户问题等，永远都从业务视角给出解决的建议。政委对负责的业务单位的 HR 工作结果负责，包括招聘、培养、人才盘点、人才任用和保留，以及组织设计、组织发展等工作。

（3）BP的角色很重要，任务也很重。作为互联网公司，在组织建设、人才管理和干部领导力建设上，需要有一套有效的管理手段和工具。比如韦斯伯德的六个盒子已经在企业的组织诊断和建设方面形成了自己的最有成效的方法，成为业内的最佳实践，如此也成为公司在组织发展方面的核心竞争力之一。公司在文化方面建立和强化了软性的价值观来约束员工的行为，关键是将这些软性文化根植在人力资源管理制度和流程的方方面面。除了约束员工的行为，点点滴滴的渗透给企业员工（包括离职的员工）带来了非常具体的正向的影响。比如每年在公司的纪念日都会热情邀请离职员工回娘家聚会，这些小投入对提高公司的影响力和吸引更多的优秀人才产生了非常积极的影响。

（4）组织建设、文化建设和人才领导力建设的体系建设和完善，少不了专家的设计和落地指导等工作。为了设计符合公司文化和业务特点的工具和方案，公司在专业方面的投入是非常大的。公司大力引进一些世界500强最有经验的HR高管和专家，同时会同外部咨询机构进行深度配合。公司愿意花钱去跟外部机构一起共创一个还不成熟或者市场上还没有的管理模型或者工具，这也是需要远见和勇气的。

（5）简化管理手段和表达方式。比如BP归纳出的“管理者的四场仗”，帮助管理者打造高绩效团队，在内部搭建一个有特色落地的干部管理体系，需要管理者做好战略、业务、组织、人才这些点的逻辑梳理。第一仗——“一表人财，总结过去”：系统性文化价值观评估、绩效评估、能力评估；第二仗——“360评估，活在当下”：帮助员工全方位地识别当下的优势与不足；第三仗——“排兵布阵，定下目标”：明确战略方向、了解业务重点、达成KPI共识；第四仗——“晋升大戏，展望未来”：如何通过晋升帮助每一名员工了解自己（高纬度评估），给予提升建议。在执行中给予管理者具体的工具方法，并指导他们实施和落实。

（6）为了方便政委和专家团队把大部分时间花在重要的事情上，共享服务中心担当着将大部分事务性工作承接下去的角色。一方面为他们节省了精力；另一方面共享中心的概念已经被赋予了更高的分析和管理角色。共享服务的工作除了薪酬、员工服务、培训管理和派遣等后勤工作外，在校招、社招、干部管理、领导力建设、总部 HR 赋能，包括文化和组织赋能等方面大都实现了共享服务、共享知识、共享经验。简单来说，所有的共享服务大大解放了政委的时间和精力，同时把 HR 作为一个紧密团结的团队，政委需要什么，其他团队就提供什么服务和支持。

（7）各事业部的 HR 政委直接向 CPO 汇报，不向业务总经理汇报，HR 政委在业务部门的 HR 管理方面有独立的决策权。这样的好处是，HR 在组织架构上得到与业务同等的权力，同时因为 HR 的绩效和晋升不是地方高管评价，所以地方 HR 政委在 HR 事情上的决策比较客观，能约束地方管理者的管理行为。不利的一面可能是政委需要对业务非常了解，有能力建立信任关系，否则会给双方的配合带来不利影响。

（8）HR 三支柱的管理者都向 CPO（Chief People Officer）汇报，对于 HR 管理有利，同时使组织内的知识共享和推动变革更容易。因为组织庞大，业务多样和复杂，每个月政委都需要到总部学习和回炉，需要在文化、组织和公司管理方面保持同步，这样的学习和交流对 HR 团队建设也是非常有利的。

互联网公司的变化在中国是以月计，并且互联网有着敏捷甚至短视的特性，如何在快速变化中寻找和固化这些管理经验和方法，特别是文化不被稀释或者走偏，以不变应万变，对组织提出了非常大的挑战。

【案例二】B 公司是一家外资 500 强大型高科技制造集团，是业务稳定增长的制造企业，图 2-6 是它的 HR 组织架构。公司从 2012 年开始转型，从效果来看，HR 对业务的帮助非常明显，业绩比转型前有较大的提升：BP 剥离 50% 行政事务性工作，SSC 的总体效能每年提升 10% 并持续提升 5 年，整体 HR 人效在转型完成当年实现 30% 以上的提升。

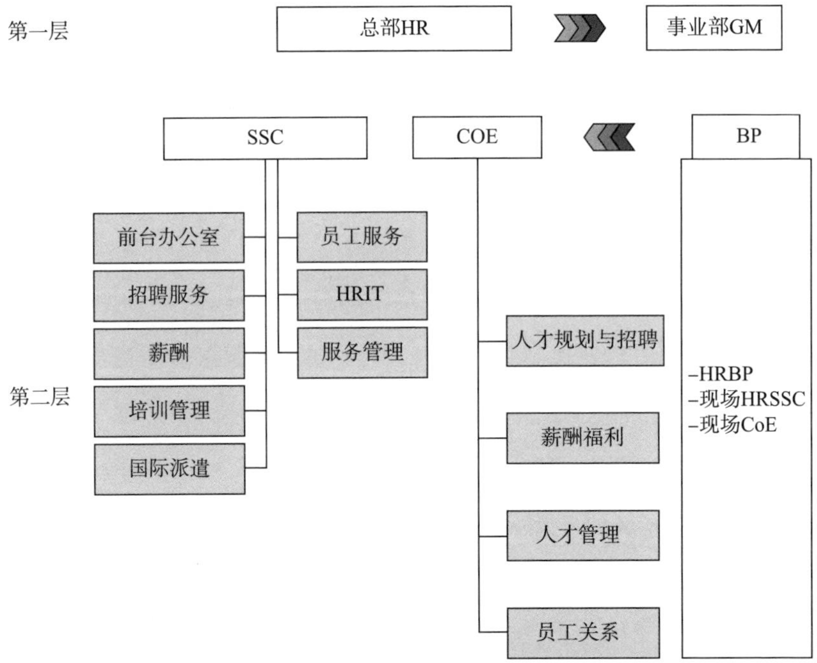

图 2–6 B 公司 HR 组织架构

这家公司也是典型的三支柱管理模式，总部的 HR 负责人只负责专家和共享服务中心的管理，地方的 BP 向地方的业务总经理汇报，总部的 HR 负责人对地方的 BP 没有绩效和晋升的管理及决策的权力，属于典型的弱管控。这里有些地方值得思考和借鉴：

（1）由于各业务单位在营收方面相对独立，BP 向地方汇报的好处是，可以及时响应业务需求并及时提供方案或者服务。

（2）因为 BP 的大部分日常工作被集团内部的 CoE 和 SSC 分担，所以 BP 可以将更多的时间花在业务和管理者身上。

（3）因为 CoE 和 SSC 同属一个老板，所以在集团大的管控政策和流程上可以统一制定、发布和培训，对 BP 的辅导和服务也可以保证一致性，质量上也会有保证。

（4）转型 5 年后，由于每年的降本增效，SSC 的人服比和服务体验逐年提高，对整个组织的贡献也明显提高，这与当年的高质量转型有重要关系。

（5）由于地方 BP 不向总部 CHO 汇报，为了加强对地方业务高管的管控，CHO 增加了一项地方高管的职业发展的管理和晋升的建议权。在一定程度上，加强了 CHO 对地方 BP 的间接影响力。

（6）2019 年，SSC 逐渐从 HR 体系剥离出去，同财务及 IT、法务等组成新的全球服务中心，CHO 对 HR 的实际管控权被大大削弱。大共享将给各业务单位提供打包的共享服务产品，如此走上了内部市场化的道路。

从这个案例可以看出，三支柱并不是一成不变的。在促进业务增长的前提下，三支柱相关的工作不会消失，但 SSC 被逐渐外包出去变成了公共产品，CoE 也可能被逐步外包出去，也会成为公共产品，这两类工作将面对市场化的竞争，做得不好可能被淘汰。另外，也给 SSC 和 CoE 提供了竞争平台，近水楼台先得月，只要能够放下身段，创新产品提高交付能力和质量，也是一个非常大的机遇。在与这家公司的 SSC 负责人沟通的时候，笔者建议他可以在 SSC 内部成立项目和学习小组，提炼转型的经验并将它上升为对外的咨询产品和外包服务，这样可以对外服务，从而产生新的业务机会。

【案例三】以产品为中心的技术加客户体验的 S 公司，财务状况良好，HR 可供调配的资源比较多，图 2-7 是它的 HR 组织架构。

这家公司的前台服务除了核心的战略组织和人才工作外，会直接承接业务提出的很多服务型工作，比如社保和户口管理等。前提是工作不分大小，哪怕是交社保，只要是业务部门认为重要的就尽量满足。后台主要是由 HR 专家组成，为前台提供专业的产品和服务，确保前台可以及时高效地服务业务部门。

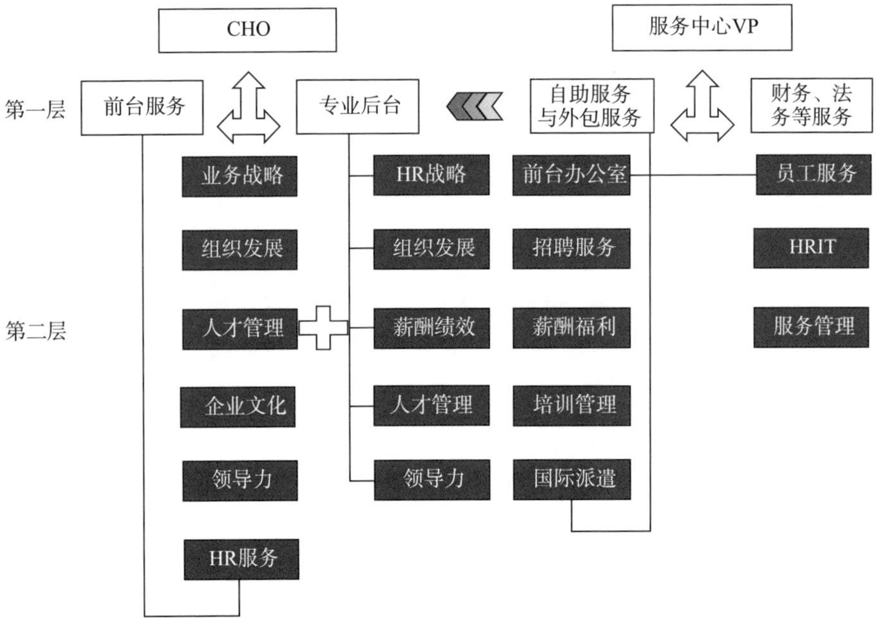

图 2-7 S 公司 HR 组织架构

这样的 HR 组织有不少地方值得我们思考和借鉴：

（1）作为高科技公司，公司有个 iHR 系统为员工提供便捷的自我管理、福利的自我管理平台，比如商业保险申请，员工入 / 离职和培训登记等的员工及管理者的自助服务等，这个平台大大降低了 HR 的行政性工作。

（2）对专业性要求比较高且量比较大的事务性工作，比如招聘、员工服务和算薪等工作，公司将大部分不涉及核心内容的工作外包。鼓励专业的外包公司深度参与公司的内部运作，以便提供更多的增值服务，甚至提供方案设计、过程监控和数据分析服务，这样可以节约后台专业人员的时间、精力。

（3）前后台向一个人汇报，这样的设置对于快速响应客户问题和需求是非常好的尝试。面对客户时，HR 的工作不是按照自己的标准去评估轻重缓急，重要性和紧急性的评判完全由客户来决定。

（4）自助服务对于 HR 工作而言非常重要。对于大部分 HR 的日常工作而言，如果员工或者管理者可以自己解决，那么超过 80% 的日常 HR 工作将不复存在。当然，这跟员工和管理者的素质和意识有很大关系，需要长期的培养和建设。

除去自助服务工作、前后台的工作，外包工作是非常标准化的工作，并且可以和财务、IT、法务等其他服务共享，并产生规模和协同效应，这对于整个集团的风险和成本控制是有好处的。

【案例四】大型高科技 H 公司，2018 年做了 HR 组织架构调整，将传统的总部三支柱架构调整为 HR 架构，如图 2–8 所示。

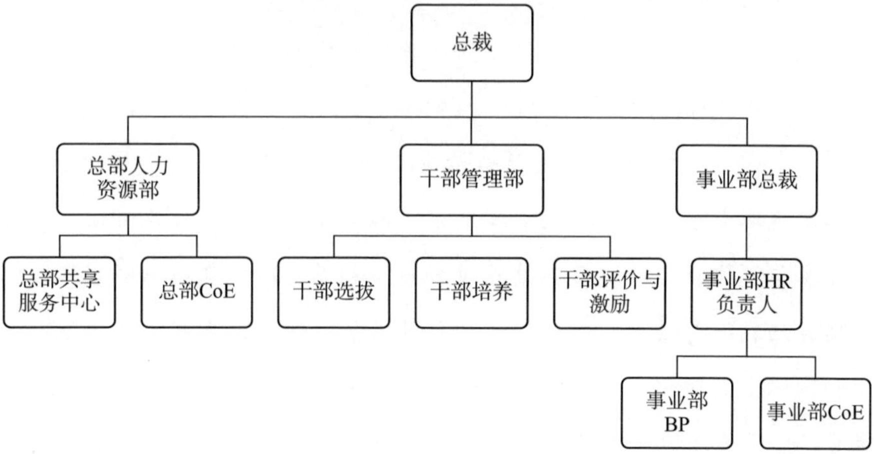

图 2–8　H 公司 HR 架构

调整前的 HR 在总部，SSC 提供集团共享服务，将大部分的行政事务性工作集中处理，实现了降本增效，但客户体验不高；CoE 提供集团政策和项目方案，但流程长且复杂，离业务太远，政策和方案需要在专业管控和落地方面寻找平衡很难，所以业务不满意；BP 是放在事业部，但需要向总部 HR 负责人汇报，BP 需要考虑总部 HR 的需求，所以在服务业务端方面受到不少牵制。

这样的组织架构造成 HR 的效率低、流程复杂、对接业务的口多且拔河效应明显，很多干部官僚、人浮于事。所以，高层感到问题严重，才有了 HR 改革的决定。

调整的目的是让听得见炮火的人做决策，具体可以归结为以下几点：

（1）公司设有人力资源管理委员会，为最高 HR 战略和决策机构，BP 是前台，与业务配合、理解业务需求并要求其尽责和出结果。其他基本都是后台支持 BP 的工作，包括干部部、大学和 SSC 或者其他 CoE 团队。

（2）执行过程中，事业部 BP 将业务需求转化为 HR 需求，迅速整合各领域专家的经验，形成解决方案。也就是说，BP 根据业务需求，向 CoE 要政策，向 SSC 要标准化产品，向各个领域要顾问专家和方案。

（3）BP 聚焦：通过提供咨询和具体领域的支持，帮助业务部门执行战略、交付解决方案。

（4）干部管理成立并由总裁亲自领导，体现了公司对干部管理的重视，实施参考了三权分立的管理原则，规则制定、实施和监督由三个委员会参与，这样可以避免既是球员又是裁判员，避免误判和滥用职权。虽然会牺牲一些效率，但确保了执行的效果和速度，当然会在决策的规则和流程上做简化。比如干部的晋升规则中明确需要达到一定的培训课时且完成学习评估，才有资格晋升，而大学在学习上的检查和效果监督对干部晋升实行一票否决权。因此，可以让晋升与学习成长结合，同时又赋予大学参与决策的权力，同时对大学的专业和管理要求也提高了。

（5）弱化了总部人力资源部门的权力，新组织更多地体现了 HR 在服务支持和监督反馈两个方面的重要性。一方面让业务的 BP 和 CoE 从庞杂的事务性工作中解脱出来；另一方面在专业和横向打通方面事业部 CoE 从集团 CoE 那里获得了专业的指导和建议。

（6）事业部 BP 把主要精力用于理解业务需求，通过提供及时专业的 HR 解决方案，帮助业务达成目标。对专业要求不是特别高的问题，事业部 BP 和 CoE 基本可以解决，需要集团支持的时候再将集团 CoE 纳入项目小组，突击解决问题。

从以上四家企业的 HR 组织架构和服务模式可以看出，这几家公司基本上以客户和业务为中心，都是业务型 HR 部门管理模式。

业务型 HR 部门建设的逻辑是：首先，明确贴近业务的 HR，可以把它叫作 BP 业务伙伴或者其他名字；其次，将事务性工作分离出来，根据组织的大小，达到一定规模的可以通过内包或者外包的形式由专门的团队完成，以效率和成本为考量重点，这个团队可以叫作共享服务团队 SSC 或者其他名字；最后，随着组织管理对专业性要求的提高，在 BP 专业能力达不到的情况下再成立 HR 专家团队 CoE，为 BP 和 SSC 提供战略、组织、人才和机制建设方面的系统搭建和专业方案的专家团队。这三个角色组合在一起就体现了战略、专业和效率一体化的有力结合。

这样就完成了业务型 HR 部门的核心角色和工作分工、定位。无论这个组织叫作三支柱模式还是两支柱模式，或者其他类型的创新 HR 组织架构，只要 HR 的组织设计和执行是以业务为中心，能够高效和专业地提供业务支持，对达成业务战略有直接有效的帮助，都可以叫作业务型 HR 部门。在这样的原则指导下，业务型 HR 基本包括面对业务的业务型 HR、提供专业方案的专业型 HR 及后台的执行和交付的事务型 HR，如图 2-9 所示。

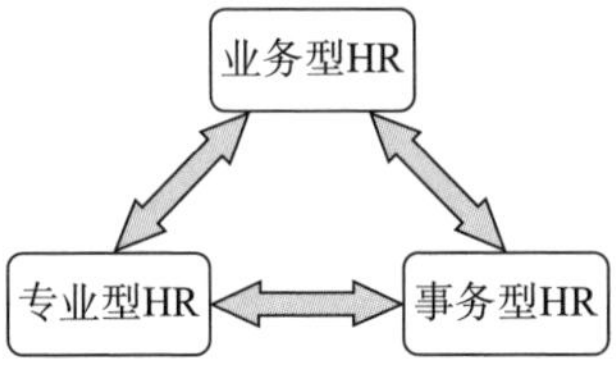

图 2-9 业务型 HR 分类

鉴于目前这三类角色同戴维·尤里奇的三支柱是一致的，我们就以BP（面对业务的 HR）、CoE（HR 专家）和 SSC（事务型 HR）来定义业务型 HR 的三个主要角色，把这三个角色组合叫作业务型 HR 部门。系统地设计、搭建和落地这三个角色并实现有机配合，我们把这个过程叫作业务型 HR 部门建设。

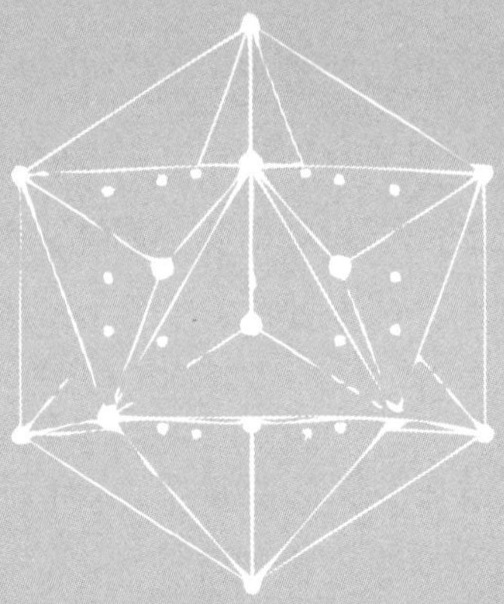

第三章
三支柱与业务型 HR 的配合

第一节　BP- 战略业务伙伴

首先梳理一下 BP（Business Partner），通常叫作 HR 战略业务伙伴。根据角色定位，把 BP 的任务和能力，以及什么样才算成功的 BP 梳理如表 3-1 所示。

（1）成功的 BP 首先能够同业务管理者处理好个人关系，最好能够成为朋友，这样就可以建立稳固的信任关系，这样的关系在沟通和处理问题时将起到非常重要的作用。很多时候，业务会主动跟你沟通自己的想法和问题，避免问题发生，或者问题已经很严重了再处理，这样很容易激发矛盾。但这些信任需要我们做大量的工作，同时能够用对方听得懂的语言沟通。你不了解对方，就很难站在对方的角度看问题，你对业务不熟悉或者没有独到的见解，也很难得到对方的尊重。所以，建立关系不是靠请客吃饭，关键是专业实力和利他的心态。利他是指助力业务、成就业务，也包括成就对方个人的成长和业绩达成，最终才可能成就自己。

（2）成功的 BP 应该有能力成为业务管理者的专业顾问,以专业服人。在业务领域，业务经理肯定比你更熟悉业务，但是我们也要了解业务流程和关键业务知识，比如产品知识、关键业务流程和业务价值链等。然后基于自己强大的专业知识为对方提出合理有效的解决办法，这样业务管理者一定非常愿意尊重你，并配合你开展工作。

（3）成功的 BP 一定是深度的 HR 实践者，能够深度参与人力资源管理的关键活动，如规划、招聘、培养、绩效、盘点和领导力建设；能够从系统和机制的角度去改进、创新。因此，专业是 BP 的基本门槛，专业与实践结合再加上很强的学习力，这样的 BP 无论如何都会得到业务的青睐。

表 3-1 BP 角色定位

角色	业务经理朋友	业务经理顾问	HR 深度实践者	企业文化践行者	变革的代理
能力描述	· 战略制定 · 战略解码和引导共识 · 理解业务 · 了解财务三大报表 · 建立好的关系 · 熟悉业务价值链 · 人际敏锐度	· 简单组织诊断能力 · 需求澄清能力 · 咨询方案提供者 · 沟通与冲突管理 · HR 内部协调 · 尽责 · 引导及教练技术	· 对人的敏感 · HR 专业能力 · 高质量交付 · 深度学习力 · 系统思维 · 创新能力 · 客观的判断力	· 文化创建 · 文化执行加强 · 文化的制度化 · 文化督导 · 坚定的柔软 · 灵活性	· 界定变革 · 领导变革项目 · 影响领导 · 熟悉变革工具 · 冲突管理 · 利益协调 · 坚毅
任务清单	· 参与战略经营会 · 参与管理会 · 品质会、产品发布会 · 业务部门会（有选择） · 不定期的信息更新 · 客户拜访（有选择） · 跟进梯队建设 · 参与团队建设 · 事件冲突处理	· 日常观察和反馈 · 新信息更新 · 分享和共识 · 提出建议方案 · 主导方案执行 · 建立良好关系	· 参与人员规划 · 核心人才招聘 · 薪酬激励设计 · 人才盘点 · 人才梯队建设 · 领导力开发 · 组织重构 · HR 政策拟定 · HR 技术敏感	· 沟通 · 培训 · 员工激励 · 最佳员工 · 绩效管理 · 选拔与晋升 · 淘汰与保留	· 领导力觉醒 · 第二曲线开发 · 组织变革 · 多样性活动 · HR 转型
工作机制：通过组织、政策、流程、系统和人才五个维度来诊断、设计、规划和实施以上工作，想尽办法达成业务目标。					

（4）成功的 BP 也是文化棋手，参与共创、执行和落地。不是停留在

口号上，关键是落实到人力资源管理制度和流程上，通过各种手段实践到员工的日常行为中。文化应该成为人才的选、育、用、留和门槛要求。但现实中的活动，比如绩效、技术人才的选拔等与文化冲突的时候，如何判断和坚守将考验 BP 的判断力、定力及处理问题的技巧。

（5）变革的代理是所有 HR 的职责，对于 BP 而言更是这样。变革是促进企业发展，也是推动企业人力资源管理提升的重要方面。现在讨论的 HR 组织变革，要我们成为业务型的人力资源部门，这本身就是对我们自己的变革。推动变革非常费心，需要运用智慧，特别是处理高层的改变将非常困难，也是绕不开的问题。除了技巧外，BP 需要坚毅的性格和作风，遇到阻力不能退缩，需要坚持，也要有合理的方法。

（6）工作机制是指尽量从组织、政策、流程、IT 系统和人才五个方面去系统诊断、规划和实施相关问题，这是一种系统的思维和做事方法，可以避免以偏概全，但无须每一板块都最大化投入。

从层级来看，BP 团队可以分为大 BP、中 BP 和小 BP，如图 3-1 所示。

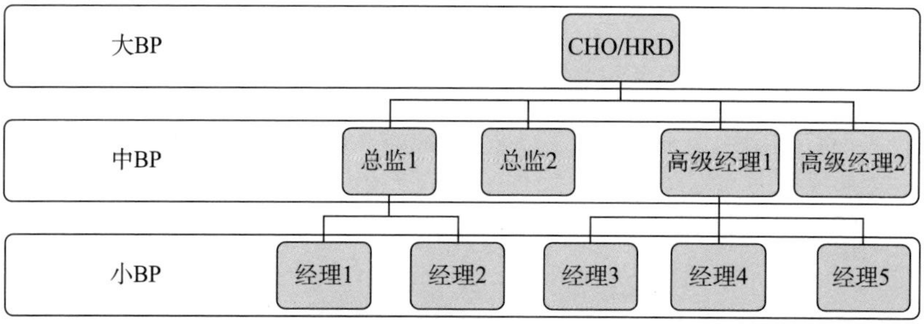

图 3–1　BP 的层级

不同层级的 BP，面对不同的业务环境，管理团队的组成也不同。从 BP 的工作任务和能力看，在探究问题和尽责上不会有本质区别。但是，BP 所从事工作内容的深度和难易程度大不相同，对能力的要求也可能有非常大的差别。对于相似的业务环境，比如在同一个集团、相似的服务部门和业务单元，BP 的工作可能非常相似。比如大 BP 对战略的理解和对高层的沟通就非常重要，而对中 BP 的要求就不会太高；中 BP 在问题的诊断和专业的方案设计和交付方面的要求就特别高，在战略方面更多是解码和落实绩效指标就可以了；对于小 BP，更多是战略的解读和目标的设定，并围绕每一个日历年有规律地安排日常的人力资源的选、用、育、留管理工作并确保高效交付，而对战略的制定和解码这些工作的参与可能比较少。

这里 BP 的大中小，以及 BP 团队的规模，除了跟业务团队规模的大小有关，还跟业务的难易程度、复杂程度和动态变化三个维度有非常大的关系。这些笔者会在后面搭建的组织设计板块中提到。

第二节　CoE–HR 专家

我们再来梳理 CoE（Center of Expert），也叫专家中心或者 HR 专家，图 3-2 是专家团队比较典型的组织架构。根据前述，不是所有的公司都会设置 CoE 专家团队，因为有些组织可能很小，或者 BP 的专业能力强大，或者 HR 同外部咨询机构合作密切。在这些情况下，CoE 这个内部组织就没有存在的必要，只是工作被分离出去而已。

从一个组织的 HR 专业工作的完整分工来看，以下几个功能是必需的：组织发展、人才发展、薪酬福利。另外，一般企业有培训中心，或者干部管理中心，或者领导力开发中心这些 CoE。绩效管理、企业文化、员工关系、HRIT 和企业战略等专家中心会根据具体情况设立，这取决于公司对这件事的必要性判断和重视程度。

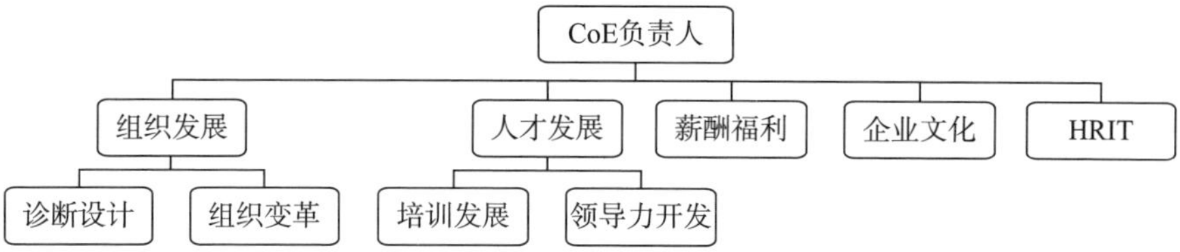

图 3–2　CoE 组织架构

表 3-2 是专家团队 CoE 的角色、能力和主要工作任务梳理。

表 3–2　团队 CoE 的角色、能力和主要工作任务

角色	业务战略的参谋	HR 解决方案的专家	制度流程咨询师和推手	组织变革的催化师
能力描述	· 参与业务战略制定并提供相关知识和工具 · 协助战略制定和解码 · 理解业务 · 熟悉业务价值链 · 人际敏锐度 · 引导与教练技术	· 精通组织诊断与设计 · 精通人才体系建设 · 精通人才盘点与发展 · 精通薪酬福利设计 · 精通绩效管理 · 精通企业文化建设 · 精通劳动法律法规 · 精通过程咨询技术 · 精通 IT 与数字化	· 项目咨询 · 流程设计 · 深度学习力 · 系统思维 · 创新思维 · 项目管理 · 持续改进	· 变革管理 · 组织行为学 · 影响力 · 与管理者建立信任 · 推动力 · 沟通协调 · 执行力 · 坚定的柔软
任务清单	· 受邀战略经营会 · 受邀业务部门会 · 不定期的业务信息更新 · 受邀组织诊断和组织设计 · 人才体系建设 · 薪酬激励体系建设 · 受邀事件或冲突处理	· 组织诊断与方案设计 · HR 模块的方案设计 · 协助方案的落地 · 日常观察和反馈 · 分享知识和工具 · 提出建议方案 · HR 内部培训和辅导 · 对接外部咨询机构 · 外部方案的内化	· HR 政策拟定 · HR 流程设计 · 流程再造和标准化 · 担任政策主人 · 担任流程主人 · 持续改进流程政策 · HRIT 和数字化	· 制定变革管理策略 · 制订变革项目计划 · 设计变革沟通工具 · 协调利益相关方 · 运用干预手段推动项目执行
工作机制：通过组织、政策、流程、系统和人才五个维度来参与诊断、设计、规划和实施以上工作，想尽办法协助业务达成目标。				

从 CoE 的角色、主要工作任务和能力，以及如何成为一个成功的 CoE 角度梳理：

（1）专业是 HR 专家的底色和基本条件，需要在自己熟悉的领域里精通，在自己所在组织里一定是绝对的专家和权威，否则很难让人信服。

（2）只懂专业的 CoE 很难存活，也很难把专业工作做好，HR 专家需要懂业务和参与必要的业务活动，同时需要对人相当敏感。

（3）专业的人做专业的事，所以 CoE 的时间和精力应该更多地投放在诊断、设计、开发、培训、辅导和反馈上，同时不断创新和迭代现有的解题思路，以最高的效率和成本将外部的专家方案内化成自己的方案或者体系。

（4）检验方案的专业性，除了方案本身的专业性外，必须考虑是否考虑到客户的真实情景，是否考虑到操作的可行性。因此，CoE 同 BP 和 SSC 的沟通和衔接尤为重要。没有经过内部 BP 和 SSC 的验证的方案不要推给用户，同时大的变革或者方案必须先从试点开始，成功了才全面推广。

以上要点也可以作为选拔和评价一个 CoE 的参考指标，再次强调，CoE 这个组织不是很多企业都需要设立的，但是当企业发展到一定规模和阶段，对专业要求越来越高时，有必要逐步设立 CoE 团队，可以根据企业的需要确定设立的先后顺序。我们也要注意优秀的 CoE 专家很难培养，一个优秀的专家咨询费也非常昂贵。从笔者的角度看，可以做两手准备：一方面提前培养必不可少的模块专家；另一方面借助外部咨询机构通过项目来锻炼队伍，然后再培养自己的 CoE 专家队伍，如华为、阿里巴巴、京东等无一不是如此。

第三节 SSC- 共享服务中心

共享服务中心（Shared Service Center），也是 HR 事务性工作和操作性工作的执行者，这个团队将承担 60%~80% 的行政工作，包括招聘、培训管理、入离调转、薪酬福利计算及报告等大部分事务性工作。

共享服务中心，在转型的开始特别是一些较大型企业，在整个转型项目中至关重要，因为没有事务性工作的剥离，BP 和 CoE 很难有充足的时间和精力成为自己想成为的角色。比如在招聘的高峰期，BP 的 80% 以上工作都是招聘，根本没有时间了解业务和参与管理者的人力资源管理工作，更不要说去做战略设计、组织诊断和领导力建设。因此，招聘是共享的主要内容之一。

图 3-3 是 B 公司的 HR 共享服务中心的组织架构，130 多人服务 5 万多员工。从架构可以看到：服务覆盖了大部分 HR 日常行政性工作，包括所有的非高管的员工招聘、所有员工的生命周期的服务、培训管理工作、员工入境出境及海外派遣管理、所有 HRIT 有关的工作、所有的薪酬福利发放和管理、所有员工自助平台和订单系统管理及三支柱的界面管理。这家公司的 SSC 服务范围广，服务质量也非常高。

在这样的条件下，BP 就可以有更多时间同业务部门打交道，这对提升 HR 的业务导向和对业务支撑起到非常关键的作用。如何做到的，笔者会在后面的搭建部分借鉴这家公司的做法。

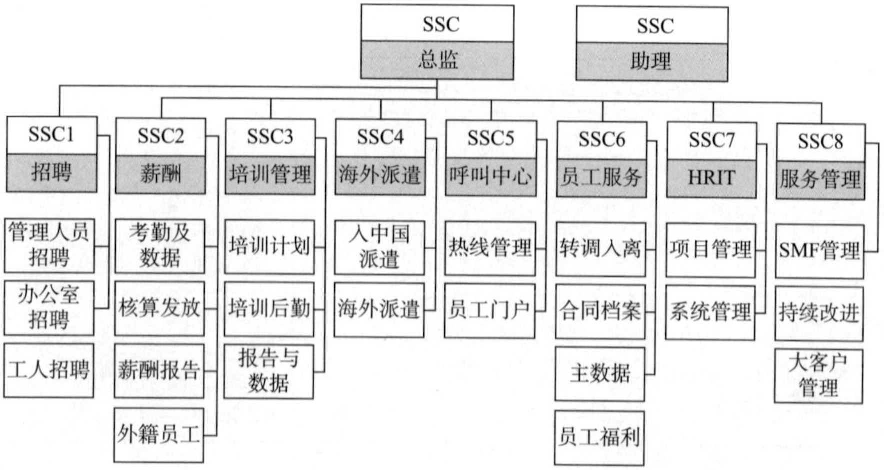

图 3–3　B 公司的 HR 共享服务中心的组织架构

我们再来看看承担了大部分事务性工作的共享服务中心的员工所需的能力。如果共享服务中心的盘子大，对 SSC 的负责人和管理人员的要求就比较高。下面笔者分两个群体来描述能力：一个是 SSC 共享服务中心领导者的能力要求；另一个是运营能力描述。

（1）SSC 共享服务中心领导者的能力。SSC 共享服务中心领导力模型，如表 3-3 所示。

表 3–3　SSC 共享服务中心领导力模型

核心业务及指标	胜任力 / 技能
绩效——交付结果 没有卓越绩效，SSC 员工将处于被质疑和压力之中	· 商业敏锐度、卓越经营 · 客户关系管理 · 压力下的敏捷度 · 伙伴关系、谈判技能
人员——吸引和保留达成绩效所需的人才 发展未来的领导者 · 继任计划 · 持续提升人员敬业度	· 沟通 · 制定战略愿景 · 辅导、倾听 · 决策

续表

核心业务及指标	胜任力 / 技能
变革——优秀的 SSC 领导一直会寻求改进、提升、变革的机会 为提升客户满意度和交付更多的价值，SSC 领导需要不断审视流程、环境、文化和人员的状况，随时做出改变	· 创新思维 · 分析与解决问题 · 变革管理 · 风险担当与风险管理 · 对新观点的开放心态
敏捷——随时重置优先级、调整方向以响应快速变化的需求的能力，能够在效率和目标之间找到平衡，而不是"救火"	· 决策速度 · 沟通 · 分析 / 业务敏锐度 · 影响力

从表 3-3 可以看出，HR 共享服务中心对于 SSC 的领导力的要求是非常高的。不但有来自业务的压力，而且 SSC 在面对市场评价时还要顶住压力做好人才管理工作。SSC 作为独立的产品和业务板块，需要具备非常强的经营能力。

（2）SSC 共享服务中心的运营能力，如表 3-4 所示。共享服务中心的员工会更强调执行力、效率，以及客户、成本和改进的意识。只要具备这些能力和意识，加上领导者的领导力提升，共享服务中心就可以大大提高自己的运营能力，将来发挥的空间也是巨大的。

表 3-4　SSC 共享服务中心的运营能力

角色	HR 运营活动的交付者	数据收集、呈现和汇报者	持续改进的参与者和推动者	政策流程落实和监控者
能力描述	· 服务意识 · 执行力 · 质量控制 · 责任心 · HR 专业知识技能	· 数据分析和解构 · 报告呈现能力 · 沟通与表达 · 反馈与建议 · 引导能力	· 持续改进意识 · 客户服务意识 · 成本意识 · Lean 等改进工具 · 推动力 · 项目管理	· 熟悉政策流程 · 熟悉 IT 系统 · 数据敏感 · 风险意识 · 坚持原则

续表

角色	HR 运营活动的交付者	数据收集、呈现和汇报者	持续改进的参与者和推动者	政策流程落实和监控者
任务清单	· 执行标准化的流程 · 按政策要求执行服务活动 · 理解客户需求，包括数量和质量两方面 · 共享服务的高效交付	· 数据记录整理 · 数据分析和呈现 · 汇报发现 · 引导 BP 和 CoE 改进流程等	· 不断改进，提高效率 · 定期反馈改进机会 · 定期跟进改进结果 · 协调相关方推动改进项目	· 政策和流程的执行 · 政策和流程的监督者 · 合规和合法的监督者 · 及时沟通反馈违规者

上面笔者将业务型 HR 部门的三个主要的定位、主要工作任务和核心能力做了比较完整的梳理和描述，加上之前四个组织架构分析和案例，我们对业务型 HR 部门的各自角色、任务和能力等外部要素基本清楚了。

下面我会从内部入手梳理三个主要角色之间如何有效配合，分析三者如何有机链接起来，形成一个有机的整体，这样我们对什么是业务型 HR 就有比较完整和系统的认识。

第四节　业务型 HR 部门的有机配合

业务型 HR 部门的有机配合，是一个较为系统的关系。下面将从业务和 HR、HR 之间，以及 HR 自身的角色和配合三个角度来理解。

一、HR 与业务的关系

在讨论 HR 之间的关系前，借用中医的五行原理，先看一下企业作为一个组织是如何运作的。这里有五个组成部分：业务、高层、管理者、HR和员工。从图 3-4 可以看出他们的关系：相互支持、相互制衡和整体平衡。

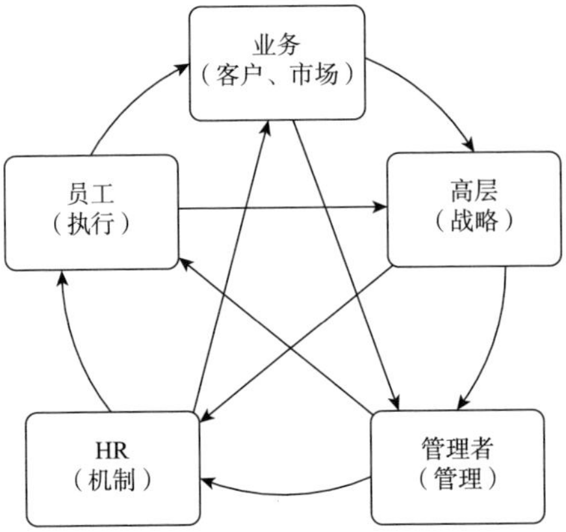

图 3-4　HR 与业务的关系

从外层（外圈）来看，这五个要素是支持和配合的关系；从中间层来看（中间箭头），他们之间是约束与制衡的关系；而内核把这五个角色作为一个整体看待，意思是总体需要达到平衡与协同的关系。

当企业发展到一定阶段，会有客户、市场需求，高层根据客户与市场需求来制定战略，业务与高层之间是互相支持的关系，同时二者之间也是互相配合的关系。在五个角色中，HR 将为组织提供机制保障的同时，在以下活动中提高组织能力和战斗力：

（1）参与业务战略的制定、解码和共识的完整过程，更多是从人才的角度贡献价值。

（2）高层方面，高层作为组织管理者，主要提高关于领导、组织和人才三大方面的意识和能力。

（3）管理者的管理知识和技能是 HR 赋能业务的主要方面，同时为管理者团队提供及时高效又专业的 HR 支持和服务。

（4）HR 永远是员工的后盾，理解、支持和关心员工，并为他们提供及时的服务和帮助。

由此，我们谈业务型 HR 部门配合的时候，首先要弄清楚 HR 同业务的关系，这对进一步理解业务型 HR 内在关系非常重要。

二、HR 内部角色关系

从 HR 的角色角度看，基于业务需求，HR 团队需要有效配合才能实现业务战略和满足客户需求。为了实现这样的目标，图 3-5 可以帮助实现这样的目标，具体要点有以下几个：

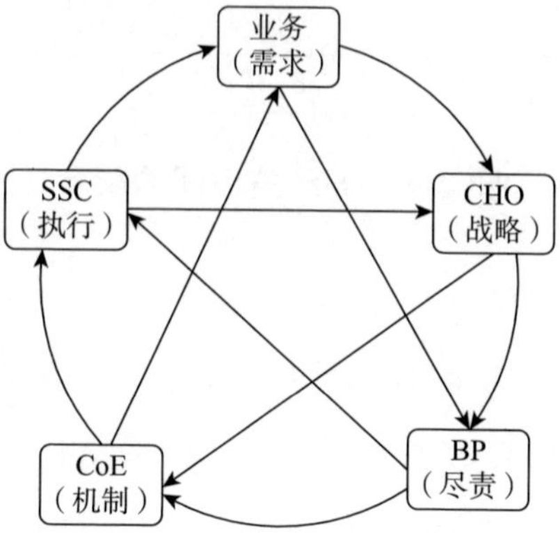

图 3–5　HR 内部角色关系

（1）设置了前台、中台和后台。前台是客户或市场需求；中台是 BP，包括大 BP（CHO）和 BP 来理解和澄清客户需求；最后是后台，设计和执行项目方案，这里的人员通常包括 CoE 和 SSC。如果 BP 的专业能力够强，也可以设计方案甚至交付方案，好处是对业务的反应会更敏捷高效。

（2）CHO 需要了解业务、需求，然后调动 HR 团队资源和能力来满足业务需求。

（3）BP 需要对 CHO 的需求进行澄清和确认，然后转化成 HR 的内部需求，由后台专家 CoE 和 SSC 来完成方案的设计和交付。

（4）外圈的箭头表示相邻角色是从输入到输出，是互相支持和配合的关系，中间层的箭头是指约束和制衡的关系，最内核的关系是平衡的关系，是所有相关方的总体目标。

三、HR 角色间的配合

以上从 HR 与业务、HR 内部之间的关系可以看到业务型 HR 部门如何与客户和自己的团队建立联系，形成良性互动。如果再往里看，可以看看 HR 三个角色，图 3-6 可以阐明 HR 自己的角色并非单一的角色或者单一的能力要求。

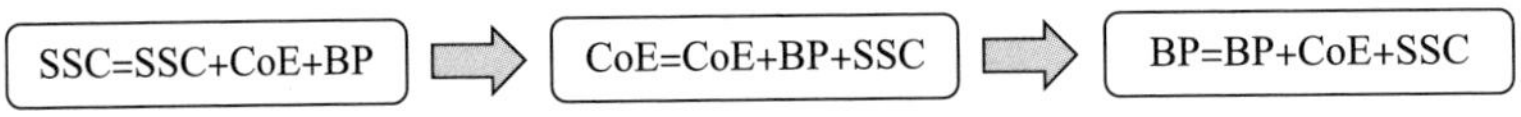

图 3–6　HR 角色间的配合

这张关系图的含义是什么？你是如何理解的？不同人有不同的理解，笔者认为可以从角色主次和能力要求的强弱两个角度来理解。

（1）BP 的主要角色是 BP，但是在与业务的互动中，CoE 的专家角色是必不可少的。在业务提出的专业问题方面，有相当一部分也许凭 BP 的专业就可以回答和解决，同样，业务也会提出很多事务性的需求。特别是在转型开始的时候，业务习惯找 BP 解决细节性的问题，而这些问题 SSC 已经可以解决了，但是这些事务性问题 BP 不可能全部由 SSC 直接对接，这需要一个过程。所以，BP 的主要角色是 BP，但工作内容和能力要求也会包含 CoE 和 SSC。

（2）CoE 是设计和制定政策和方案的人，这是由他的主要角色和能力要求的，但是不懂业务的专家很难设计出符合业务需求的方案。同时，CoE 要清楚执行细节，也要担当一些 SSC 的角色和具备 SSC 的能力，只是不用承担大部分 BP 和 SSC 的具体工作。

（3）SSC 同以上逻辑一样，在执行日常工作时对专业也有一定的要求，还要在一定程度上理解业务需求和痛点，并在执行后及时反馈给 BP 和 CoE。

通过这三个角色内在的关系和能力要求，我们对业务型 HR 部门的角色合作有了进一步的了解。下面通过某公司一个人才盘点的案例来看一下三支柱是如何配合的，如图 3-7 所示。

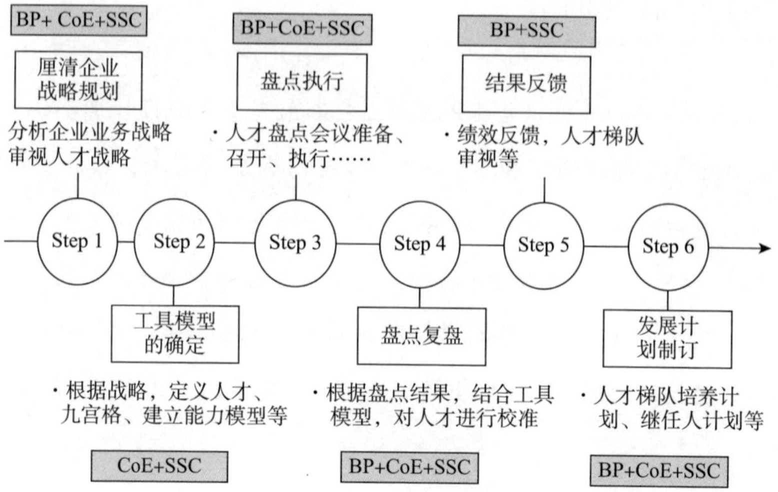

图 3–7　人才盘点

在被 BP 了解和澄清人才盘点目标后，BP 跟 CoE 专家和 SSC 团队一起合作完成人才盘点各个阶段的工作。第一步在厘清企业业务战略时，BP 同业务管理者一起通过研讨和以工作坊的形式对人才盘点的需求进行澄清，对人才发展的战略进行澄清，这样的工作坊一般对专业的要求比较高。对于专业程度一般的 BP 来说，都会邀请 CoE 或者外部专家来引领这样的工作坊。另外，在工作坊成立前，CoE 和 BP 都需要对人才盘点进行有关的数据信息收集和整理，这里根据设计的人才数量和方法，决定 SSC 要投入多少精力来处理数据。

除了战略厘清这个步骤外，建立模型、盘点、复盘、反馈和制订发展计划这些步骤都是需要多个角色一起完成的，基本角色是 SSC 为其他角色提供数据支持，CoE 在专业方提供诊断、设计方案和培训等工作，这两个角色更多是配合 BP 解决业务问题。

我们再来看另一家公司关于薪酬政策调整的案例，进一步理解 BP、CoE 和 SSC 的分工和配合。

从图 3–8 可以看到，当 BP 收到业务部门关于薪酬设计调整的需求方案时，通常 HR 管理团队和 BP 会进一步澄清和厘清需求，然后由 CoE 设计方案，最后由 SSC 落地执行。因为这是一个组织的变革项目，整个过程需要 CoE 和 SSC 大力支持 BP 的相关变革管理活动。比如方案的逻辑性和科学性一定要 CoE 把关，SSC 要提供准确的数据和信息，而 BP 一定要同业务保持密切的沟通，确保做出的方案是业务需要的，并且可以解决问题。

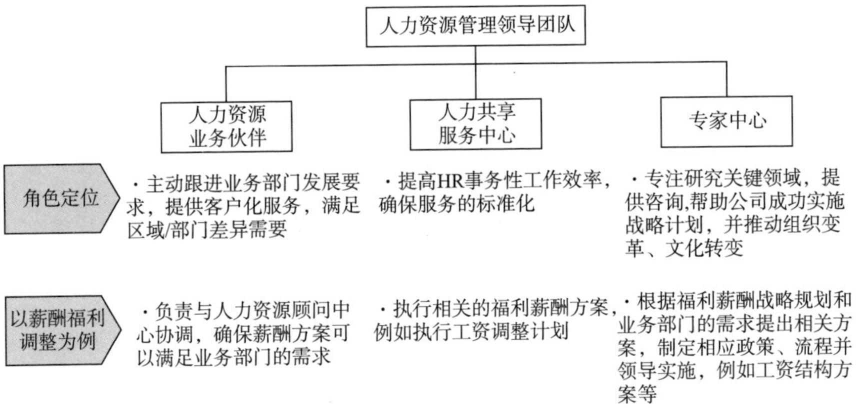

图 3–8　薪酬政策调整

以上从业务型 HR 部门的业务与 HR、HR 部门内部，以及 HR 各角色自身三个方面梳理了各个层次间的关系，从人才盘点和薪酬方案设计的两个案例来说明 HR 不同角色的配合及与业务之间的配合。通过这样的描述，大家对业务型 HR 的画像，以及合作场景有更清晰的想象和理解。

我们一起探讨了什么是业务型人力资源部门，清楚这个问题后，如何搭建这样的团队呢？下面一起来学习业务型 HR 部门如何规划，以及如何落地的具体方法和步骤。

第二篇

搭建 HR 三支柱与业务型 HR

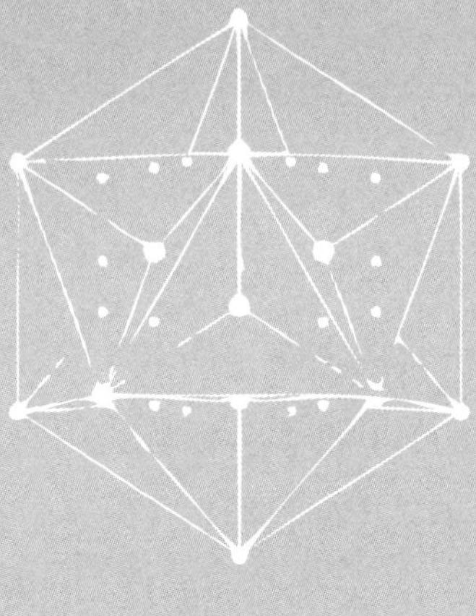

第四章
搭建目标、框架与计划

第一节　了解现状

一、总部 HR

HR 的角色复杂，具体表现在服务流程和政策上，甚至有些工作本来属于业务管理者或者员工自己完成的工作，或者这些工作可以由其他部门，比如行政、财务、采购等部门完成，但统统都要人力资源部门去处理，比如饭堂管理、员工宿舍、保洁、保安、司机管理，甚至员工健康与安全都放在人力资源部门。对于总部的 HR 来说，工作内容很琐碎。

有些总部的 HR 本来应该把大部分时间用在业务、战略、管理层、高潜和关键员工上，可是在这方面的投入很少，也许是能力问题，最关键的是总部 HR 的角色定位是什么？作为总部的 HR，虽然离高层比较近，但是离业务第一线较远，所以需要虚心听取业务第一线管理人员的反馈，同时利用自己的专业能力参与高层的决策，并参与政策与机制的建立，但实际情况并不是这样。

二、HR 经理

业务部门的 HR 经理负责全线的 HR 话题，总是被繁杂的事务性工作占据大部分时间和精力，缺乏业务专注。全线的 HR 话题意思是话题不分，深浅不分，远近不分，什么都大包大揽，结果是表面上很忙，但是抓不到重点，重要的事情没有精力处理，因为重大事件的发生需要提前观察、思考并需要长期的能力储备。这样的经理在组织架构上本应承担 BP 的角色，并且这个角色相当重要，因为服务第一线的业务，所以这个角色做不好就会导致公司的业务做不好，现实中的 HR 经理却很少承担这样重要的角色。

三、HR 服务

无论是总部还是分部的 HR 执行人员在面对较低标准化的流程时，使得很多事情需要重复思考、重复构建，很多经验和好的做法没有沉淀。这就造成你做你的、我做我的，缺乏分享。因为没有将这些最佳实践标准化，所以造成极大的浪费。很多事务性工作可以采用信息系统和便捷的终端，也可以利用大数据和报告分析的形式或者数据模型来提高效率和精准度，这对 BP 和决策者的帮助都特别大。在现实中，这部分可以改善的空间很大。

四、信息系统

在新的组织架构调整前，各个业务单位基本上是各自为政，缺乏整合的系统支持。这样很难让信息在同一个平台流通、共享和加工，也很难对业务的决策做大数据分析和决策参考。

再来看看当前 HR 在给业务提供服务方面，我们的表现和成果怎么样？

（1）市场、产品与客户

HR 因为事务性工作太多，久而久之便失去了方向，认为这就是全部工作。实际上，这些工作最终的服务对象是谁？是我们的市场和客户吗？再往下看就是我们的产品和服务。如果我们不考虑工作跟这些终极对象的关系，忙过之后，可能觉得没意义，价值感很低。所以，我们也要通过各种渠道，了解和学习与产品、客户和市场有关的信息和知识，让我们的工作跟他们形成连接。方法很多，比如在 HR 招聘活动中刻意了解这些知识，这对我们的招聘工作有非常大的帮助。申请或自主安排去客户现场、竞标现场、生产现场或者研发的测试现场感受，咨询有关的信息和知识。如果你真的这么做，会得到业务部门更多的尊重，他们也会乐意分享经验和想法。

当然，除了前端的了解，还可以在背后学习了解，比如公司的财务报表、管理经营会议、产品及市场分析报告等，这些都能以非常快的速度提升整体意识和能力，提高你的站位。

（2）公司总裁、CEO 和高层

以往，我们都认为做好 HR 团队配合，做好本职工作就完美了，客户对我们的评价自然提高了。其实不然。很多时候，细心的 BP 或服务人员在开展工作的时候如果不能站在高层的角度考虑问题，我们的工作方向就可能错了，同时因为没有上下打通，也很难在变革中得到必要的资源和支持。以下情形会经常遇到：

①高层开会不见 HR，来了也没有对议题有实际的贡献。可能是没有准备，或者在这方面的知识储备不足。

②高层自己开会，很少叫上 HR。高层会自己讨论自己决策，然后让 HR 去执行。出现这样的情况，也许是高管对 HR 不够重视，但更多的时候需要我们反省，高管对 HR 定位的确立往往是通过我们的努力和工作成果挣来的。

③当高层在战略、组织或者人才方面遇到难事的时候，他们无法自己解决，时间不够，专业上也不足。所以，HR 在这个时候可以走进高管，倾听他们的诉求和痛点，然后花时间研究和提出解决办法。现实中，HR 无法站在业务视角了解问题的本质，使得解决方案不对路；我们提出的

解决方案太专业，业务也觉得难度太大，望而却步。

（3）高绩效和高潜员工

高绩效和高潜员工通常包括公司的干部或者管理者，管理好这些员工，将决定公司和组织的整体绩效。因为缺乏系统的考虑、有效的政策制度和操作方法，这些人可能会很快离开，这对公司的伤害非常大。

以下情景很多 HR 都会遇到：

①对高绩效员工而言，如果公司绩效考核结果根本无法反映 pay for performance 的原则，好的和差的一样，或者大家都是 75 分，没有差异便会造成多劳少得甚至不劳多得的情况，有潜力、有能力的人就会考虑离职，即使不是现在也可能在寻找离职机会。

②公司安排很多培训，但是这些高潜员工太忙，没时间参加，或者参加了也没有实际的投入，更别说成果产出了。原因很多，最基本的是考虑这些培训对大家的成长有没有帮助，这些学习对大家的晋升有没有帮助，这些学习活动有没有实际的考虑和评价机制？这些问题不解决，就无法让这些人安心学习，并充满渴望地学习。

基于以上两点，为了更明确建设业务型 HR 部门的目标，我们还需要考虑以下要点：

①重新定义新组织的目的。我们需要清楚业务型 HR 部门存在的价值和意识是什么。

②业务型 HR 组织架构的框架和设计思路，从屁股指向客户，脸指向领导，做反向调整，这样的调整将在第一时间让我们内部的业务感受到，我们跟以前不同了，跟他们的距离近了。

③开发 HR 能力，建立总部 HR 功能和业务伙伴角色，这里的能力不仅仅是指专业能力。对于总部和 BP 来说，先从业务的视角和站位，考虑业务的理解能力，然后是专业诊断、思考和落地的能力，这样才能够最大限度地解决实际业务问题。

④共享服务中心是否设立，是否需要外包，框架和设计思路是什么。为了达成业务目标，永远需要时间和精力，以及海量的数据分析来支持业务决策。应该如何实现？

⑤优化和标准化 HR 流程。好的经验需要萃取和标准化，从而提高效率，建立规章制度并能够公平、公正地执行，这样才能确保一个组织的有序运行。这一切少不了 HR 专家的贡献。

⑥界定清楚的界面。以前一个 HR 负责人对接所有 HR 内部事务，同时对接所有管理层的需求，这很难。以后当战略、专业和操作性工作区分后，BP 可以有更多时间面对客户，但是与其他 HR 角色的界面如何确定是关键，否则会造成更大的混乱和业务不满。这方面在搭建组织的时候要格外留心。

⑦实现 IT 架构统一。IT 永远都是服务业务和流程的，但系统本身需要统一，否则会打架，让数据的获得、加工变得困难。

⑧界定服务范围。这跟 HR 的活动界面有关联，不同的地方需要将主要界面的职责具体化。同时，制定相关的决策和问题解决机制，明确当问题发生时，如何升级和决策处理。

⑨变革管理，从管理心态意识到管理行为。变革除了组织、制度和流程外，还有很多内在的流动，意识的改变总是不易，但只要我们坚持并想尽办法去努力改变意识，最终总会让我们的行为改变。

⑩刻意培养 HR 团队和组织能力。HR 团队的能力培养是一项系统工程，除了 A（态度）S（技能）K（知识）外，在大的公司文化下还要建立 HR 团队的文化、战略、目标等。组织能力的打造就不仅仅是 HR 团队自己，主要是着眼于整个公司。这将是一个非常好的机会来发挥 HR 的价值，系统性、持续性地打造组织战斗力。

除了考虑 HR 自己，考虑 HR 与业务的关系，考虑 HR 与高层的关系等，需要考虑的方面还有很多。抓住以上核心要素，对我们确定业务型

HR 的目标将大有帮助。

第二节 定目标

基于以上现状的梳理和分析，我们可以想象一下，需要什么样的业务型 HR 部门，理想画像是什么，有哪些衡量指标，有了画像和指标，目标也就清楚了。有了这些指标，就可以指导我们的建设过程。

让我们来思考一下，一个理想的业务型 HR 部门的工作画面是什么样的？

（1）作为一个部门整体，我们清楚客户是谁，他们在思考什么，他们在做什么，我们有能力感受到他们将会遇到或者正在经历的痛苦、挣扎，我们有渠道了解他们的烦恼、愤怒、不满和纠结。对于这一切，我们能感受、能理解。更重要的是，我们可以让他们感受到我们跟他们在一起，可以说清楚他们到底需要什么。

（2）当 HR 不同角色的成员在面对不同客户和工作场合时，我们受到尊重，我们与客户坦诚交流，以解决业务问题为唯一共同目标。我们互相理解对方的努力和付出，我们愿意多做一点，而不是将责任和义务抛开，推卸责任和甩锅的情况在日常合作中很少出现。因为我们信任对方的能力和投入，因此对自己的要求会更高，不会轻易下结论，不会轻易放过每一个细节。因为信任，我们拥抱彼此，努力解决问题并达成业务目标，同时也会分享成功和喜悦。

（3）员工也会感受到 HR 的公平、公正及专业。他们愿意为了达成业务目标而多做一些，他们愿意参与公司 HR 安排的各项工作，同时提出改进的建议和意见。他们忠诚度很高，也非常愿意介绍亲朋好友加入我们公司并觉得自豪。

（4）作为一个团队，HR 内部的角色是清晰的，同时在不清楚分工的情况下，大家可以一起商量，达成共识，在这之前先把事情解决好。HR 是 ONEHR，我们不会将客户的问题在内部推诿，与客户的沟通畅通且让客户感受到我们不仅仅是担责，更是尽责的团队。

（5）高层对我们的工作角色是高度认可和支持的，我们可以高效地参与业务战略、经营、组织、人才等重要会议，HR 的存在体现了业务视角的同时也体现了人才方面的专业性。HR 被委以重任，团结一致，并与业务管理者精诚合作，达成业务目标。

（6）HR 不仅在自己的组织内让业务感受到自己的价值并拥有良好的口碑，同时积极参与社区、客户和行业的学习与分享活动，让我们不会成为井底之蛙，带着自己的良好形象对外交流，并学习成长。

为了实现以上理想的工作画面，笔者在这里提出业务型 HR 部门建设的双手模型，从以下几个方面阐述业务型 HR 的工作重点。

根据这些重点,可以将业务型 HR 的建设目标（见图 4-1）表述如下：

（1）懂业务：业务型 HR 除了要做好 HR 的工作，还要重视、培养业务意识和参与业务战略与管理工作。

（2）抓领导、组织和人才：从人才的角度,HR 的核心工作一定是领导、组织绩效和人才管理。领导是指处理好高层的意识并推进企业第二曲线成长，组织绩效和人才是指帮助管理者有效管理这两方面的事情。抓好这三个方面将决定组织的成功，也是 HR 价值最重要的体现。

（3）建设 HR 管理机制：从 HR 的组织设计与建设，到人力资源管理制度流程及内部的协同，这些是 HR 部门建设的关键，也是企业管理的脉络。这是业务型人力资源部门工作的基础和根本条件，没有完善、有效的 HR 体系建设，就无法实现对业务的对接。

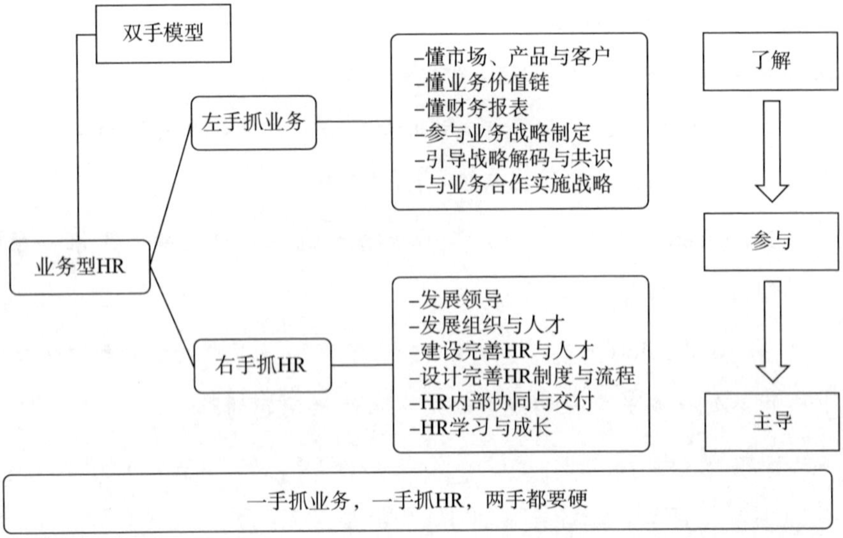

图 4–1　业务型 HR 的建设目标

（4）学习与成长：就像很多 500 强国际公司和国内管理较成熟的公司，比如华为、海尔，由于早期体系建设比较完善，需要设计搭建的开创性工作不多，HR 的成长动力也少很多。对于很多组织来说，面对当前的竞争和市场压力，对企业管理的要求更高了。没有学习的心态和能力，就无法应对当前这么多的挑战，更别说帮助组织实现第二曲线成长。

综述以上要点，业务型 HR 部门建设的目标有四个：懂业务；抓领导、组织绩效和人才；建立 HR 管理机制；学习与成长。

到底如何描述这样的目标？下面把一个案例介绍给大家，通过参考案例可以思考我们如果建设业务型 HR 部门，目标应该如何设定。

以下是 B 公司业务型 HR 部门建设的愿景和目标：

愿景：通过系统的业务型人力资源部门建设，把 HR 部门建设成一个 BEST 团队，成为持续为客户提供价值并推动业务战略达成不可或缺的力量。

（1）Business–driven（业务驱动）：一切 HR 活动以理解业务需求、满足业务需求及达成业务战略目标为驱动核心。

（2）Expertise&Economic（专业和经济）：HR 的服务和与业务互动体现了 HR 部门的专业、低成本、高效率的特点。

（3）Speed（速度）：速度反映在整个过程，包括响应需求、方案制定和解决问题等方面。

（4）Total solution（总体方案）：除了提高当下端到端的解决方案，同时考虑系统性和长期性的规划和落实系统性问题的解决。

以下是业务型 HR 部门建设的几个重要目标：

（1）建立三支柱组织和运作机制：建立一个有效的既能配合又能协同的 HR 组织，以及有效的运作机制。

（2）建设一支战略 BP 队伍：能与业务高度配合、能解决业务问题的战略业务伙伴。

（3）专业的 HR 功能：确保 HR 的活动能专业交付。

（4）整合的 HRIT 系统：整合成可以打通的整体系统，互相可以共享、连接。

（5）全国推广 HR 共享服务：试点后，可以整个组织一起运作，最终形成集团和整个公司的业务型 HR 部门。

这个案例不一定适合所有公司，但提供了一个完整的业务型 HR 建设的目标框架。有了目标后再制定运营的框架就比较容易了。

第三节　运营框架

图 4-2 是某 500 强公司业务型 HR 部门的运营框架，是业务型 HR 部门与业务联动的运作流，它可以作为业务型 HR 部门运营框架建设的一个参考。

HR 运作关系列表主要列明了三个主要的关系。1、2 和 3 描述的是业务管理者和员工与提供 HR 咨询和服务的 HR 部门的关系，主要目的是满足全体员工的各种业务发展的需求；A、B 和 C 主要描述了 HR 内部三个主要角色之间的支持、配合和制衡的关系；D 和 E 描述的是 CoE 和 SSC 与外部供应商的关系。也就是说，有些业务或者 HR 自身的问题需要外部咨询公司提供帮助，这可以大大提高解题的效率和水平。

以上就是未来业务型 HR 部门与业务部门配合的运营模式。市场上大部分运营模式大同小异，这个框架可以作为大多数公司的业务型 HR 设计和建设的参考模板。

基于以上对 HR 现状、目标和运营框架的了解，我们可以思考并制定搭建业务型 HR 部门的整体规划。

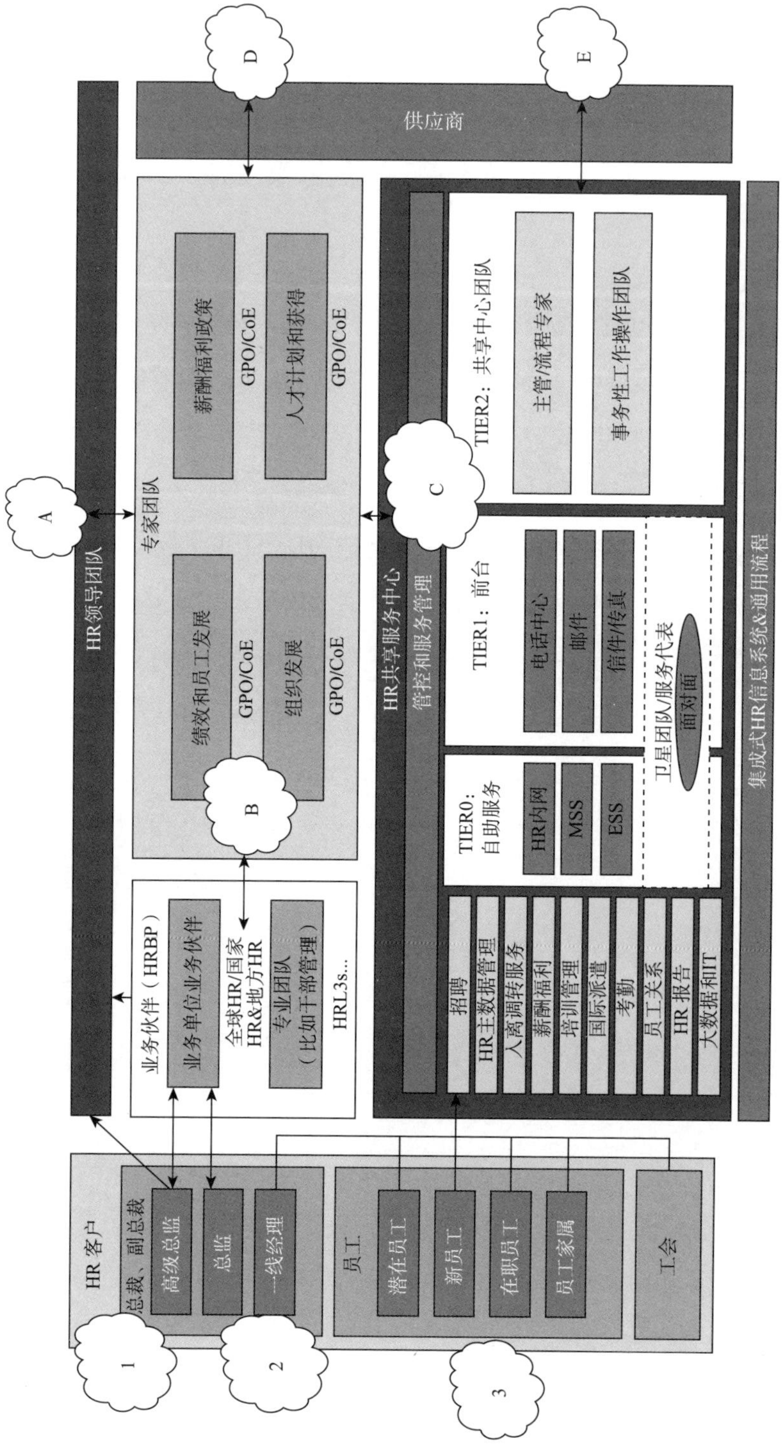

图 4-2　某500强公司业务型HR部门的运营框架

具体的相互关系和运作流程如表 4-1 所示。

表 4-1　具体的相互关系和运作流程

关系	描述	服务内容	HR 业务型导向的关键
1：业务高层 VS BP 2：高级管理者 VS BP 3：员工 VS SSC	HR 高层作为业务高层的战略业务伙伴	业务战略制定、发展领导、发展组织和 HR 政策	可以深度参与业务战略、组织与领导等关键业务和组织活动，并为战略实现贡献价值
	BP 作为业务高级管理者的业务伙伴	战略解码和落地、组织诊断和发展，人才发展，HR 政策落地	可以深度参与同业务战略、组织和人才等有关业务高度相关的工作，并给业务提供解决方案
	共享服务中心为普通员工提供日常 HR 服务	所有大量的与日常人力资源选、育、用、留有关的工作	为员工的日常工作提供高效和高质量的保障，解除员工的后顾之忧
A：HR 领导团队 VS BP B：BP VS CoE C：CoE VS SSC	HR 领导团队将业务战略和需求下放给业务 BP 执行并落地	业务战略的沟通和培训，工作的交代跟进和反馈	HR 内部在业务的需求和澄清方面高度一致，随时跟进和互动，确保达成目标
	CoE 给 BP 提供专业上的支持	专业方案的诊断、设计、培训和交付等合作	BP 和 CoE 对需求清晰，理解一致，CoE 提供的方案有针对性且能落实
	CoE 为 SSC 设计政策和流程，SSC 为 CoE 的设计提供支持	政策流程设计与培训，方案的设计与交付	CoE 的政策流程有效且能落地，并给 SSC 提供有效的培训，双方的话语体系一致
D：CoE VS 外部供应商 E：SSC VS 外部供应商	CoE 利用外部咨询公司的资源完成 BP 交给的专业方案或专业活动	专业方案的诊断、设计与交付	CoE 有专业的判断能力
	SSC 将一部分服务工作外包出去	服务外包与服务协议的管理	SSC 有管理供应商的能力

第四节　搭建计划

搭建业务型 HR 部门是一项系统工程，搭建的计划涉及时间、空间和内容三个主要方面。

时间主要涉及搭建的完成时间、试点时间和最终完成时间，还有阶段性的工作周期和交付成果。另外，时间还包括总目标、分目标之间的前后关联。

空间是指需要考虑 HR 架构里的人是否需要集中或者分散办公，比如要建立共享中心，共享中心需要在哪里设立，这些人都在哪里办公。专家中心也一样，是否需要设立总部中心和分部中心，BP 除了要放在地方，是坐在一起办公还是跟业务一起办公，这些都需要提前思考和规划。

内容主要是指如果要实现以上目标，需要设计、搭建哪些板块的工作，表 4-2 列出了搭建的主要考虑板块和搭建重点。

基于以上时间、空间和内容，业务型 HR 部门建设的计划可以从不同角度来看，第一种计划是决定 BP、CoE 和 SSC 的搭建顺序如何计划，表 4-3 给出了不同的排列组合。

表 4–2　搭建时主要考虑的板块和搭建重点

阶段	搭建核心板块	计划的关键
搭建篇	（1）意识打通与决策	上层决议、共识和决心
	（2）蓝图与总体设计	总体规划和顶层设计

续表

阶段	搭建核心板块	计划的关键
搭建篇	（3）组织	组织架构设计：组织、岗位、岗级和人数
	（4）政策	政策回顾和统一，纠偏和废立
	（5）流程	流程标准化、再造，纠偏和废立
	（6）系统	IT 系统标准化、再造，纠偏和废立
落地篇	（7）过渡	总体过渡，核心是人的过渡
	（8）培训	能力资质的画像和要求，填补差距
	（9）SMF	服务管理框架：服务标准、收费模式、质量管理
	（10）新组织的协同机制	新组织和体系搭建过程，完成后第一时间完善三支柱配合机制，快速形成 ONEHR 合作机制
	（11）变革管理	变革沟通的设计规划和工具设计及执行
	（12）三支柱能力建设	搭建中考虑人才画像，搭建后快速找差距和提升能力，使之能够胜任新角色和新组织
	（13）新的业务型 HR 部门如何给组织创造价值	为组织的第二成长曲线找到解决方案并助力达成

表 4–3　排列组合

方式	路径	适用情形	特点
三支柱一起上	1. 整体建，整体入驻 2. 整体建，逐一入驻	企业规模大，准备度高	周期长、成本高、难度大
先上 SSC，BP、CoE 跟进	整体搭建，将 HR 行政工作从 BP 手中剥离	企业规模大，复杂程度较低，竞争压力较小，BP 需要更长时间成长	阻力较小，BP、CoE 施展空间大
先上 BP，再上 SSC 和 CoE	改个叫法，干 BP 的活，行政工作不少，同时倒逼 SSC 建立	业务压力大，HR 业务支持要求迫切	忙、乱，成长也快，但试错成本高，对业务耐心要求高

以上计划没有最好，只有最合适，具体的选择可以依据以上判断要点来平衡和决策。

除了要考虑谁先上的问题，还要考虑体量有多大，比如有多少名员工、多少个公司。表 4-4 是 B 公司全球业务型 HR 部门搭建时间表。

表 4-4　B 公司全球业务型 HR 部门搭建时间表

2009–2011 年	2010–2013 年	2012–2015 年	2014–2016 年	2013–2017 年
全球统一发薪 开始建设 SSC	HR 简化项目 全球大规模建设 SSC	HR 转型 提升服务	HRIT 系统整合 HR 数字化	卓越运营 质量管理体系
29 国统一发工资	热线服务、HR Portal（HR 门户） 后台服务团队： · 招聘、薪酬福利 · 培训管理、报告 · 调转入离等 · HRIT、数据管理	新的 HR 运营模式 三支柱搭建和配合 进一步流程优化 SSC 接受更多服务	员工管理者自助 数据分析与报告 三支柱工作 IT 整合	质量管理系统 Lean 精益

从表 4-4 可以看出，上一个阶段和现阶段都会有一个重叠，这样可以确保变革衔接和过渡。不过这个计划制订得比较粗略，具体计划到各个时间、内容及空间还有更多海量的细节需要考虑。

在空间上主要考虑有多少个公司、项目分几批上线、如何规划等。

制订上线计划，第一个阶段的搭建是试点项目，所以非常关键。选择第一批的业务单位主要考虑以下几个因素：

（1）业务的体量和影响力大的优先考虑。

（2）意愿度高的，哪怕体量不大也考虑排前。

（3）HR 的整体管理水平和基础好的优先考虑。

后面几批原则上按照同样的考虑因素排序，每一家公司的上线时间可以按照流程和项目管理的节奏去调整。

有人说，计划可以简单做，后面可以调整。道理没错，但是如果我们能够将后面计划执行中可能出现的问题提前想到和落实到计划中，项目的不确定性就会大大降低，这对项目组来说就是最大的节约。为了做好计划，需要注意表 4-5 中所列的关注维度和成功关键因素。

表 4-5　关注维度和成功关键因素

关注维度	成功关键因素
对象：受影响的对象和利益相关者是谁	取得关键利益相关者的理解和支持
难度：充分认识到改变带来的难度，具体方面有哪些	既要关注重点，又要注重细节，千万不要低估变革的难度
时间：时间是资源也是限制，应充分了解和掌握它	凡事都要考虑时间的维度
预见：凡事预则立，不预则废	提前考虑最坏的情况是什么，要如何应对
内容：搭建涉及的板块和细节	尊重专业和专家，不要想当然和经验主义

根据以上对业务型 HR 部门搭建的现状分析、目标设定、框架涉及和搭建计划四个方面的分析和案例参考，我们可以较清楚地布局和落实后面搭建执行的相关板块的工作。

第五章
HR 转型需与高层达成共识

第一节　高层参与的必要性和重要性

转型和变革的推动有两种：自上而下和自下而上。自上而下的变革是指由高层发起而由下面具体执行，这样的变革特点是效率高，速度快；风险是如果方向错了，可能给组织带来灾难。自下而上的变革是指由下面发起和推动，这样的变革特点是效率低，改革好了大家开心，改革不好或者大家对于好的评判标准不一致，就会造成诸多负面影响。

在变革需求明确的情况下，也就是说，变革是必需的，那么变革就一定会触及某些人或者团队的利益，就必然会有冲突。面对这些冲突，如果高层不参与协调和决策，变革很难推进。同时，变革需要人财物才可以开展和推进，没有高层的参与，大家通常会追求自己利益的最大化，很难拿出自己的资源来帮助变革，因此需要高层在资源的投入上给予协调和推动。

笔者认为，自下而上的变革在组织变革方面基本无法成功，纯粹的自上而下的命令式的变革由于缺乏基础也很难成功。比较容易成功的变革，通常是高层提出且得到下面的响应，或者下面给高层建议让高层意识到重要性，然后高层去推动这件事。在这样的情况下，变革在决策方面和执行方面具备了两个关键要素：决策过程由上下参与并由高层决策，下面的人被赋予资源并得到实际的支持，如此变革更容易取得成功。

以上，我们是从变革决策的角度来看高层参与的必要性和重要性。在决策做完之后，如果高层不管不问，认为既然决定了也给了财力或者物力资源，下面的人自己搞定就好，这样缺乏后续支持的变革项目也很难成功。

变革通常不是一蹴而就，成功不在于结果，更重要的是过程。而过程中会有很多阻力，在推动的过程中因为涉及很多人的利益，哪怕做出一点行为习惯上的改变，都有可能吵得不可开交，甚至使变革失败。合理的方式是在过程中及时将变革的过程让高层知道，并在遇到挑战和冲突时让高层参与决策以推动变革。作为业务型 HR 建设，表 5-1 是一些重要决策且对项目的成功起非常关键的作用。

表 5-1　业务型 HR 建设的重要决策

高层关注的重要话题	促使项目成功的关键
CEO 或业务高层的承诺	他们在项目推进过程中的时间和精力投入
政策：有些政策需要统一	方便推进流程的标准化
系统：需要投入预算或者升级 IT 系统	是否理解和实际投入资金和项目参与
预算：如何确保未来的组织顺利运行	人头划分和项目投入
人头谈判：如何划分未来 HR 组织的人头	对于谈判的理解与支持
变革意识：对变革的理解和支持	开放心态并能影响其他人支持变革
项目推动：当项目决策遇到阻力时	决策受阻时能够参与各方的协调

比如项目过程中就一点点预算或者人头开了无数次会，浪费了太多时间，甚至推后了项目进度，这时候就需要高层参与决策，推动项目往下进行。

此外，高层在项目中的参与也会带来其他好处：

（1）项目组可以借用高层的参与不断宣传项目背后的价值主张，推动变革顺利执行。

（2）加强团队凝聚力和共识，让沟通变得更加顺畅，让不同声音和见解得到分享和包容。

（3）及时干预项目冲突和纠偏方向，减少浪费。

（4）在项目过程中，有机会观察相关业务高层或者人才，并发现那些高潜力的员工，这对培养和提升人才很重要。

（5）也可以把这样的变革作为公司文化宣传，推进变革文化的落地。

为了让高层能够从决策开始就参与并在过程中支持和参与，建议设立决策委员会，并由项目组协调决策委员会的组织工作，项目组要将这个组织作为项目推动的重要资源，并维护和利用好资源。具体内容会在后面的案例中进行描述。

第二节 如何达成共识

业务型 HR 建设是一次组织变革，这不只是 HR 部门的事，还必须与高层达成共识。与高层达成共识有很多方式，在过往的经历和观察中，我们经常发现 HR 把自己挡在高管决策的大门之外，比如明明想好的议案却担心高管不同意，有时候胡乱揣摩老板的心思，浪费了很多时机。沟通技巧固然重要，但更重要的是敢于表达自己的观点和想法。让一个人开心但不解决实际问题，这样的开心维持不了多久。

如何与高层就一些重要事情达成共识，方式有很多，如果把共识的过程拆分之后，决策和共识方式可以丰富多样。以下提供一些参考方式：

（1）直接沟通。往往在大的项目计划之前会有一些关键信息和想法需要得到高层的支持，这时你不需要关注太多细节而只是阐明你的想法，以及想法的独特性和特殊价值，你可以直接去总裁或者总经理办公室进行沟通，而成功的关键是观点鲜明并明确表达你想要对方什么样的支持。

在沟通内容上可以采用胡萝卜加大棒的方式，一方面是结果诱惑；另一方面是不这样做会出现什么样糟糕的结果。在表达方式上可以采用 10 加 1 的方式，即列明至少 10 个这样做的困难和挑战，只列 1 个不这样做的后果就是无可挽回的“灾难”。办法总比困难多，高层关注的不是困难有多少，而是更关注如果不这样做会怎样。

（2）会议上分享自己的方案。这样的沟通比较正式，如果达成共识就会对项目的推动有帮助。但是也有风险，比如大家不同意，或者表面不说话却非常反对，甚至出现同意之后在落实过程中没有实质性动作。面对这样的情况，笔者建议不要在以业务为主的会议中沟通，最好设立一个主题会议专门讨论这件事。为了确保有效、有结果，需要在会前将重要的观点跟关联度最高的与会者进行沟通，尽量提前达成共识，即使没有达成共识你也知道对方的诉求是什么。在会议中，要及时调整自己沟通的内容和侧重，比如你认为最难的问题大家可能觉得没问题时，你虽然准备了很多材料，笔者建议也要第一时间跳过，跳到下一个议题。

（3）小沟通解决大问题。有些高层关注你的项目和想法，也愿意提供支持，因为他们比较忙，这需要 HR 或者项目组见缝插针地利用就餐时间或者下班路上等零散时间去沟通，效果反而很好。笔者有好几次在洗手间门口跟总经理就一些重要信息达成共识，看着地点有点怪，但是效率很高。有时候，会在公司的茶水间跟老板就一些重要事情达成共识，至少可以获得理解。

（4）邀请高层参加会议。比如 HR 有很多抱负和想法，有些已经在日常工作中做了尝试且效果很好，笔者觉得可邀请总经理或者业务高管来到 HR 部门参加相关活动或者会议，听听他们的反馈和想法，这对加深 HR 的理解非常有必要。

沟通的形式可以多种多样，有大大小小的事件，对于较重要的会议或者工作坊就需要有规划、有谋略。

图 5-1 是 B 公司在 HR 转型期间的工作坊规划案例，明确地规划了沟通的流程和模式，可以帮助我们在沟通的时候做到心中有数，可以确保较高的共识的效果。

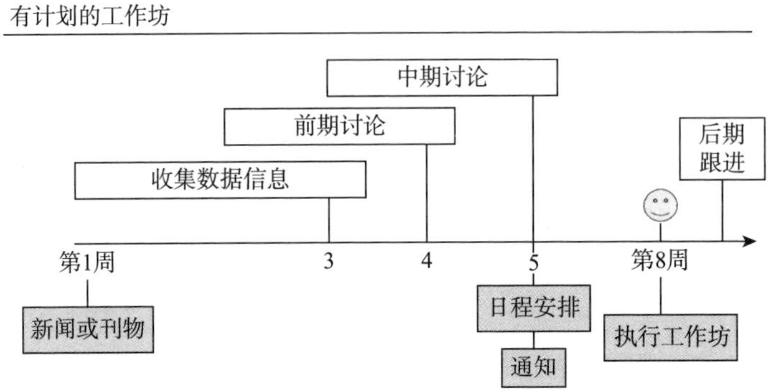

图 5-1　有计划的工作坊

这个工作坊的安排有几个关键点，了解它们就可以非常有效地安排工作坊：

（1）新闻或刊物的目标是提前透露风声，不要让变革没有宣传，内容可以从业务战略、外部标杆企业做法和理论三个方面传递正能量，引导大家意识到改变的重要性。

（2）收集信息很重要，不打无准备的仗。

（3）重要的事项往往不是进行一次沟通就会成功，所以要在正式工作坊前做好试错沟通，要让大方向不出错，大人物不打架。

（4）日程的安排需要尽量多预留时间，确保重要人物必须到场，如果没有到场就延期会议。

（5）工作坊是一个舞台，是一个角力场。HR 如果专业度不够，就请外部顾问协助组织和交付工作坊，并确保质量。

（6）工作坊后面的决议和未尽事宜都需要跟进和落实，凡事有始有终。

对于高效组织工作坊，除了以上要点，还有很多注意要点，如图 5-2 所示。

前端储备	收集话题	日程准备	组织	共识
◆建立人脉关系 ◆展示自己的特点和优势 ◆不轻易亮底牌 ◆寻找同盟 ◆了解异见者背景 ◆了解主题和细节 ◆争取关键人物的支持	◆清楚发生了什么 ◆当前亟须解决什么 ◆有多个备选方案 ◆收集大家的想法 ◆让决议"顺理成章" ◆决议方向引导	◆内容不要太多 ◆时间不要选在周一 ◆清楚自己的底线 ◆第一时间通知大家 ◆有了思路和方案再议 ◆提前摸底 ◆减少不确定的因素 ◆提前准备好演示材料 ◆内部先演示	◆多听 ◆多收集信息 ◆先不反对 ◆抓住关键人物 ◆不轻易下结论 ◆时刻保持清醒 ◆话多言轻 ◆关键点不放过 ◆多笑但严肃	◆做好记录 ◆得出决议草案 ◆跟进 ◆落实决策 ◆发会议纪要 ◆跟进未尽事宜

图 5-2　高效组织工作坊的要点

高层的理解和接纳是第一步，最成功的变革沟通是让管理者和高层替 HR 的变革摇旗呐喊，替我们站台。这样的业务型 HR 的变革焉能不成功？下面举个 B 公司的案例来看看与高层达成共识的方法。

在 B 公司，全球在讨论建立共享服务中心及三支柱是 2005 年左右，但是真正落实搭建的时间是 2010 年，全球策略是以国家为单位开展。德国是第一个搭建三支柱的国家并于 2010 年开始搭建，2011 年全球决定将中国作为继德国之后的第二个国家搭建三支柱，开启时间是 2012 年 10 月。为了确定在中国的搭建决定能获得各方特别是业务高管的支持，2012 年 10 月 HR 高层和项目组召集各方高层包括业务高层组织了一次工作坊，为确保项目组能在项目开始前与高层达成一致，并为项目后期的整体设计、规划和执行指明方向，关键是在项目遇到阻力时得到必要的支持。

为了让工作坊的工作高效开展，在参加人员、日程安排和现场组织上做细致的准备：

（1）在项目定位上，我们把这次三支柱搭建项目作为一个全球项目，因为会借鉴德国总部的搭建框架和经验，IT 的框架是总部牵头并共同执行，项目需要向总部定期汇报。因此，总部的 HR 高管会参加项目的决策委员会，所以总部的 HR 高层包括全球项目管理的高层会受邀参加这次会议。

（2）中国的项目主要涉及 35 家工厂等 50 多家公司，首批进来的基本确定为上海总部及周边有影响力的公司，所以这次会议特别邀请了第一批转型的几个主要公司的业务高层和 HR 负责人加入。

（3）在会议的安排上，为了确保讨论效率，中国区项目组和德国的全球项目组已经把这个项目背后的思路框架、优劣势和大的计划基本先内部讨论统一。另外，未来项目将由中国区 CHO 作为主要负责人，主要的支持方是中国区的业务总裁和副总裁，所以在开会前，要确保中国区 CHO 和业务负责人之间想法一致，并得到业务负责人的大力支持。

（4）为了确保中国区业务负责人对这件事不会出现大的反对，全球的业务负责人、全球的 HR 负责人和项目负责人提前跟相关业务的负责人打了招呼，告诉他们全球计划做这个变革，并提出这个项目是全球各业务负责人需要支持和配合的项目之一。

因为准备工作做得比较全面，所以这个早期的沟通会比较顺利。主要日程是：全球 HR 负责人和项目负责人的项目背景和目的分享，中国区项目组分享项目的框架、可能的影响和项目计划框架，再收集大家对这个项目框架和计划的反馈和意见，形成决议并获得大多数人的理解和支持，最后形成会议纪要作为项目组以后沟通和计划的支持文件。这个会议的顺利召开对后期项目从设计、规划到执行起到非常重要的作用。

（5）设立决策委员会：项目开始阶段大家的感受不是特别明显，随着项目的深入和对各业务单位的影响加深，大家才会意识到对自己可能带来什么样的变化和挑战。因此，不能寄希望一次沟通就可以解决所有问题。沟通是无止境的，所以需要设立特别的决策组（Steering

Committee）。

通常决策委员会（SC）主要由业务负责人或者代表、项目组负责人、人力资源负责人（全球或国家层面）组成，主要使命是为项目推进提供支持，在项目推进过程中协调各方的重要利益和关心的话题。同时，在项目推进过程中遇到阻力时，SC 是进行决策的最高决策机构。

为此，中国的 HR 转型建设的项目也成立了决策委员会。

中国区的 SC 组成员共有 35 人左右，其中业务单位的负责人有 25 人，全球 HR 及项目成员 5 人，中国区业务负责人、HR 负责人和项目负责人共 5 人。决策委员会的组成，如图 5–3 所示。

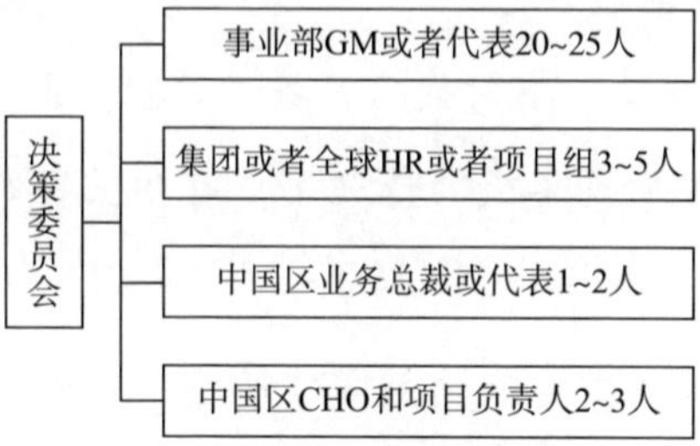

图 5–3　决策委员会的组成

以下是 SC 成功和高效运作的主要策略：

（1）选人的策略。如果业务单位很多，委员会不能容纳所有成员，所以在选择接纳决策委员会的时候要考虑三点：第一，业务影响力大的业务总经理需要加入；第二，第一和第二批建设梯队的业务负责人要加入；第三，在中国的影响力比较大的高管且拥抱变革的优先考虑加入。对变革项目不拥护的，在没有其他加入条件的不建议加入。

（2）会议的组织。这些人工作繁忙，对项目组的时间、准备和决策效率要求比较高，为此需要考虑三点：第一，项目开始的前半段设置一个月一次的会议，有特殊情况的时候，也可视情况特别安排；第二，会议安排在总部，附近的成员最好到现场，不能到场的就电话或视频参与，但涉及决策事项的相关成员一定要加入，避免会后决策没法执行；第三，会议纪要发给所有成员，确保大家都收到，同时相关决议执行成员需要确认对决议内容无重大异议。

（3）决议的执行。因为涉及的业务单位比较多，不能兼顾所有人的特殊需求，所以会议之后，需要和执行方的关键人物进行电话或者面谈沟通具体决议落地的细节。

（4）利用总部资源。要善于利用集团总部的关键先生，在涉及集团已决定的关键事项，比如组织架构和上线计划上，只要没有违反集团的大方向，具体到有些事业部不同意项目组建议的时候，可以安排集团的项目负责人进行解释沟通。

（5）替对方做决策。有时候项目推进过程中大家都在学习，对于一些业务单位不理解但影响不大的情况下，有些项目的进度可以由项目组进行决策和推动。

以上工作，成熟和专业的项目管理团队都需要做到。与高层的互动中一旦建立了良好的关系，业务高管通常都会支持项目的推进，但也有特殊情况。

以下举例看看会是什么情况，项目组和项目经理王经理是如何处理的？

第一期试点项目进入后期执行阶段的时候，通常会安排召开试点公司的全体 HR 沟通会，这意味着前期的项目准备工作都得到了高层和 HR 及项目组的通过，通常不会有太大的问题，但是这次不同。试点公司的业务总经理陈总提出没有听说过 HR 要做这个项目。面对这样的情况，如果没有做好关键的准备和沟通工作，就是项目事故，后果相当严重。

（1）问题出现后，项目组的处理方法是：首先核实转型前期所有工作的得与失，检查后发现以前对接的是 HRD 及 HRD 的领导，但是没有跟陈总汇报和就细节沟通过。进一步了解后，我们发现陈总对这次变革很担心，具体涉及外籍员工的工资发放，担心会出错，同时担心公司的招聘工作会有问题并影响业务的扩大和发展。陈总正在被上级“晋升考察”，如果业务受影响，可能会影响个人的发展。

（2）当项目组了解这些“担心”后，对策也就出来了。第一，王经理特意跟陈总沟通了整个项目的情况和表达了非常理解他的担忧，同时给出了具体的方案确保他的担心不会成为问题；第二，对工资、招聘的工作制订了具体的执行计划和资源配置。比如外籍员工的工资发放未来两个月不变，其他员工按照新方式发放工资；对于招聘小组，项目组特意分析了具体的岗位需求和市场人才情况，安排了专门的招聘小组并加大招聘资源的投入，确保招聘效果。

（3）为了让陈总了解项目进展情况，王经理定期跟他当面分享进度，一方面体现尊重；另一方面可以建立友好关系。

因为这些安排，整个业务的 HR 工作没有因为新模式的转型受到负面影响，反而超出了陈总的预期。尽管项目组可以就“不支持变革”来“起诉”这位陈总，但是项目组没有这样做，而是了解其担心的点并做好细心沟通和安排，让他感受到关注并有切实的行动保证。

不是我们认为自己做了很多就会得到别人的认可，关键是你做的跟他的关注点有没有一致。这个案例给了项目组一个大的教训。第一，要真正理解业务高管的诉求；第二，和最高的业务管理者的沟通不可以想当然，必须确保沟通到位。

必须让业务高管参与业务型 HR 部门建设前期这个“十月孕育”的过程，有了高管的理解和支持，HR 转型才会事半功倍。

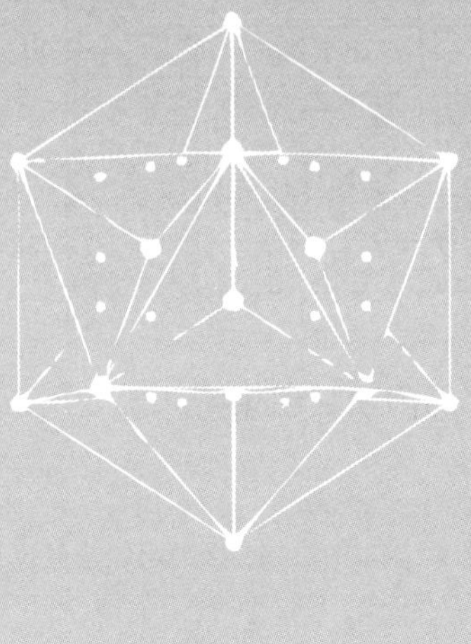

第六章
组建 4 个项目小组

业务型人力资源部门搭建是重大的组织转型项目，也是一个系统的变革项目。项目管理在整个建设过程中的作用至关重要，包括项目组的招纳、分工和工作方式规划等。

项目组更大的概念除了搭建项目小组，还有业务高管参加的决策组、由各地方 HR 负责人组成的核心 HR 组。基于项目的 8 个核心工作板块，在搭建项目组下面还设有组织设计小组、流程组、IT 组等 8 个分管小组，这些小组大部分由搭建小组成员领导，成员由总部或者地方 HR 组成。

为了更容易理解这样的项目组，图 6-1 是 A 公司建设业务型 HR 部门这个转型项目时的项目组架构，从中可以参考项目组的具体构成和关键工作板块。

项目的组织架构主要包含决策组、搭建项目组、地方 HR 小组和专家组四个项目组。

笔者将借用图 6-1 具体阐述各个项目组的组建、角色职责和分工，工作合作模式，并梳理项目组将面对哪些挑战。

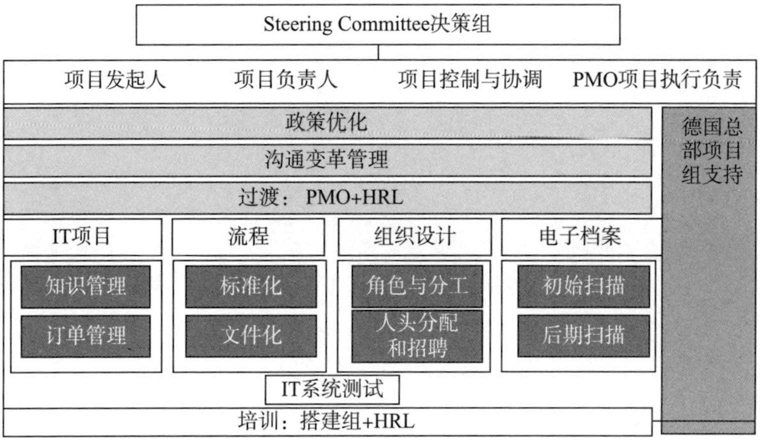

图 6-1　A 公司建设业务型 HR 部门项目组架构

第一节　组建项目组

当公司决定要做这个转型项目的时候，第一件事就是组建搭建项目小组。小组角色主要有三个：

第一个是项目的发起人（sponsor）。通常这个人开始就存在了，是承接公司变革项目的总负责人。

第二个是项目负责人（Project Leader）和项目经理（PMO）。这两个角色可以是汇报关系，也可以是平行关系。前者主要负责对外的沟通和协调，比如对接业务高管和集团的 HR 或者项目负责人，后者专注内部，负责所有项目的组织、流程、系统和人才等核心板块的设计、计划和执行，确保项目能够定期交付。

第三个是项目执行成员。他们主要承担各个项目板块的负责人角色，从计划到执行的所有细节，确保这个板块能够按时保质保量地推进和达成。

首先梳理一下搭建项目组的四个角色及其能力要求和工作方式。

（1）项目发起人的能力要求和工作方式，如表 6–1 所示。

表 6–1　项目发起人的能力要求和工作方式

主要角色	能力与特质	工作方式及重点
· 向上管理，争取集团和业务负责人的支持 · 在项目遇到资源缺失或者推进业务高层有困难时，协助项目组解决问题	· 协调各种高层关系的能力 · 影响力强 · 说服力强 · 能够激励项目组勇往直前	· 参加决策层会议，推动决策 · 定期检查项目进展，有力推进项目 · 有意识地协调业务高管的利益，为项目营造有利的环境

（2）项目负责人的能力要求和工作方式，如表 6–2 所示。

表 6–2　项目负责人的能力要求和工作方式

主要角色	能力与特质	工作方式及重点
· 协助项目经理推进关键事件的推动者 · 协助项目发起人与业务高管之间的协调者 · 重大项目事件和冲突的参与和解决者 · 为项目组争取资源者 · 团队建设者	· 不惧权威，善于平衡利益 · 思维快，不轻易表露观点，对不同人的表现尽量表现一致 · 清楚对公和对私有别，不轻易表达不满或者亮底牌 · 知道什么不可自己决定，应该找谁决定 · 内心足够强大，面对众人刁难时，也会利用示弱的柔软获得同情，但观点和意见明确传达 · 善于利用资源，清楚要找到合适的人来获得资源，当提议无法通过时，便最大化利用政策空间达成目的 · 微笑，说话时表情不要太紧张 · 把握时机和事情的优先顺序，安排自己的时间 · 及时沟通，并能同时高效处理多件事情	· 参加决策层会议，推动决策 · 定期与集团项目组沟通 · 定期与地方的 HR 负责人沟通 · 项目定期回顾 · 把大部分的项目管理工作分出去或者授权

（3）项目经理的能力要求和工作方式，如表 6–3 所示。

表 6–3　项目经理的能力要求和工作方式

主要角色	能力与特质	工作方式及重点
· 项目的计划和执行的管理者 · 关键项目板块的负责人 · 项目组的日常管理和协调者 · 定期主持决策委员会的项目沟通和决策推进	· 很强的项目管理能力，包括计划、协调和沟通等能力 · 强大的推动力和执行力 · 同时处理多个任务的能力 · 超强的追求结果的意识和把控力 · 平衡各种关系，快速做出判断并推进 · 很强的对新知识的学习能力和表达能力 · 善于利用各种资源，包括获得及分配的能力 · 善于妥协并能够妥协 · 项目组的团队建设，包括协调、以身作则及利他精神	· 主持决策委员会项目会议 · 日常项目管理会议 · 集团项目会议 · 地方 HR 负责人项目会议 · 参与各板块设计、计划和执行的关键活动 · 协助项目负责人和项目发起人的重大项目活动和问题解决

（4）项目组成员（按照主要项目板块）的能力要求和工作方式，如表 6–4 所示。

表 6–4　项目组成员（按照主要项目板块）的能力要求和工作方式

主要角色	能力与特质	工作方式及重点
1. 流程设计板块负责人	· 对薪酬福利板块非常熟悉 · 流程和细节导向 · 协调各个团队的能力 · 工作坊的引导和推动能力	· 召集全国各个相关流程专家组成项目小组制订流程梳理计划及落实会议和沟通具体安排 · 引导工作坊和会议的顺利进行，及时干预并确保结果 · 沟通协调流程结果的签署通过
2. 组织设计负责人	· 熟悉当前公司的组织架构和 HR 负责人的基本情况 · 熟悉组织架构设计方法和流程 · 对人和关系敏感 · 向上管理并协调关系 · 谈判和说服技巧	· 召集各地方 HR 负责人讨论并确定设计方案与集团沟通确认新的组织架构，确定支持组织架构、岗位架构和人头设计方案 · 与相关 HR 负责人和业务高管就人头开展谈判，确定最后的方案 · 人员的内部转移、沟通并参与人员过渡
3.IT 系统板块负责人	· 最懂 IT 的 HR 专家 · 对薪酬福利政策和操作非常熟悉 · 有原则还要会沟通 · 项目管理能力强 · 团队建设与内部沟通	· 统一全国的不同系统到一个大平台 · 影响和说服业务单位上 IT 系统 · 配合集团的整体系统建设 · 项目统筹与管理，确保落地 · 配合政策、流程和组织小组的输出能够最大限度地在系统中实现
4. 政策优化板块负责人	· 影响和说服能力 · 熟悉公司政策并能梳理归纳 · 项目管理能力 · 平衡并推动项目进程	· 成立并组织项目组设计和规划项目 · 协调业务高管及 HR 负责人的利益，最大限度优化政策 · 准备方案并主持高层会议，推动项目进程对共识的项目记录、跟进和落实
5. 人员过渡负责人	· 向上表达和争取资源的能力 · 向下管理期望的能力 · 一对一沟通和说服力 · 心理疏导和压力管理能力	· 设计人员过渡方案和制订计划 · 向上沟通并争取资源，为沟通做准备 · 设计和计划具体执行安排和细节 · 对受影响员工的管理并组织沟通 · 对受岗位挑战或者受影响大的员工进行一对一沟通

续表

主要角色	能力与特质	工作方式及重点
6. 变革沟通管理负责人	· 熟悉变革管理的逻辑和沟通原则 · 较深入地了解人性和心理 · 能够抓住重点信息和利益来沟通 · 有能力对群体沟通和危机进行公关 · 有效的具体沟通技巧和表达方式 · 冲突管理和应急处理能力	· 变革沟通的设计和计划 · 对高层的沟通策略的设计和计划 · 参与部门高层的沟通会议 · 在项目过程中，安插必要的沟通活动来推动项目的落地 · 收集相关方的反馈和意见，及时安排沟通 · 跟进项目进度，控制沟通节奏，促进项目推进

第二节 成立决策委员会

决策委员会是在项目小组成立的同时必须组建的最高决策机构，这个机构将存在项目的整个过程直到项目主要目标达成后三个月自行解散。决策委员会一般由三类人组成：一是搭建项目组负责人，包括集团和中国区项目组；二是业务高管；三是集团 HR 高管。这三类人通过决策委员会的运作可以尽可能地达成共同目标，又能兼顾个人利益和目标。充分利用大家的角色推进项目的决策速度，最后搭建一个业务高管同项目组和 HR 沟通的桥梁，促进双方理解。

表 6–5 至表 6–7 是这三个角色的主要分工、工作方式和成功要素，梳理如何管理好决策委员会。

表 6–5　项目组负责人的主要分工、工作方式和成功要素

主要分工	工作方式	成功要素
· 提出需要讨论的话题 · 提前准备可能的方案和备选建议 · 主持和推动决策过程和结果 · 会议后期的反馈和行动计划落实	· 每月一次的沟通会议 · 单个成员与项目组的沟通 · 邮件的信息传递和确认 · 电话、微信等手段的沟通 · 集团与地方的项目组定期进行沟通	· 有准备的决策会议 · 及时调整会议节奏和重点 · 通过的决议要第一时间落实 · 主动争取高层和关键人物的支持 · 利用集团项目组的权威

表 6–6　业务高管的主要分工、工作方式和成功要素

主要分工	工作方式	成功要素
· 参与项目并推动项目进程和结果 · 贡献自己的想法和建议 · 表达诉求和利益	· 参加每个月一次的沟通会议 · 与项目组开展沟通交流 · 一对一沟通	· 遵循组织利益优先的原则 · 提前沟通，倾听在先 · 必要时妥协

表 6–7　集团 HR 高管的主要分工、工作方式和成功要素

主要分工	工作方式	成功要素
· 理解项目组并及时提供支持 · 引导业务高管促成决议通过 · 必要时扮黑脸，给业务施压 · 抽时间参加项目组安排的会议	· 参加每个月一次的沟通会议 · 定期与项目组进行沟通 · 随时与项目组就问题进行探讨	· 给业务高管灌输必要的思想 · 与项目组搭配，必要时扮黑脸 · 项目组及时将方案与集团 HR 沟通，表达诉求

第三节　组建地方 HR 项目组

在业务型 HR 部门建设过程中，地方的 HR 负责人是受到影响最大的群体，因为他们的团队会从以前的组织架构和工作方式变更成三支柱和业务导向的架构，留在地方的团队人数会大大减少。作为集团的变革项目，他们必须接受，但是对他们的冲击也是巨大的。从人性的角度考虑，如何处理好这个群体是转型成功的关键。

组建地方 HR 负责人小组的基本原则是：尽量不分大小高低，只要是负责人全部拉进来沟通。项目沟通公开透明，项目的关键板块必须让 HR 负责人参加讨论并通过，过程虽然麻烦，但对后期的执行非常重要。地方 HR 项目组分工、工作方式和成功要素，如表 6–8 所示。

表 6–8　地方 HR 项目组分工、工作方式和成功要素

项目组分工	工作方式	成功要素
· 代表地方 HR 团队参加项目组 · 支持并贡献自己专业和项目反馈 · 配合项目的落地 · 转变自己的角色，提升自身和团队的能力	· 定期参加项目会议 · 反馈项目意见和想法 · 与下属及时沟通并推进项目	· 意识到对他们的影响很大，妥善处理好一些过激的行为 · 一定要让他们参与项目过程 · 提前沟通很重要

第四节　组建专家组

为了让项目可以少走弯路，提高效率和专业度，建议开始的时候一定要找专业的咨询公司或者专家来提供方法论的咨询和培训，必要时让外部专家扮演吹鼓手的角色，对相关利益方做变革管理的沟通，或者参与项目的一些关键板块的主持、引导工作。专家包括内部专家和外部专家，通常是指外部专家。用好外部专家会大大加快项目进程。专家的主要分工、工作方式和成功要素，如表 6–9 所示。

表 6–9　专家的主要分工、工作方式和成功要素

专家分工	工作方式	成功要素
· 与项目组一起工作，协助项目组在项目不同阶段提供专业咨询 · 提醒项目可能的风险及如何防范 · 推动变革管理	· 现场参与必要的项目沟通会 · 指导项目 · 培训项目组 · 主持工作坊或者电话咨询	· 相信专业，利用专业 · 外部视角要结合企业特点 · 在关键板块的设计和计划阶段充分利用外部专家

当我们搭建了项目组，也清楚了他们的角色、分工和关键的成功要素后，我们就清楚如何组织和运营这些小组，从而在项目设计、计划和具体板块开展工作的过程中，知道如何配合并完成相关的工作。

在项目开展的不同阶段，不同项目组的角色和分工是不同的，工作重点也不一样，这需要我们经历和实践，只要用心去思考并及时调整，项目管理就不会有太大的偏差。缺乏组织的项目管理就像踩着西瓜皮在前进。

下面笔者将自己在项目实践过程中遇到的有关问题做一些梳理，把共性的和典型的问题或者教训分享给大家：

（1）大大低估了做业务型 HR 部门建设的难度，比如没有组建必要的项目组，完全由现有的 HR 负责人按照自己的想法去做，想到哪里就做到哪里。

（2）认为这个项目简单，比如自己参加一个公开课，觉得都学会了，更有一些人觉得看一下网上的文章或者一本书，然后就实施这个变革项目，其实远不止这么简单。

（3）有些企业不愿意用外部咨询机构，认为他们不懂自己的业务和 HR 的情况，所以更愿意自己想办法解决。缺乏专业指导的项目会走很多弯路，埋很多雷或者坑。

（4）缺乏决策机构和必要的工作机制，遇到问题时 HR 解决不了，项目无法推进，以至于项目组的压力特别大。

（5）没有将受影响最大的 HR 负责人纳入项目管理过程，最后执行时发现根本没人配合，这样的变革注定会失败。

（6）决策过程过于草率，不是决策是否合理和科学，关键是没有经过一个必要的决策程序。参与有时比结果更重要。

面对以上挑战，基本处理原则有以下几个：

（1）业务型 HR 部门的建设是以业务为中心，这样的变革是对 HR 组织根本性的改变，不要低估变革的难度。

（2）没有任何捷径可走，人、财和物的投入是必需的，否则不要做这样的改变，在以前的基础上把服务做到极致也是不错的选择。

（3）沟通，沟通，再沟通，确保将时间和精力投入在沟通上，主观和命令式的决策都很难取得很好的效果，并且会给后变革时期带来无尽的麻烦。

（4）心态上，要理解没有完美的项目组织，需要不断磨合。只要能够确保大家的组织目标一致，一切都可以改进。

这些小组如何运行呢？笔者举一个关于决策的例子，看看 A 公司的项目管理团队是如何将这些小组串联起来的，如图 6-2 所示。

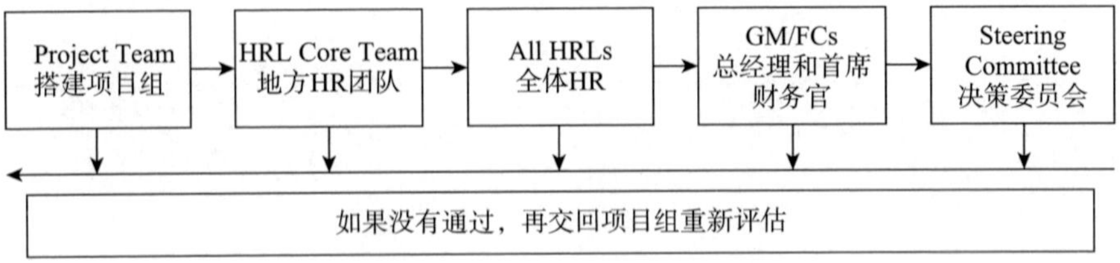

图 6-2　项目小组如何运行

项目小组的运行包括两部分内容：一部分是关于决策的内容；另一部分是关于决策的流程。前者是关于项目的关键板块或者更广泛的内容做决策。在流程上，搭建项目组、地方 HR 小组和决策组是重大决策，都要参与。

具体流程是：项目组在项目过程中提出决策的问题和建议，然后跟地方的 HR 负责人或者部门做沟通，沟通没有问题后，根据内容确定是否需要全体 HR 进行沟通，有些问题和提议需要提交相关的业务总经理或者和 CFO 提前进行沟通，最后再由决策委员会审议通过。基本原则是，决策内容的发起都是项目组，后面需要哪个小组参与取决于内容的重要性，但是所有和项目有关的关键决议在执行前必须由决策委员会通过。有些比较重要的决议，项目组也需告知决策委员会。

有时候，决议内容无法一次通过，需要项目组做调整，然后相关小组沟通后再通过，特别是内容比较复杂，牵扯的利益方比较多的时候。所以，对项目组而言，前期的准备工作尤为重要。

项目组的良性运行对业务型 HR 部门的转型至关重要，好的搭建会为业务提供优质服务，并对每一位业务伙伴都有长期的影响。我们不能忽视这些小组的建设，特别是这些小组承担的角色、职责和努力的程度。利用好这些小组，它们将在变革过程中发挥各自无法估量的作用。

第七章

前期诊断与准备度评估

第一节　把脉转型准备度

对当前的人力资源管理做系统的把脉、诊断。笔者会介绍一个叫作"五维度"人力资源变革准备度的评价工具，对目前的 HR 变革准备度有一个综合判断，帮助我们找到搭建的侧重和具体方向。

"五维度"人力资源变革准备度评价图，如图 7-1 所示。这个评价体系除了关注内部视角外，还会把外部视角作为辅助视角纳入进来。

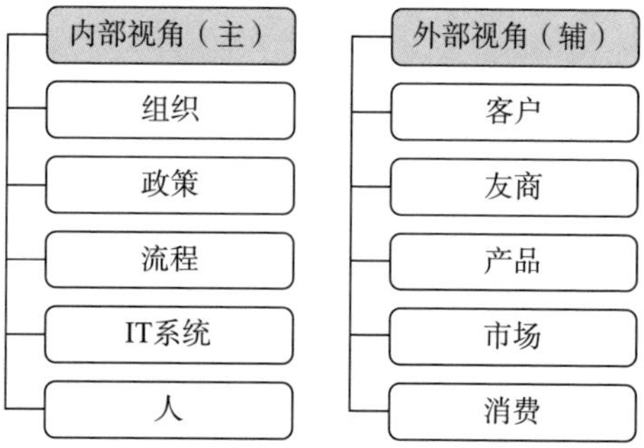

图 7-1　"五维度"人力资源变革准备度评价图

我们来看一下内部视角的五个维度，从检视角度、关键点和主要描述方面进行介绍，如表 7-1 所示。

如果我们可以深度地理解每一个维度，对客观评价转型现状和条件非常重要。下面就一些关键信息梳理一下：

（1）组织维度是第一个维度，这个维度是所有维度的基础。这里选取业务及其战略、组织架构中的汇报关系两个方面来评价准备度。在业务型 HR 部门建设中，对业务和战略的评价是高还是低决定了是否要转型。

如果要转型，方向与核心在哪里就比较清楚了。

表 7–1　内部视角的五个维度

维度	检视角度	关键点	主要描述
组织	业务支撑	战略、盈利能力、领导力	战略目标清晰有抱负、盈利能力强、领导者的变革意识和能力强
	汇报关系	业务汇报 / 区域汇报、地方 HRL 同总部的关系	HR 的强集中管控、HR 组织架构中地方和集团的汇报关系强相关
政策	集中度	总部统一政策（法律、法规规定除外）	强管控、业务单位间强关联和强统一
	成熟度	总部 / 地方 HR 政策的完整性、有效性	完整性、应用性强、执行到位
流程	标准化程度	大的流程是否统一，是否在 IT 系统中应用	完整性、应用性强、执行到位
	成熟度	有完整、有效和统一的地方 / 总部流程	系统梳理过、集团统一、在 IT 系统中有应用
IT 系统	统一度	统一的系统平台，管理规则统一	统一的系统、管理规则清晰、执行高效
	成熟度	组织、政策和流程的应用和统一，E 化和自动化程度	系统反映政策流程、数字化转型有深度、自动化程度高
人	对变革的态度	管理者对变革的支持和普通员工的接纳心态	管理者接受变革、不同员工接纳心态
	人的能力	专业能力和稳定性	专业能力强、稳定性高，对变革的应对能力强

举个例子，有些企业的各个业务单位的业务发展阶段不同，企业性质不同，特别是盈利能力不同，它们对变革的接受程度也不同。通常业务不好的企业对变革的抵触较大，不建议让它们作为试点企业。对于业务比较好，对业务型 HR 转型要求比较高的企业，对改

变容易持欢迎的态度。这些对于后面做建设的规划和时间安排非常重要。

（2）汇报关系，主要是总部 HR 对业务单位的 HR 是否有管控关系，其背后对转型的难度是非常重要的。如果地方 HR 负责人不向总部 HR 汇报，地方 HR 对变革的动力一般不足，对项目组而言是非常艰难的。这里涉及未来的 HR 组织架构，以及与业务的管控关系。因此，变革对业务管理者也会有直接的影响。这在组织设计的板块中，挑战无处不在。比如在人头的划分上表现比较明显，谁转到 SSC，谁转到专家队伍，谁会留在业务部门作为 BP，这些都是核心的利益问题。如果从向业务总经理汇报转成向总部 HR 汇报，有很多地方 HR 负责人不愿意受制于总部，业务部门的总经理也不愿意这样，如此就会把这些抵抗表现在转型的方方面面，一开始变革就会遇到挑战。

（3）政策的统一在业务型 HR 的建设中对业务总经理的影响最大，统一可能会带来一定的投资和成本的增加，对于业务不好的企业或者对成本非常苛刻的企业是不欢迎的。但是，这样的统一对于 SSC 共享服务来说是非常有利的，可以大大提高流程的标准化和 IT 化，对于整体和长期而言是效率提高和成本降低。

（4）流程的成熟度主要是指标准化和简化，并最终在系统上实现流转，这对 SSC 和整个组织都是非常有利的，可以大大提高效率和降低成本，安全性、透明性和准确性也会大大提高。但是，这也可能会带来客户的不满，因为很多以前唾手可得的非标准化的服务将大大减少，定制化服务降低导致客户体验感不好，满意度也会降低。

（5）IT 系统的统一和集成，最好是在打通的 IT 平台上运行所有 HR 组织、流程和数据。但是统一的困难也很多，除了要花钱，还要改变大家的工作习惯。往往最大的阻力来自习惯的改变，比如管理者的自助服务，很多以前由 HR 提供的各种查询、报表和审批工作，全部由管理者自助完成，这个挑战不容忽视。

（6）人的因素主要有两个：一个是专业能力，也包括对业务的意识；另一个是对变革的准备度和欢迎程度。因为这个变化是深层次的，也是根本的变革，HR 将摆脱行政性和专业性，所有的活动设计、规划和执行都将围绕业务展开。首先对 HR 是挑战，对业务是否准备好接受 HR 参与业务决策，也是巨大的挑战。

因此，不能低估这些挑战，我们需要非常细致地梳理当前人力资源管理的整体状况，最好能够比较客观地认识自己，认清自己的准备度。没有准备好，就不做或者少做，不打无准备的仗。

根据这些定义和描述，我们可以对人力资源变革准备度做出评价，如表 7-2 所示。

表 7–2　人力资源变革准备度评价

维度 / 总分（100）	组织 /20 分	政策 /20 分	流程 /20 分	系统 /20 分	人 /20 分
关键要素	HR 的组织管控	统一度	标准化度	统一度	对变革支持度
门槛 /60					
中度匹配 /75					
高度匹配 /90					

以上评价标准是参考标准，具体可以根据企业掌握的信息做评估。表 7-3 是一家高科技公司的 HR 对自己的转型评估案例，这个评估是通过设计的问卷和访谈实现的。

从以上评价可以看出以下几点：

（1）超过或等于 4 的有 6 个，等于 3 的有 4 个，所以总体上这家企业的业务型 HR 部门建设有了“形”，但还没有建立“神”。“形”体现在组织的架构上，但其他方面还有很多需要落实、完善和提高的地方。

表 7–3　一家高科技公司 HR 转型评估

维度	检视角度	关键点	现状	重要度 1~5
组织	业务支撑	战略、盈利能力、运营（选、用、育、留）、领导力	三支柱刚刚建立基础框架	3
	汇报关系	业务汇报 / 区域汇报、地方 HRL 同总部关系	双线汇报（业务 + 总部 HR）	3
政策	集中度	总部统一政策（法律、法规规定除外）	岗位、薪酬、绩效部分统一	4
	成熟度	总部 / 地方 HR 政策的完整、有效性	几个关键政策梳理	4
流程	标准化程度	大的流程是否统一，是否在 IT 系统中应用	大多沿用目前做法，优化不多	4
	成熟度	有完整、有效和统一的地方 / 总部流程	整体标准化、再造不多	5
IT 系统	统一度	统一的系统平台，管理规则统一	平台已统一、管理规则待完善	4
	成熟度	组织、政策和流程的应用和统一，E 化和自动化程度	E 化和自动化作为下一步重点	5
人	对变革的态度	管理者对变革的支持和普通员工的接纳心态	普遍共识	3
	人的能力	专业能力和稳定性	专业能力提升是重点	3

（2）几个关键政策有统一，但是还需要扩大范围。虽然不是业务管理者最关心的，但是要逐步推进。

（3）流程实际上并没有统一，这对系统的上线和落地的挑战很大。

（4）人的能力从专业角度还有待完善，业务变化快也对 HR 的专业度及与业务的配合能力带来很大挑战。

在使用“五维度”的评价方法时，需要注意以下几点：

（1）可以根据以上维度设计问卷，评价的方法有访谈和问卷两种，对象包括 HR 管理者和部分业务管理者，接受访谈评价的 HR 人数要超过 10 位，或者 5%~10% 的 HR 管理者，管理者人数不要少于 5 个。

（2）线上组织评价最好统一发放，统一回收；访谈时间最好集中，同时要声明访谈的安全性、保密性，鼓励大家说真话。

接下来，我们再来看看外部视角维度，如表 7-4 所示。可以将外部视角作为辅助工具，帮助项目组更全面、客观地评价转型现状。一般采用访谈形式，选择 2~3 位业务高管进行访谈。

表 7–4　外部视角维度

维度	检视角度	评价关键点
客户	客户的数量与忠诚度	是否有足够多的客户，并拥有一批忠诚度高的客户支撑企业盈利
友商（竞争对手）	竞争对手是否强大	在竞争中所处的位置，主动还是被动的位置
产品	产品有没有核心竞争力	产品是否门槛较低，低价竞争，是否有核心技术
市场	市场占有率和潜力	市场空间大，占有率较高
消费	消费者满意度	消费者对产品和服务评价高

这个外部视角其实为企业的竞争力提供了一些重要的参考指标，我们可以从中看出企业目前在市场中的竞争力，结合企业的人力资源管理水平，内外因素放在一起就可以反映人力资源管理的现状和转型的准备度。

第二节　深究 HR 发展的“不足之处”

有人说 HR 在公司的地位不高，很多重要事情，HR 往往不会被认为必不可少。这样的状况以前是，现在是，将来还会存在很长时间。一方面是 HR 的商业能力，也就是做生意的能力不足；另一方面是 HR 的专业度比起外部的咨询机构也难以企及。这将 HR 置于两难的境地，HR 不可能比业务管理者更懂业务，也不可能比外部专家更专业。HR 的专长在哪里？如何不可或缺？如何增强自身的影响力？

我们需要以更开放的心态，打开自己的认知，打开对自己固有的定位，让自己站在更高的位置看自己。我们的角色定位可以改变，我们的工作范围可以改变，我们的能力画像可以改变……如此，我们才可以真正改变自己。

由此，笔者想到企业的发展会有第二成长曲线的挑战。如何寻找第二成长曲线？如何不掉进第二成长曲线的陷阱，避免死亡？其实，人力资源管理者和人力资源部门又何尝不面临同样的挑战和境地。比如 HR 的人才密度不足，没有太多的人愿意从事 HR 工作，或者业务对 HR 的信任度降低，不愿意跟 HR 讨论战略或者经营的问题，HR 被边缘化。没有第二曲线的成长机会，HR 很难在业务心中占有一席之地，也间接影响组织的发展和业务的发展。为此，HR 部门需要寻找自己的第二成长曲线。

综合近五年近百家企业 HR 的准备度和成熟度的调研和访谈，笔者从 HR 的认知、关注焦点和工作重点三个方面，为业务型人力资源部门建设画了一张图，去探索如何成就人力资源部门的第二成长曲线，如图 7-2

所示。

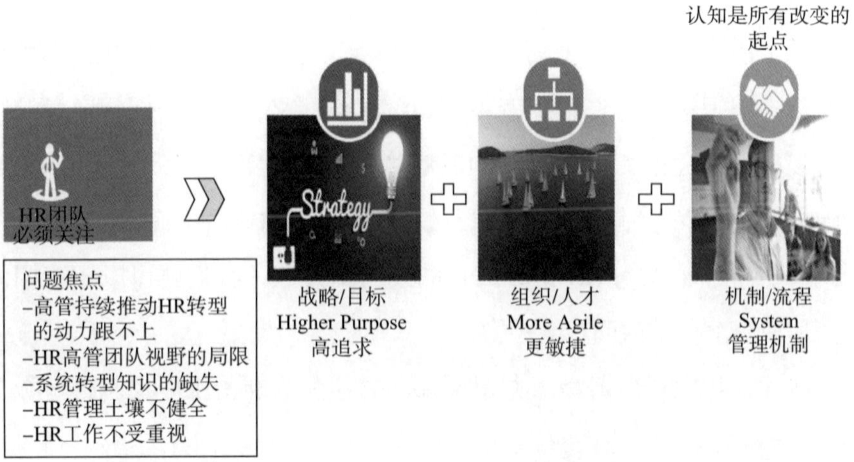

图 7–2　寻找 HR 第二成长曲线

从图 7-2 可以看到，实现 HR 第二成长曲线的具体条件有以下几个：

（1）认知是所有改变的起点，首先 HR 需要对自己的定位更加明确，明确业务型 HR 的角色认知。所有的工作围绕业务，能够为业务创造价值，无论你担任的是业务伙伴 BP、专家 CoE 或者服务型人员 SSC 中的任何岗位。

（2）业务型 HR 部门必须关注业务战略、组织、人才和管理机制的建立四个方面。第一，战略与目标要参与业务战略的制定和目标的制定过程，这样我们就可以从人的角度为制定战略做出贡献，没有参与的过程就无法真正了解 HR 的工作战略、目标和工作重点，这也是对 HR 的最高要求。第二，组织和人才是 HR 日常工作的重点，占日常工作一半以上的时间和精力，需要我们学会利用外力，让自己的方案更敏捷，行动更加敏捷。第三，有了强大的组织和可以支撑业务发展的人才，业务的战略和人力资源战略才能落实和达成。第四，一个强大的组织发展到后面绝不是靠一个英雄或者所谓救世主，靠的是机制和流程，所以 HR 要跟业务一起梳理和建立人力资源管理从价值创造、价值评价到价值分配的完整机制。

（3）HR 还要将自己的工作重心放在成长的机会点上，这里既包括领导觉醒、组织领导力和组织变革的高位工作，又包括 HR 部门自身的组织建设、能力建设和日常运营的高效管理。更现实一点，业务型 HR 部门建设是把 80% 以上的时间和精力放在可以改变 HR 地位的工作上。

（4）有了明确的 HR 第二成长曲线的发力点，我们就可以知道如何在搭建细节上有所为而有所不为。

如此，我们对业务型人力资源部门搭建前的准备工作及差距有所了解，结合对 HR 第二成长曲线的深刻理解和期待，让我们开启搭建之旅吧！

第八章
组织设计方法与步骤

前面章节比较详细地描述了业务型 HR 部门的角色、组织架构、任务和能力，本章将重点探讨如何设计这样的组织，包括组织架构、岗位架构、岗位描述、人头的划分及预算的转移。同时，具体分析一些常见问题、挑战及应对方法。

第一节　组织架构设计

一、组织设计的基本原则

（1）支持跨部门的流程、IT 系统和交付的全景。

（2）整合类似活动 / 资源确保规模经济，有些活动可以合并以提高效率。

（3）考虑数字化和 IT 平台的作用，比如员工和管理者的自助功能。

（4）为员工提供职业机会，考虑职业发展的多样性和更多机会。

（5）明确规定各级职责和责任，尽量减少与客户的对接。

（6）考虑未来的规模化，比如增加服务内容和对象，或者扩大服务的区域。

组织设计的方法，有自上而下和自下而上两种方法，如图 8-1 所示。

自上而下的方法的基本操作是：先梳理 HR 服务的范围和业务流程，将类似的业务范围汇总归类，然后结合这些服务对人的资质和能力的要求，将岗位按照管理幅度划分为两类，即管理岗位和执行岗位。这样就把组织架构梳理出来了，然后根据岗位的工作职责和内容，以及能力要求编写相关岗位的职责说明书。这个方法背后的逻辑比较简单，就是把相似的工作分类汇总，完成组织架构的设计。

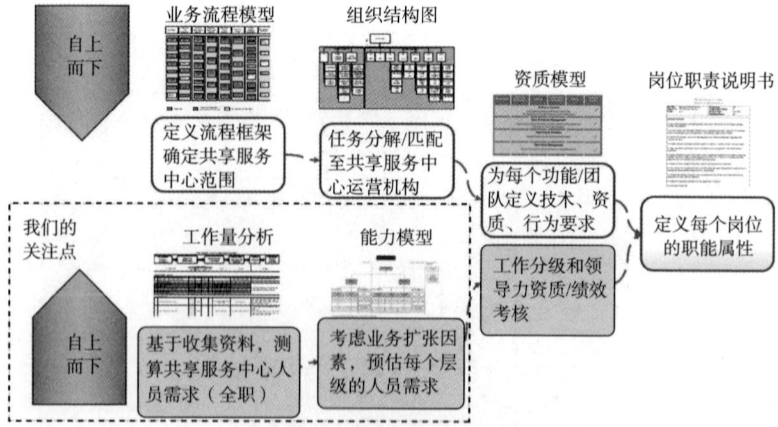

图 8–1　组织设计的方法

第二种是自下而上，这个方法比较烦琐，但容易被人接受，方法简单但准确率比较高。具体流程是根据不同的工作性质先做工作量分析，然后将相似工作的工作量整理后，再考虑人员的资质和能力，以及外部市场的资质和能力，综合评估后再确定需要多少名执行人员可以完成这些工作，最后根据整理的人员数量结合管理幅度来设定需要多少名管理人员，这样就画出了组织架构图，相应的岗位职责说明书也就列出来了。

从这两个方法，我们可以得出组织架构、岗位架构、测算的人头，包括管理岗位人头，最后还有岗位职责说明书。这为后期的人员招聘、人头谈判和预算的转移提供了基本依据。

二、SSC 的组织设计方法

为了更好地掌握组织设计的方法和流程，下面举例来看看 B 公司的组织设计流程和步骤，经过 9 个月的时间工作项目组完成了近 130 人规模的 SSC 的组织架构、岗位架构、JD 和第一期人头谈判的所有工作，非常具有挑战性，如图 8-2 所示。

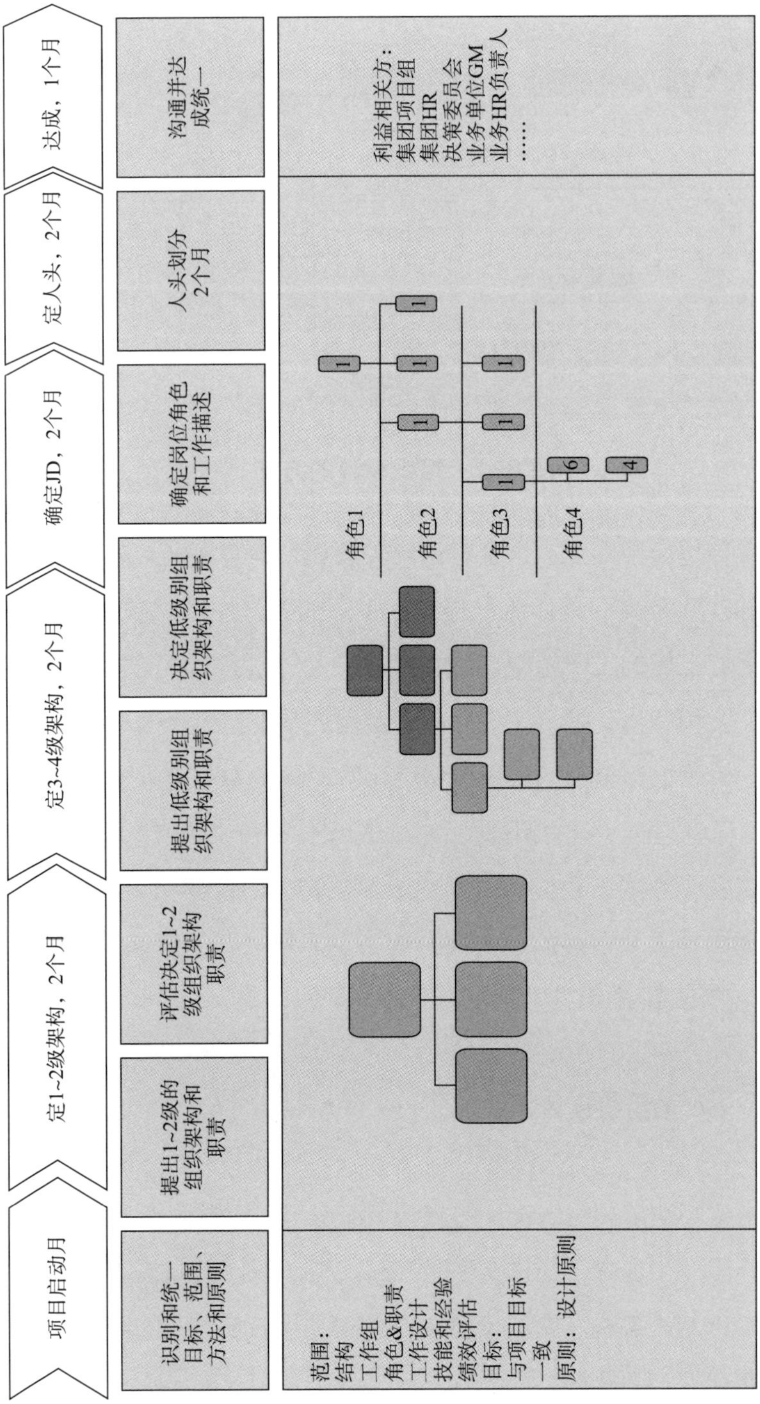

图 8-2　B公司的组织设计流程和步骤

具体挑战有以下几个方面：

（1）很难在各业务单位收集到合理的工作量，不是他们不提供，而是未来的业务发展预测不好做。因此，在预测人头的时候，要收集当前的工作量和评估员工的能力，大概预估一下未来 1~3 年的业务量并以此作为依据，比如根据业务发展估计招聘人员的数量。还有一些主观因素造成数据的准确性比较低，这个问题通常在第三级的人员设计的时候比较明显。

（2）工作描述也是表现新组织的，不能照搬以前的内容，要考虑未来的总体 HR 组织定位，不能只考虑 SSC 的工作，要结合其他角色一起制定岗位职责。另外，要将新技术和新组织发展趋势纳入考虑范围。这样做出的岗位描述既落地又有一定的延展性，为未来的组织调整和员工的职业发展提供空间。

（3）人头的划分因为涉及组织架构里的具体的人头数量和大家的走向，这个划分是比较有挑战性的，后面会单独介绍这部分内容。人头和具体的岗位确认后，财务分家也是一个挑战，这部分内容会和人头划分一起介绍。

三、CoE 专家的组织架构设计方法

CoE 的组织架构设计因为涉及的人数较少，也不会一次性完成 CoE 的全部组织架构的设计及人数的配置，所以 CoE 的组织设计一般遵循以下原则就可以完成初步的组织设计任务。

（1）CoE 的角色一般可以按照先后顺序考虑以下角色或者部门：

培训和人才发展的专家，主要负责设计、搭建和执行一套人才培养和发展的体系、操作流程和工具。

薪酬激励专家，主要负责设计、搭建和执行一套价值评估和人才激励的利益评价和分配机制、流程和方法。

招聘和雇主品牌专家，主要负责设计和制定内外部招聘制度、流程

和工具，同时参与设计有效的雇主品牌和招聘方案。

组织发展专家，负责组织架构的设计和优化，组织变革项目的设计和规划，组织诊断的工具和实践方法，以及文化打造。

领导力 / 干部培养和管理专家，负责设立专门的领导力开发，设计和制定系统的管理机制和方法。

战略和绩效专家，负责协助 BP 参与公司的战略制定、解码、绩效目标制定、过程管理和评价等活动。

数字化专家，因为数字化和技术是未来 20 年的趋势，HR 也需要提前布局相关人才和机制。

前面三个一般都需要有，是刚需，后面三个是 BP 的主要工作范畴，可以请外部的咨询公司协助，因为内部培养不易。当然，也可以从外部招聘能力比较强的人，这个方法目前看成本太高，建议还是确保 BP 能提高到一定专业水平，无须自己设计但是有能力做判断就好。数字化是趋势，可以储备，人才是可遇不可求。

（2）CoE 的组织层级。全球 500 强集团公司一般分为全球和国家两层，一个叫 GPO（Global Policy and Process Owner），另一个叫 CPO（Country Policy and Process Owner）。这些不同领域的专家在一起就叫专家中心 CoE（Center of Experts）。原则上，一个核心政策和流程就一个专家，全球和国家的人员设置都是一样的。比如招聘全球一个 CoE，国家就一个专家。

中国的公司情况大多数不是这样，比如人才发展有些也叫企业培训中心，人数比较多，有负责课程开发的、有负责项目管理的，还有负责供应商管理的。主要原因是中国的专家的专业能力还没有达到一定水平，所以需要更多人来承担。如果你认为某个板块非常重要，可以设计多个人来承担这个角色。

（3）从成本和效率角度考虑，CoE 不用太多，因为能力要求高，培养成本太大，笔者建议企业可以把这部分角色外包出去。关键是提高 BP

的问题识别和需求澄清的能力，然后利用自己的专业判断能力去物色合适的外部专家或者咨询机构，来配合、监督和管理好相关的项目。所以，未来的 BP 业务视角占 2/3，另外的 1/3 是专家视角。

基于以上基本原则，我们就可以自己设计公司的专家团队，具体要多少板块、多少人、什么样的人，以及和其他角色的配合方式。

四、BP 的组织架构设计方法

前面梳理过 BP 的组织架构，基本上是根据企业的规模，可以分为大 BP、中 BP 和小 BP。这里的大 BP 主要是指 HR 的负责人，比如 HRD、CHRO 或者叫 CPO 等，中 BP 可以是总监或者高级经理以上的岗位的人担当，小 BP 一般是经理或者以上岗位的人担当。

BP 的组织设计一般遵循以下原则：

（1）工作职责一般不会有大的区别，就像公司的领导力模型不会设置成两个一样。BP 的主要角色定位就是：帮助业务团队制定业务战略，计划并帮助组织进行战略分解、沟通、落地和实施，保证组织管理的战略与业务的一致性，并确保真正实现，在此过程中对组织进行重新设计和调整，使其更好地支持战略。

（2）决定大小的关键衡量依据是战略相关工作的层级和深度。具体来说，大 BP 会参与集团或者整个企业的业务团队的战略制定和落地的一系列工作，中 BP 更多的是参与战略的解码和下层目标的制定及落地等工作，而小 BP 更多的是参与设计业务部门的目标分解、规划和执行等相关工作。

（3）由于企业的规模和管理的难度不同，企业不同层级的 BP 所需的人数和资质也不同。因此，BP 的组织设计的层级和人数可能有很大不同。但关键点是，BP 从来不以人数来证明 HR 团队的强大，不要让日常烦琐的事务性工作占据太多的时间和精力，否则核心工作将被忽略，HR 的价值将很难被认可，地位也很难提高。

第二节　岗位职责描述

在组织架构设计后，在确定人头划分前，无论 BP、CoE 或者 SSC 都需要明确岗位职责是什么。只有对岗位要求清楚了，我们才可以明确需要转岗什么样的员工过去、内部有没有合适的人、是否需要从外部招聘，也可以指导如何进行现有人才的盘点，从而更清楚地指导现有员工的适合度，包括现有的人数是否足够承担新组织的工作和要求。下面从 SSC 举例制定岗位说明书。

从 HR 的工作性质和内容看，SSC 的工作变化比较小，新组织的岗位说明书的不同主要体现在以下几个方面：

（1）未来的工作流程会标准化，虽然开始的时候会保留一些不同。比如以前算薪的员工只负责一家企业，未来将负责 10 家或者更多的企业，所以开始的时候需要一段时间去适应这些流程和政策，同时对于每家企业的一些最佳实践和经验也需要掌握和学习。

（2）上下游的相关方发生了变化，以前是员工和管理者，现在会有 BP 参与进来，还有 CoE 会对流程进行设计和监督执行，因此工作方式会不同。对内的角色划分需要学习和了解，这相当于 BP 是 SSC 的客户，CoE 是政策和流程的设计者和主人。

（3）未来的工作会更多地进行远程操作，会使用更多的 IT 工具，比如会用到订单系统等。这样效率才会最大化，也会牺牲部分员工的体验感，为此 SSC 需要在新的要求下不断培养管理者和员工的自助服务意识及能力。

（4）未来的共享服务中心就像一个业务单位，会有自己的管理层级、产品设计和交付等价值链的不同部分。共享中心更多关注效率、成本及客户反馈，同时对数据的处理能力和呈现能力的要求更高。另外，需要SSC 同时对持续改进和项目管理更熟悉并能熟练使用。如何制定岗位职责，它包括哪些板块？如何定义和描述呢？

下面列举某公司 SSC 负责人的岗位职责描述供参考，如表 8-1 所示。

表 8–1　某公司 SSC 负责人的岗位职责

工作岗位：SSC 总监 级别：× × × 职业路径：管理岗位 工作性质：全职 位置：上海
工作总结： 人力资源总监全面负责管理整个中国人力资源共享服务中心，包括前台（提供服务台服务）、招聘、薪酬和福利、培训管理、国际派遣、人力资源管理等
主要职责 / 运营： · 与中国所有地区的人力资源 BP 部门保持良好的网络 / 合作，为这些地区提供人力资源共享服务 · 定期与 CHO 进行审查，更新人力资源部的运作情况，并上报问题以获得支持 · 人力资源部定期组织审查会议，检查和控制人力资源运行情况，解决问题 · 制定团队间合作的规则和原则 · 定期检查和分析绩效报告，找出需要改进的地方
主要职责 / 监督： · 根据业务和个人职业发展需要，设定并检查部门经理的个人绩效目标 · 领导和管理下属部门经理，每天监督部门的运作 · 全面管理和控制下属部门经理的人员配置计划，满足服务要求，并在需要时参与招聘
问责制 / 预算控制： · 负责制订并控制年度业务和人员编制计划 · 负责与服务的内部客户（集团在中国的办事处）提出、调整、验证和确认 SLA（服务水平协议） · 负责经理的个人绩效管理、职业发展和考勤管理 · 负责制订和批准人力资源部的个人培训计划 · 负责审批人力资源部请假 / 加班 / 缺勤 / 出差申请及其他规定金额以上的报销 · 负责批准和签署中国所有使用人力资源服务的法人实体的月度工资明细和报告 · 负责代表所有法人实体批准、签署和削减合同 / 协议 / 证书（如适用） · 如果需要外包服务，负责预防和服务管理 · 负责验证和批准外包服务的成本

续表

合作与交流： · 负责就服务质量、要求或变更请求与客户（特别是地方 HR、HRBP 部门和业务主管）进行定期沟通 · 应对客户（尤其是人力资源合作伙伴、员工和经理）提出的问题 · 推广人力资源，开发潜在客户 · 与 COE 负责人或 CHO 沟通，改进流程和计划 · 组织科室、班组评审，了解运行情况，提出问题解决方案 · 与内部和外部审计机构合作，确保合规性 · 与第三方供应商合作，确保外包服务质量
关系： 直接报告：CHO 监督：SSC 各部门负责人 外部关系：BP、COE、第三方、业务高管等
资格和要求： 1. 基本要求 A. 教育程度：本科及以上 B. 工作经验：8 年以上人力资源或其他相关业务领域的工作经验，并在跨国公司担任过领导职务 C. 知识和技能 D. 语言：英语熟练 E. 其他（流动性、旅行等）：接受国内、国际经常出差 2. 关键知识 / 技能要求和资格（基本） · 人力资源流程和工具方面的专家 · 了解人力资源转型项目 · 领导能力强，有领导大型团队的经验 · 用分析思维进行沟通和说服 · 较强的问题解决能力和冲突管理能力 · 有变革和风险管理方面的经验 · 投入与主动 3. 核心能力 （1）工商管理 · 财务与控制 · 销售与营销 · 人力资源 · 合法的 （2）技术和方法能力 · 大局观 · 持续学习 · 跨学科思维方式 · 灵活性 · 分析能力

续表

· 项目管理、过程管理 / 控制 · 工作技巧（MS office、英语等） （3）社会能力 · 表达、合作 · 可信度、可靠性和完整性 · 谈判和说服技巧、冲突管理 · 创建和使用网络的能力 （4）领导层 · 领导手段的运用 · 领导能力 （5）创业心态 · 未来方向、结果导向 · 市场 / 客户导向 · 有效实施、资源管理 · 冲突管理、变革管理 · 风险管理、成本意识

每个公司的岗位职责都不一样，可以根据这个框架制定自己公司的共享服务中心或者 BP 和 CoE 的 JD。

第三节　人头的划分方法

当组织架构和岗位架构设计完成后，各个角色和团队所需的人头数量可以初步评估出来。当人数评估出来后，项目组可以在内部做评估和测试，看看这样的组织架构、岗位架构和人群是否可以正常运作，是否能够达成我们希望的业务型人力资源部门的价值和作用。如果经过几轮评估和测试后可行，项目组就要跟各业务单位进行沟通和谈判，并与他们达成人头划分的协议。

还有一种方法是跟业务部门的 HR 一同设计组织架构，然后一起谈判如何划分人头。这样做的好处是过程透明，但是效率不高，同时很难避免利益冲突。所以，笔者建议由项目组先收集信息，需要时进行单个沟通，有了基本框架和基本数据后再召集大家一起商量和沟通未来的组织架构，如图 8-3 所示。

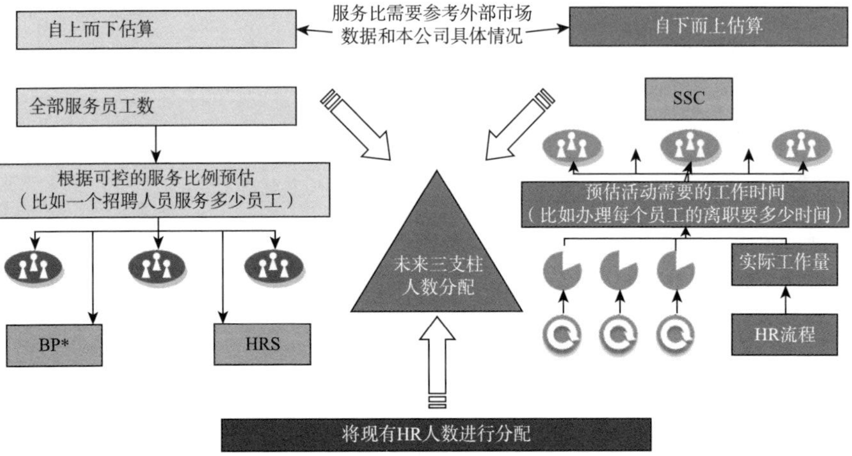

图 8-3　划分人头

人头的划分有两种方法：一种是自上而下根据人服比来估算人头；另一种是自下而上根据工作量的统计数量除以单个员工可以完成的数量来计算需要多少人。这两种方法适用于 SSC 和 BP 的人头估算。

一、SSC 人头划分

自上而下划分的步骤是：先看共享服务中心，再统计全部员工的人数，估算出按照服务的类型，包括招聘、薪酬福利、培训、员工服务等的每个员工可以服务的平均员工人数，用员工人数除以一个人可以服务的人数，就可得出每个服务项目所需的共享服务人数。从逻辑上看，没有比这个计算方法更简单的了。但是，要想得到一个合理的服务人数，有几个关键问题需要解决。

一般较大的企业业务多，各个公司的特点不一样，对 HR 工作的难度要求也不同，即使是同一家公司的不同部门，HR 工作对人员的要求也不同，工作量也可能有非常大的差异。科学的方法是在统计员工数量时将这些差异考虑进去，或者是加上一个难度系数。这样得到各个部门或者业务单位的人数可以算出一个标准人数。用这个标准人数作为分子来计算人数。在现实中，我们很少用这个科学方法，因为会花不少时间计算和沟通，这样的投入得到的结果还是避免不了被质疑，所以在计算人数时可以粗略一点。

另一个难点是如何得出每一个人可以服务的员工人数？这个人数如果基于现有的平均数，取得内部的认可比较难，因为搭建可能都希望这个服务人数对自己有利。我们在计算这个服务人数时，会结合市场的人服比的数据，这样的数据比较容易获得大家的认可。但是，有一部分管理者或者地方 HR 的负责人会认为数据来源不可信。为此，我们在获取数据时会找接近企业特点的公司作为参考。由于每个企业都是独一无二的，即使咨询公司提供的数据也会有很多疑问和可比性不足的问题。

基于以上员工人数和人服比，我们就可以得到一个招聘、薪酬等服务板块的 SSC 的人数。这个人数永远无法精准，永远无法得到所有人的赞同，所以在讨论或者谈判 SSC 人数时，一定会出现双方妥协的情况，否则永远无法达成一致的意见。

自下而上的划分方法比较烦琐、准确率高，容易被人接受。具体流程是根据不同的工作性质先做工作量分析，然后将相似工作的工作量整理后，再考虑人员的资质和能力及外部市场的资质和能力要求，综合评估后再确定多少人可以完成这些工作，最后再根据整理的人员数量结合管理幅度来设定需要多少管理人员，这样就画出了组织架构图，相应的岗位职责说明书也就出来了。

这两个方法中，可以得出组织架构、岗位架构，测算的人头包括管理岗位人头，最后还有岗位职责说明书。这为后期的人员招聘、人头谈判和预算的转移提供了依据。

二、BP 的人头划分

在做 SSC 的人头划分时，会同 BP 和 CoE 一起考虑。由于 BP 也占据较大的人数比例，所以在做 SSC 的人头划分时会一起做 BP 的人头划分。BP 的人头，基本上会在 SSC 的人头出来后，用总人数减去 SSC 人数，就可以得出这个业务单位的 BP 人数。这个过程中的难点有以下几个，处理好这几个难点，对总的人头划分至关重要。

（1）因为未来的业务型 HR 组织的角色中 BP 将承担与业务部门打交道的关键角色，所以地方的 HR 负责人会将最优秀的 HR 留在地方，作为 BP 的候选人。对于这样的“私心”，在转型中是必要的，因为作为 HR 整体，我们需要保障 BP 的人员质量。

（2）由于以往的 BP 很多时候并没有真正从事 BP 的工作，所以需要 BP 转变角色后把以前做的大部分事务性工作剥离，由 SSC 来承担。如果还有一部分专家 CoE 做的事情，也要把这部分工作分出去。只有这样，才能保证 BP 有充足的时间和精力从事本来应该由 BP 做的事情。因此，专业的事情剥离后，也需要把相应的人头分给 CoE。

（3）当我们在梳理需要多少 BP 时，也要考虑把这些事务性工作从 BP 手中剥离，这些工作需要由 SSC 来做，就需要配备对应的人数。SSC 手中以前承担的 BP 的工作也要剥离，交给 BP 去完成。

（4）当事务性工作剥离后，从现有的工作量来看，可能不需要太多的 BP，但是需要清楚的是，未来 BP 时间多了需要增加战略性工作。

（5）转型的目的不是减少 HR 的人头，也不是把不合格的人炒掉。在总人数不变的情况下，总体 HR 的人头实际上是增加了，因为以往 BP 的很多工作剥离给了 SSC 和 CoE。这两方面工作剥离后造成的结果可能是 BP 的工作时间会多出 50%~80%，多出的时间就可以做跟业务相关的工作。总体上，转型本身意味着提高 HR 的效能，并且是大比例提高，前提是 BP 需要有能力承载这样的业务战略伙伴的角色。

（6）前面的科学计算和划分的准备固然重要，但是当我们最后看各自的比例时，一定会出现很多否定。比如否定之前所有的计算结果，否定以前同意的建议。这些都很正常，以平常心对待，在妥协中达到平衡就可以。

三、CoE 的人头划分

专家团队的人头划分在前面提过，简单确定就好了。为了让沟通更顺畅，较大的组织的 CoE 团队的人数也不少，所以需要一个科学方法。下面举一个例子来看看 CoE 是如何划分的，如图 8-4 所示。

整个 CoE 人头划分的方法属于自上而下，具体步骤是：

（1）找出市场上可比性高的公司的数据，按照工作板块把相关的关键活动列出来。

（2）按照简单稳定、复杂稳定和复杂动态三种难度所需的活动罗列出来。

（3）结合市场上的数据和本公司的活动难度，把每个活动所需的人头列出来，加总后就是这个工作板块所需的 CoE 人数。比如以上薪酬 CoE 的人头划分，有三个关键活动：活动 1 是薪酬计算方法设计，活动 2 是对外薪酬对比和调整本公司薪酬政策，活动 3 是高管及关键人才短期和长期激励制度和流程设计。对比外部的数据，这三个活动所需的人数是 0.25、0.75 和 1.25，这样加总后得到的薪酬 CoE 的人数是 2.25 个人头。

在对 CoE 进行人头划分的时候，有几个原则需要遵循，这样得出的组织会更合理。

（1）由于很多公司的 HR 组织划分中必须保证 BP 和 SSC，所以在最

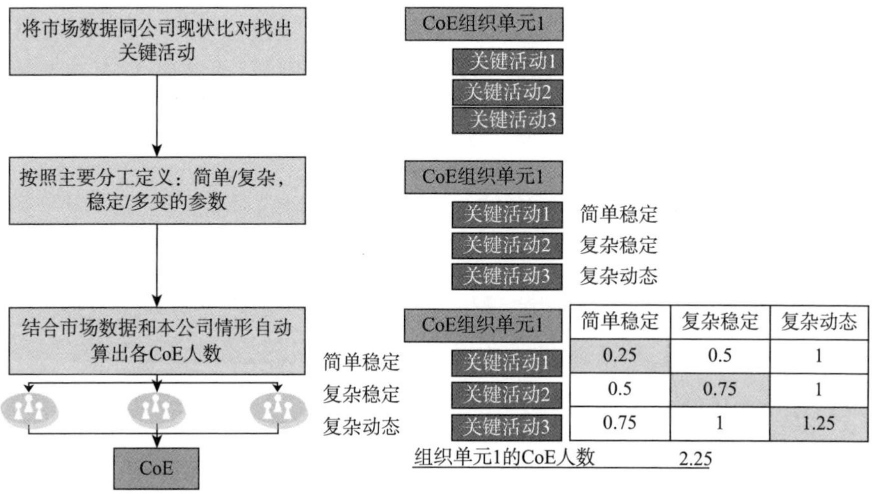

图 8–4 CoE 人头划分

后平衡人数和比例的时候，可以暂时压缩 CoE 的人头。随着业务发展和管理专业度的需要，可以再增加 CoE 的人头，或者新组织运营一段时间后，可以将 BP 或者 SSC 发展为 CoE 专家，这也是职业发展的通道。

（2）很多公司的 CoE 都是以前从事相关工作的经理或者主管，比如招聘主管、薪酬主管等，这些人对于公司的政策、流程比较熟悉，但是对行业或者专业的研究不足、深度不够，所以在 CoE 的人头划分上需要留下一些空缺从外部招聘，从而提高公司的 HR 专业度。

（3）CoE 的角色在公司很多时候会被边缘化，所以在公司的角色上必须给 CoE 有明确的职责和权力。比如作为薪酬 CoE，公司每年的薪酬包和发放政策必须由 CoE 和高层确定，同时在政策最后审批中必须有 CoE 的确认等。因为被赋予了职责和权力，对 CoE 提供的方案和政策的专业性和落地性的要求很高，这样也提高了公司人力资源管理的水平。

结合以上 SSC、BP 和 CoE 人头划分的方法，下面举个例子，某公司是一家有 9000 人的工厂，如何将 35 个 HR 的人头进行合理划分，图 8-5 是组织架构前后的对比图。

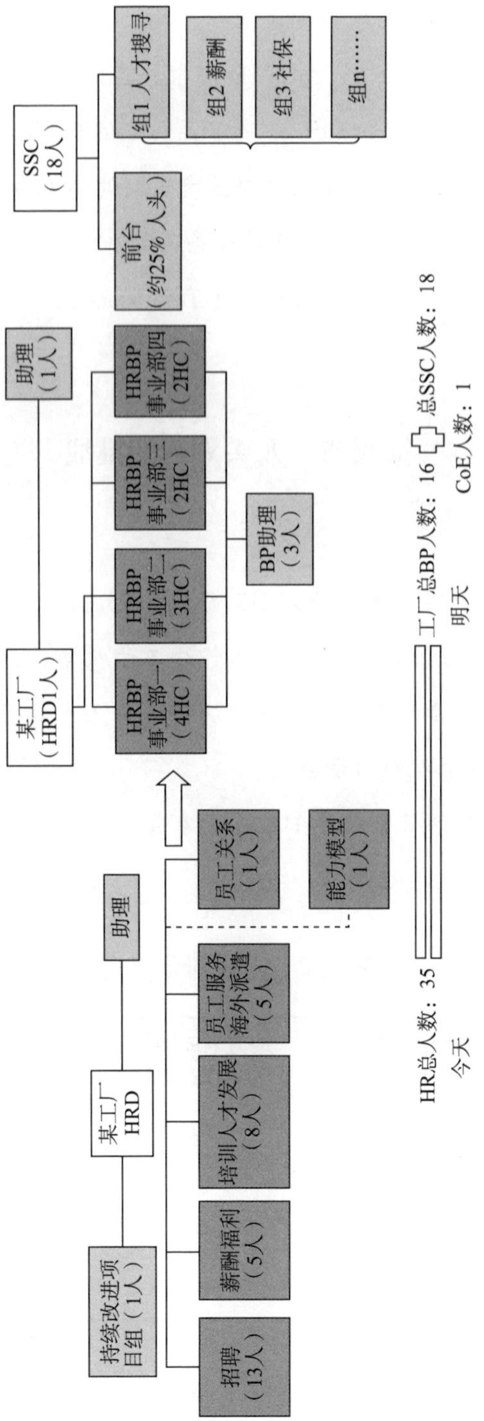

图 8-5 组织架构前后对比图

这个工厂以前是传统的人力资源组织架构，共有 35 人。新的组织建成以后，BP 中有 16 人留在工厂向 HRD 汇报，其余 19 人分到了（SSC18 人和 CoE1 人），SSC 人员和 CoE 人员不再向这位 HRD 汇报。

因为这个工厂比较大，业务在中国区有较大的影响力，所以这次 HR 组织的变革对 HR 团队的影响，以及对业务高管和所有 HR 的影响都比较大。在人头划分这件事上，项目组也遇到了很多挑战。

第四节　人头划分的挑战

将测算的 SSC 数字提交给地方 HR 负责人沟通前，项目组做了大量工作，包括对过去的工作量的收集、工作分工的收集，再根据自上而下和自下而上的方法做具体的测算，在市场人服比上也做了高、中、低三个分类且得到 HR 负责人的初步通过。

再将以下的测算结果跟地方 HR 负责人组织工作坊，讨论这个方法论和最终的结果，如表 8–2 所示。

表 8–2　人头划分

角色	项目组人数测算（2012 年）	地方 HR 测算（2012 年）	谈判协调后人数（2013 年）
SSC	20	17	18
BP	14	17	16
CoE	1	1	1
总数	35	35	35

这样的谈判并不顺利，经过几轮谈判后，项目组认为需要 20 人做

SSC 的事情，而地方的 HR 认为需 BP18 人，中间有 2 个人的差异。在双方争持不下的时候，项目组最后请了集团的业务负责人和 HR 负责人花了半天时间协调这个争议，最后才勉强得到了 18 ∶ 16 ∶ 1 的人数划分，实在不容易。

在组织人头划分工作坊的时候，需要避免的是大家一致将矛头指向项目组，忽略项目组的提议和所有的准备工作，只关注自己组织的利益。如果摸底下来是这样的，工作坊最好不要开。最好的办法就是关键业务单位逐一突破，并且会议一定要业务总经理参加，否则不会有结果。

数据收集其实是非常大的挑战，因为项目组不会像地方 HR 那样了解自己的业务和 HR 状况，所以得到的数据有可能是没用的，或者完全有利于地方 HR 负责人。所以，数据的收集要在宣布变革前就开展，这样可以得到相对真实的数据。

因为 HRD 是最大的 BP，他的转变将是巨大的，挑战也是巨大的，很多 HRD 并没有准备好承担大 BP 的角色，包括在视野上、认知上和专业上。很长一段时间以来，HRD 在业务眼中只是扮演执行者的角色。这些放在一起的时候，面对改变，BP 是恐慌的。

为了减少他们的担心，在人头划分的时候可以多放一些 BP，并且在人员的选择上让他们多一些主动权。作为整个组织的变革项目，要给大家时间，同时争取集团层面的资源给 BP 提供系统的培训和学习。所以，这家公司在三支柱组织建设后的第二年就设计了三年的 BP 培养计划，从业务、专业和角色转变等方面全方位提升能力，让他们真正能够担当业务伙伴的角色。

以上是现实中通常碰到的问题，笔者认为很正常且会持续一段时间，关键是 HR 的意识要转变，不要沉迷于各种事务性工作的忙乱，要接受自己的无知和不足，这样才能担当新角色。业务型 HR 部门因为要引领组织变革，所以 HR 的转变要比业务更快，也应该比业务的意识转变快。

第五节　预算的转移

当组织架构及人头划分确认之后，意味着以后相关人的工作会被剥离，这些人的预算也要被带走。也就是说，SSC 的工作和这些人的预算将由 SSC 中心计划和承担，这些费用将从地方的 HR 负责人的预算中剥离并交给 SSC 中心。同时，CoE 的工作和相关的预算也将剥离到总部。本来预算的转移是非常简单的事情，但是实际交接过程中的问题还是比较多的。

下面列举几个需要关注的问题和应对策略：

（1）因为 HR 都有自己的小算盘，所以在预算这件事上，最好由各自的财务部门独立对接，大原则上需要项目组和地方 HR 负责人与双方的财务部门达成统一。一般来说，基本的原则是透明、公开和公正。

（2）有些人不在地方的 HR 团队中，但是一直都在做 HR 的相关工作，那么这些工作和相关人员的费用也要核算给 SSC 或者 CoE，否则工作接了，但没有费用，结果是 SSC 的人手不够，加班太多，可能会出现人员流程服务质量下降的隐患。在服务内容排查的时候要细致，要获得查看系统数据的权限。当然，为了避免过激的矛盾，对于不是太大的工作量，或者模棱两可的工作，需要双方协商解决，建议 SSC 做些让步。

（3）在后期 HR 运营中，要对收费模式进行设计并制定规则，在项目谈判期间先平移就好。

以上对组织设计方法、流程和具体问题与挑战都做了较为详细的梳理和描述，这对于后期各角色的有效配合起到非常重要的作用。

第九章

服务流程设计与标准化步骤

流程设计在 HR 部门建设中属于比较核心的建设板块，因为流程反映了组织也反映了政策，并指导我们的日常工作。它的重要性特别体现在 SSC 共享服务中心的工作中，同时明确了相关角色在日常工作的具体职责和任务，对于避免职责不清非常重要，高质量的流程可大大提高 HR 的配合效率。

流程的标准化可以大大提高 SSC 的工作效率，尤其是量大和重复性工作。标准化的流程最好进入 IT 系统，这样可以在提高效率的同时，提高透明度和准确率。这样 SSC 就可以承接更多的日常事务性工作，对于整个 HR 团队效率的提升及业务而言，HR 可以创造更多的价值。

以下介绍两种流程设计的方法和工作步骤，流程梳理过程中的挑战及如何应对的方法。第一种是法流程设计八步法，该方法论参考了 IBM 的方法论，并结合了国内较优秀企业的做法总结出来的。第二种是 RACI 流程梳理方法，比较简单，但是实用起来不是很方便。

我们先学习第一种八步法流程设计，如图 9-1 所示。

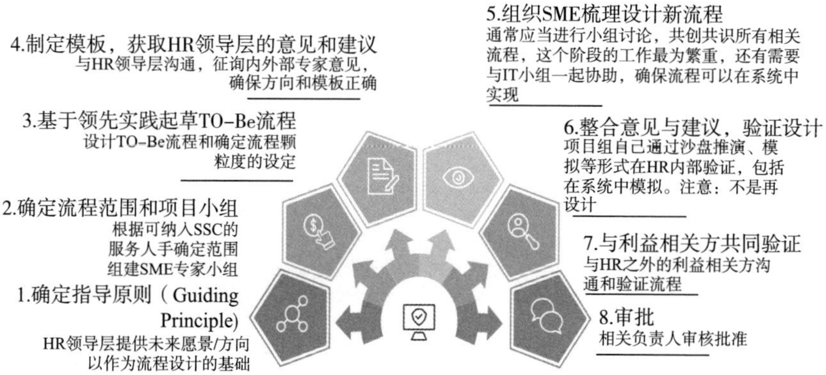

图 9-1　八步法流程设计

第一节　第一步：确定指导原则

梳理流程的第一步是确定流程设计的目标和基本原则。这些原则需要 HR 高管和项目组商量制定，通常也需要征询集团 HR 负责人和外部专家的意见和建议，大的原则不是一成不变的，可以根据项目的进展进行调整，包含的内容有多个层面。

（1）时间上，我们需要多少时间完成流程设计，一个月、半年还是一年？决定投入的时间、精力跟流程的范围大小有关，也跟现有流程的成熟度有关，还跟参与流程设计的人员数量和素质有关。通常的流程设计将贯穿整个建设项目，启动早结束晚，一般会在 IT 上线前完成。如果纳入 SSC 的流程不多，流程设计可能要 2~6 个月，如果所有流程全部梳理完可能需要 1~18 个月。

（2）内容质量上，完整、通俗简捷和 IT 系统化是好的流程的关键指标。完整包括步骤的完整、资料的完整，涉及的相关方也要包含进来。通俗简捷是指不啰唆、不重复，步骤的描述尽量简捷易懂，可以从未来的 SSC 执行人员的角度来看能否对培训新人有帮助。也就是说，这样的流程新人拿到后能否很快理解和掌握。IT 系统化是要考虑流程对进入系统是否方便，对使用系统的员工是否可以更精准和高效。

（3）效率和成本上，需要考虑投入和产出，把时间、精力用在核心的流程。比如薪酬福利和招聘流程是比较重要的部分，特别是薪酬福利占了所有流程的一半左右。需要在 SME（subject matter expert）内部专家的选择上尽量找最优秀的和最有影响力的人来加入专家组。同时，还要为流程项目组的工作铺平道路，包括工作时间和后勤保障等。

（4）公平性与适用性，流程没有最好的流程，只有最适合的，只要业务单位对流程的落地性和接受度高，就将这个大家普遍接受的流程作为标准流程。因为流程梳理是一个不断精进的过程且要配合其他板块的工作，所以第一步可以顺利运行就好。

（5）在本流程梳理过程中检查流程是否合规合法，也是净化流程的一个重要指标。对于以前违规的操作或者游走在法律边缘有风险的流程不能妥协，需要第一时间纠正。对于一些不能一下子调整过来的流程可以设定缓冲时间分步骤优化和完成。

第二节　第二步：确定流程范围和项目小组

流程范围决定了需要投入的时间和精力，决定了项目的难度和风险等级。同时，范围也决定了这个分项目组的工作安排，包括招募、计划和执行的所有细节。

流程的范围一般与纳入共享服务中心的业务内容直接相关。下面就如何确定纳入共享服务中心的工作内容的相关原则和一般性做法做介绍。

下面是适合纳入共享服务中心的流程的特征：

（1）大量的交易性工作：这里要从频率和数量的角度看，比如每天规律性发生的，或者每次都涉及所有或者大部分员工的工作。

（2）事务性工作：是指简单易操作，不要太动脑的工作，这样的工作对新手习得的门槛很低，可以很快培训上岗。

（3）易于标准化 / 集中化：有点像工厂的标准工作步骤，差异性很小，或者从时间和地域角度看，这些工作易扎堆出现。

（4）定义清楚且有记录：变化的参数很少，很容易讲清楚，容易记录，这些记录对决策有很大的意义和帮助。

（5）合规导向：因为法律和规定没有谈判和灵活的空间，所以这些动作一定会定期发生，有时量还很大，比如社保缴纳等。

（6）有机会自动化：未来的自动化将大大节约人的时间，比如电子签，审批在系统的流转等将大大解放 HR。

（7）对 BP、CoE 或者业务管理者有价值的杂事：有些工作属于“三不管”，但给 BP 等的工作带来很多鸡肋，所以比较好的处理方式是由 SSC 将它服务化，但是这需要评估价值、成本与风险。

（8）易于量化和衡量：未来的 SSC 需要跟客户签订服务协议，所以这些服务需要被量化、被衡量。但是不能为了量化而量化，最大化地承接服务，解放 BP、CoE 和业务管理者才是关键。

（9）对技术高度依赖的：技术的某些能力是人做不到的，或者做了也没有任何优势，我们要充分利用系统、人工智能和大数据。

可以看出，传统的 HR 工作其实有超过 80% 的工作可以被服务化，由共享服务中心集中处理。

梳理以下可以被共享的服务清单，对于规划共享服务的 HR 团队来说是一个重要参考。

（1）人事管理或者叫员工服务。

➢ 入职：包括员工入职前的信息录入、入职通知、入职手续、新员工入职培训和后勤等相关工作。

➢ 转正：员工试用期的工作除了上级和 BP 关心和参与的工作外，试用期的服务如福利、转正提醒和安排等。

➢ 异动：员工转岗、调岗的各种手续办理，以及由于转岗产生的假期、薪酬、工龄及福利等相关服务的沟通和办理。

➢ 离职：离职手续及相关工作的办理，具体根据各个公司的政策和做法执行。

➢ 劳动合同 / 协议（电子）：有些地方可以签订电子合同，合同到期续签及其提醒等工作，还有对合同内容的解答等。

➢ 人事档案（电子）：现在大部分公司开始建立电子档案，可能在不同阶段需要录入和维护等，如主数据的维护、报告等。

➢ 考勤：记录、监督、计算、核实等，还涉及工作时间、排班和假期管理等。

➢ 休假：根据休假政策，记录、维护、计算核实等，还要对相关政策和流程解释及回答员工的提问等。

➢ 奖惩：做好相关工作的核实、记录、计算等工作。

➢ 电话离职面谈：根据员工的重要性和发生的频率，SSC 需要承接这部分工作并做好统计、反馈和改进建议等。

➢ 定期对数据质量和合规合法等进行自检，定期为业务和 BP 提供决策数据报告等。

（2）招聘服务。

➢ 招聘岗位需求沟通确认：明确需要招的人的特点和要求，需要跟 BP 或者业务需求方沟通确定人才画像。

➢ 应聘者简历筛选：从海量的简历库里匹配适合的简历和候选人，需要对渠道、平台和内外部人才库了解并合作。

➢ 应聘者信息管理：梳理有效的候选人名单和有效信息的加工，为后期的面试做精准的准备。

➢ 初选电话面试：电话排查基本信息，对候选人有基本判断，最大化地实现电话面试可以实现的判断目标。

➢ 面试安排和参与：电话面试后安排见面或者安排业务的电话面试，做好相应的记录，包括多轮面试的安排和参与。

➢ Offer 的发放：面试通过后确认 Offer 的条件和内容，与用人部门沟通，与候选人沟通并发放录用通知。

➢ 背景调查：安排自己或者背调公司对候选人做背调。

➢ 招聘授权：有些公司的招聘服务包含高管以外的所有招聘对象的招聘服务工作，从简历到 Offer，BP 和业务高管只需要在必要的时候参与和决策就可以。

➢ 配合 CoE 和 BP：配合相关的政策和项目的设计、计划工作，减少设计后期执行的不落地情况的发生。

（3）培训管理。

➢ 培训需求管理：通知、统计全年的培训需求并制订全年的培训计划，并对计划做确认和沟通，让计划尽量准确可控。

➢ 培训后勤管理：所有的培训后勤管理，包括场地、茶歇、通知、现场服务等。

➢ 人才测评 / 评估：对培训的效果评估，对老师的评价，报告整理和反馈给 CoE 或者 BP。

➢ 供应商的日常管理：包括外部培训公司、外部专家或者酒店等服务管理。

➢ 培训记录和报告：培训的系统录入、报告的制定及预算的分摊等管理工作。

➢ 协助方案设计：配合 BP 和 CoE 对培养项目设计和规划提供信息支持和反馈。

（4）薪酬福利。

➢ 薪酬数据管理：收集和核实考勤和假期等与工资核算相关的信息并确认。

➢ 薪酬核算：根据政策规则核算工资、奖金、福利及分红等跟钱有关的事项。

➢ 薪酬发放：与财务和银行合作确保员工薪酬可以按时发放。

➢ 社保管理和福利发放：社保缴纳、报告和相关福利的发放管理等。

➢ 薪酬福利报告：定期或者根据管理的决策需要做标准分析报告。

➢ 配合规则制定：薪酬政策制定相关活动，对操作的熟悉度的要求比较高，必要时参与政策、流程和项目方案的制定。

（5）员工咨询与自助服务管理。

➢ 员工门户管理：充分利用员工信息门户，发布政策信息及通知，用大数据收集员工关系的话题及改进管理。

➢ 咨询与服务（热线电话、邮件……）：接受员工通过各种渠道获得的问题和反馈，及时回复。热线电话开始的时候会比较忙。

➢ FAQ：将员工经常出现的问题总结归纳变成 FAQ，让员工通过自助查询的方式了解答案，提高沟通效率。

➢ 经理自助：培训和管理管理者自助服务系统，让他们养成自助服务的习惯，这样可以大大减轻 HR 的日常工作负担。

➢ 员工自助：提高员工自助服务意识和技能。

（6）HRIT 系统管理与数据分析。

➢ HR 系统应用：日常系统应用方面的维护与管理。

➢ IT 项目管理：业务型 HR 建设，需要 IT 系统的配合，未上系统的公司需要上系统。

➢ 提供分析报告给人力资源部门、各级管理者、高管等。

➢ 主动的数据分析和挖掘，为决策提供支持。

➢ 优化 SSC 运营：组织流程等的优化是无时无刻发生的，需要系统配合这些改进项目。

（7）其他服务。

➢ 除了以上工作可以共享服务外，还有海外派遣工作，包括回国和出国的外派人员的所有后勤事务性工作。

➢ 员工绩效管理中的所有表格表单和信息传递的工作，以及报表等的共享。

➢ 员工关系的处理中有不少沟通的计划和安排，员工投诉的信息收集与跟进、法律法规等相关信息的整理和沟通根据等。

➢ 员工工伤和员工健康管理：信息的收集、整理和跟进，员工讲课、讲座的安排和资料的准备等。

➢ 员工沟通和文化建设：协助 CoE 和 BP 落实具体的沟通计划和执行细节，比如定期的总经理与员工的沟通会的安排与跟进，公司文化活动的组织和跟进。

清单可以帮助我们更容易确定 SSC 服务的范围，结合搭建的计划，就可以指导如何规划和投入相应的时间和精力，然后是流程梳理的项目组建立。工作的基本流程是：

（1）根据流程的范围和目标，明确需要的内部流程专家 SME 的能力画像。核心条件有三个：一是所在领域里专业口碑好；二是对项目的学习和参与意愿度高，愿意帮助别人成长；三是有时间或上级愿意给他拨出时间参与项目。

（2）招募合适人选组成项目组，大的变革项目会有一个负责流程的负责人，需要在每个大流程成立项目组，确定小组长与核心骨干。招募工作一般需要与地方 HR 负责人项目组开会讨论通过。所以，在开会前需要提交该项目的所有关键信息、要求和候选人名单。调整后的名单经过决议就可以实施。

（3）项目组建立后的第一件事是集中开会，将整个项目的背景、需求、方法论、组织架构及角色人物都明确下来，这样才可以安排具体工作。

（4）在项目组的带领下，制订流程梳理项目计划和时间表，确定角色任务和阶段性目标，同时明确所需的资源和决策要求。

根据以上服务范围和组建原则，图 9-2 是某公司的流程项目组的架构。

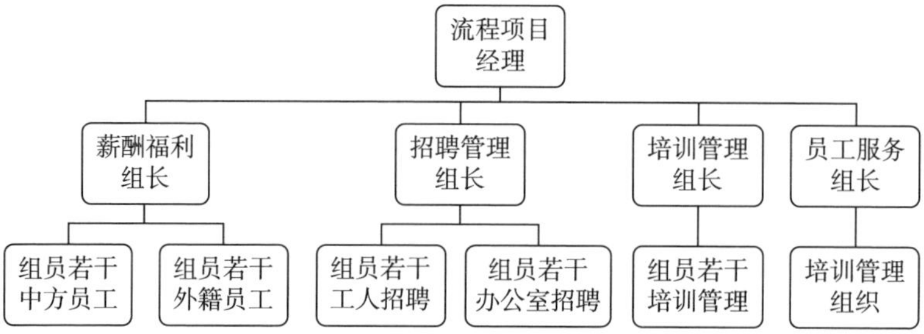

图 9–2　某公司的流程项目组的架构

以上组织由三层组成，第一层是这个板块的项目负责人（项目经理）；第二层是组建的各个分支的项目小组，有大有小，具体根据流程的多少及复杂程度来决定；第三层是小组成员，每个具体领域都需要找到符合以上三个核心条件的人选。

第三节　第三步：基于领先实践，起草 To–be 流程

流程设计通常会从第三层开始，第三层就是明确角色、主要职责和流程图，这样的流程来指导日常工作是可以的，但是应用到大规模的标准化和系统化的操作层面，还不够完整和细致。图 9-3 是新员工入职培训

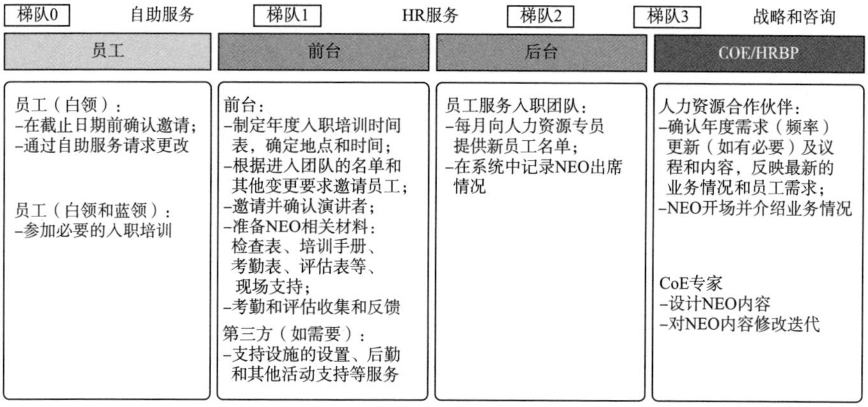

图 9–3　新员工入职培训（NEO）的第三层流程的角色和职责

（NEO）的第三层流程的角色和职责。

图 9-4 是第三层的 NEO（白领）流程图。

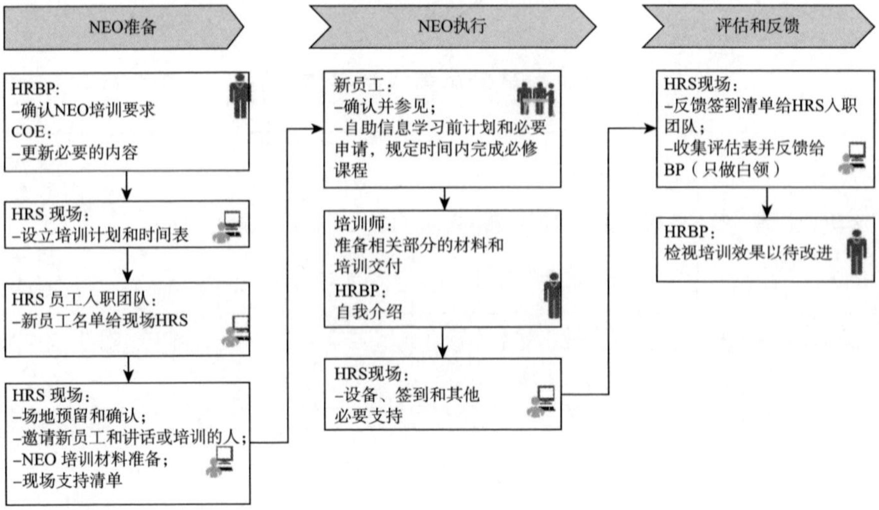

图 9–4　第三层的 NEO（白领）流程图

第三层的流程图，通常在梳理前，需要做一个 ASIS，也就是现状分析，可以用这两张图将现状梳理出来。然后根据新的业务型 HR 的组织架构及其角色把新的第三层流程梳理出来。有了第三层流程的梳理，再往下走更细的流程就会比较顺利。

第四节　第四步：制定流程的模板，获取 HR 高层的意见和建议

一、确定流程内容

未来流程是会在建设完业务型 HR 后使用，SSC 将是主要的使用者，

所以，流程的格式尽量方便易操作。这样的流程一般要细化到第六层。下面提供一个第六层的招聘流程框架做参考。

表 9-1 是某公司第六层具体内容的说明。

表 9–1 某公司第六层具体内容

活动	步骤	谁	何时	系统	IT 手册	频率	输入	输出	备注	时长	表格模板	政策和制度的相关附件
提需求	1. 填需求……	BP	需求发布时	招聘系统	招聘 IT 手册	每月	人头计划，JD	完成招聘需求表		当天	附件	附件

活动，是指将流程按主要的活动节点做大的划分，比如招聘可以分为提需求、确定候选人、面试过程和录用四个活动。你也可以把颗粒度分得更细，比如提需求、确定候选人画像、搜寻候选人、电话面试、HR 面试、业务部门面试等。

步骤，完成以上活动所需的具体步骤。具体要多少步骤也可以根据企业需求设定，比如提需求可以包含的步骤有填写需求表、需求审批、提交招聘需求给 SSC 招聘小组，以及招聘相关人员沟通并确认需求和相关条件等。

谁，是指这个步骤的执行者和负责人，比如填写需求的是 BP，通常是业务管理者跟 BP 提出或者商量出可能的招聘需求，由 BP 给招聘小组提出具体需求。

何时，明确这个动作开始执行的时间。有时候可以当时完成，有时候这个动作需要一段时间完成。

系统，这里是指 IT 系统。每家公司的 IT 系统可能不同，需要具体列明，方便流程的使用者查询。

IT 手册，主要是帮助执行这个步骤的同事可以随时查阅 IT 的使用方法等。

频率：有些工作是按照日、周、月或年度周期性开展的。比如每个月的算薪和缴纳社保等，有些具体步骤是临时的，有些是阶段性的。

输入，是完成这个步骤所需的材料、信息及相关的动作和要求。比如填写需求表需要员工人头计划和审批、岗位职责说明书、岗位信息和一些可能的特别要求。

输出，是基于以上的输入内容和动作完成后的成果。比如完整有效的招聘需求申请表。

备注：我们在梳理流程的时候，有些内容特别重要但容易被忽视，还有一些是流程讨论时的关键经验，需要特别注明；还有一些未尽事宜，比如讨论流程存在争议但不影响操作的就先搁置一下，作为 OPL（Open Point List）记录下来。

时长（Lead Time），是完成这个步骤所需的时间，一般是以天为单位。比如填写招聘需求申请表是半天或者一天。最后将所有的步骤累加计算出这个流程需要的总时间，这里的时间单位也有两种：工作日和日历日。从执行者的角度看，工作日比较人性化，因为考虑到节假日等非工作时间，但是从客户的角度出发，日历日最能反映工作效果。所以，从业务型 HR 建设的角度，笔者建议还是以日历日为准。很多时候，客户需要交付的结果不会考虑是假期还是正常工作时间。另外，流程的时长一方面要考虑企业内部的工作效率和特点，这个时长尽量合理；另一方面需要考虑竞争力，比如你的工程师的招聘时间是 30 天，而市场上或者竞争对手的时长是 20 天，你就要调整招聘策略、流程和周期，确保自己的招聘效率，否则人才都跑到竞争对手那里了。最后，流程和时长会做到 IT 系统里，所以时间是一个关键因素，决定整个流程执行的节奏和质量。

表格和模板，在流程梳理中，表格和模板反映了流程和政策，统一是有挑战的事情，因为各个业务单位的历史不同，长期使用的表格已经成为习惯，既有合理性，也有低效的地方，所以统一表格需要在梳理流程的时候不要低估其难度。在梳理过程中可以展开辩论和对比，基本的原则是：与政策和流程一致，方便使用和符合大多数使用者的习惯。当然，这些表格和模板会随着政策和流程的改变而随时更新和调整。

政策和制度的相关附件，对于流程操作本身的作用不大，但我们在执行流程时遇到一些特殊情况或者有不明白的情况时，不知该如何处理的情况下，随时查阅政策和规则是必要的。需要提醒的是，当规则发生变化时，需要在流程中及时更新政策制度附件。

二、确定流程文件版式

有些公司的流程做出 Word 文档，里面描述了很多事项，比如对象、步骤、工作描述、质量描述等，一个完整的文档，看似非常专业，但是用起来非常不方便。表 9-2 是某公司的第六层的办公室员工招聘流程文档版式。

三、RACI 流程梳理方法

除了第三到第六层的流程设计的方法，还有一种更加简捷的 RACI 流程梳理方法，中小公司可以考虑该方法。

RACI 的含义是：

（1）Responsible，“Doer” 是指谁执行。

· 负责执行任务的人，包括具体的操作和执行。

· 根据任务的难易程度，可以由多人分享任务。

表 9-2　某公司的第六层的办公室员工招聘流程文档版式

活动	序号	序号	步骤	谁负责(R)	谁批准(A)	请教谁	通知谁	多长时间	渠道/系统	IT手册	频率	输入	输出	备注	待讨论	用时(天)	IT用户手册	业务单元表格/模板						业务单元政策/制度					
																		1	2	3	4	5	6	1	2	3	4	5	6
提需求	1	1																											
		2																											
职位发布	2	1																											
筛选简历	3	1																											
		2																											
电话面试	4	1																											
		2																											
合格候选人清单	4	1																											
		2																											
组织面试	6	1																											
		2																											
		3																											
面试	7	1																											
		2																											
终面和决定录用	8	1																											
		2																											
		3																											
创建职位信息	9	1																											
		2																											
		3																											
录用通知准备	10	1																		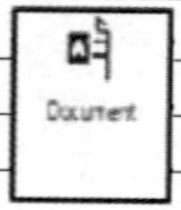									
录用通知（沟通和签字）	11	1																											
		2																											
															总时间														

（2）Accountable，“Buck Stops Here”，是指谁负责。

· 是对这个行为结果负责的人，要确保工作被执行。

·事情推进过程中和最后，是最终的决策者拥有投票权和一票否决权。

· 特定活动 / 任务只有唯一的“A”，对有些更加重大的决策和活动，根据需要可以设立共同决策团队，最终还是要定一个“A”。

（3）Consulted，“In The Loop”，是指咨询谁。

· 是采取行动或者决策前被咨询的人，可能是因为职位和权力需要得到尊重，也可能是他的专业性高或者影响力大，需要听取他的意见，但不是强制性的。

· 鼓励双向沟通，可以多人。这个角色对于做出更科学合理的决策有时候是至关重要的。有些公司有智囊团，比如外部董事会成员或外部专家作为被咨询的对象。更多时候，需要从外部邀请一些专家参与项目的诊断、计划和关键的落地工作。

（4）Informed，“FYI”，是指通知谁。

· 应及时通知被通知的人，这在流程执行时有时候非常重要，但有时也是鸡肋。所以，在被通知人里，可以设定一定要通知的和选择被通知的人或者人群。

我们可以用 RACI 将所有 HR 的流程按照这四个角色用一张表呈现出来，比如下面的例子。第一长图是简单的流程图，对招聘的主要步骤做了梳理。这是做 RACI 的第一步，如图 9-5 所示。

你也可以加一个 S-support 支持者作为 RACI 的补充，这样可能更完整，但会让这个流程更复杂，建议将 S 放在 R 这里就好了。

这个流程图简捷明了地梳理了所有关键的招聘步骤，并形成了完整的回路。其他的流程也可以先做这样的梳理和呈现，依据这个流程图去梳理 RACI 分布图。

表 9-3 用 RACI 将每个步骤里面对应的利益相关者放进去，需要注

意以下几点，梳理 RACI 的时候可以参考。

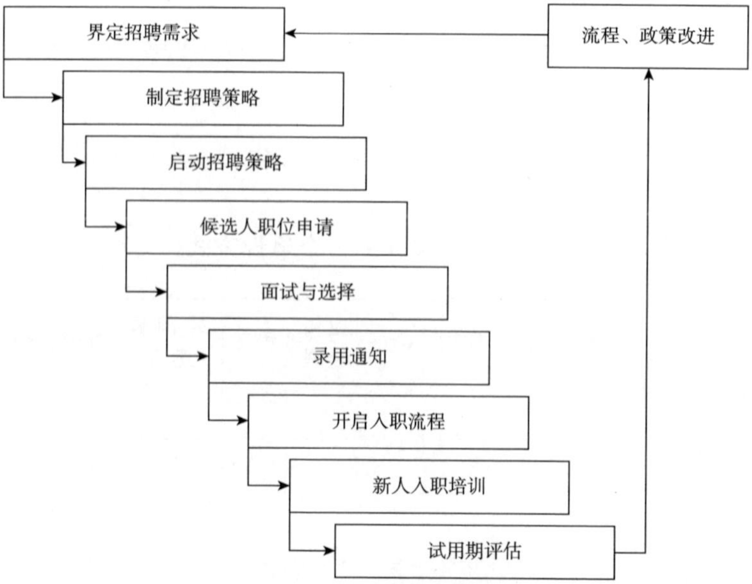

图 9-5　招聘流程图

表 9-3　RACI 分布图

招聘流程	外部机构	CoE	现场 BP	业务单员 BP	业务经理	内外部候选人	SSC 专员	SSC Generalist
界定招聘需求				A，R	R	C		
		I		C	A，R	A，R	C	
制定招聘策略	R	A，R		C		A，R	C	C，I
激活招聘策略	R	A，R	I	I		I		I
	R	I		A，R	I	R		
候选人职位申请管理	R		I	A		R		I
面试与选择	R	A	I			R，I		I
				A，R		R		
录用	A			R		I		
启动新员工入职	C	R		C	C	C	A，R	C

（1）有些步骤不是对应的相关方，不仅仅是一个角色甚至更多，在这种情况下，建议角色最多不超过 2 个，第一个是重点。

（2）利益相关方尽量全面完整地列明，这样流程看上去比较完整有全局观。

也可以换成另一个呈现方式，如表 9-4 所示。

表 9-4　RACI 另一个呈现方式

<table>
<tr><td rowspan="9">流程 × ×
1.Responsible
执行人
2.Accountable
负责人
3.Consulted
被咨询者
4.Informed
被通知者</td><td>步骤</td><td>BP</td><td>SSC</td><td>CoE</td><td>业务经理</td><td>员工</td><td>外部候选人</td><td>外部机构</td><td>× ×</td></tr>
<tr><td>1</td><td></td><td></td><td></td><td></td><td></td><td></td><td></td><td></td></tr>
<tr><td>2</td><td></td><td></td><td></td><td></td><td></td><td></td><td></td><td></td></tr>
<tr><td>3</td><td rowspan="3" colspan="7">RACI</td><td></td></tr>
<tr><td>4</td><td></td></tr>
<tr><td>5</td><td></td></tr>
<tr><td>6</td><td></td><td></td><td></td><td></td><td></td><td></td><td></td><td></td></tr>
<tr><td>7</td><td></td><td></td><td></td><td></td><td></td><td></td><td></td><td></td></tr>
<tr><td>8</td><td></td><td></td><td></td><td></td><td></td><td></td><td></td><td></td></tr>
</table>

这样的流程梳理模板，比之前的第六层流程模板简单很多，用这个模板不需要太多的时间就可以把所有流程梳理出来。但可能会有以下不足的地方：

（1）角色是清楚了，但没有描述如何做，包括输入和输出。

（2）系统的流程没有在这里体现。对于初学者来说，了解用什么系统，有没有使用手册也是有必要的。

（3）没有放随时可查阅的表格表单和相关政策，这对于 SSC 的人员尤其重要。

（4）使用起来不方便，流程太多就不容易查阅。

笔者想流程的粗细，可以根据目的来取舍。关键要从使用者的角度看是否完整、是否好用，还有一个重要衡量标准是，对于新手或者新员工而言，如何掌握一个傻瓜手册，在最短的时间内学习和掌握也是非常重要的。

第五节　第五步：组织 SME 专家小组梳理新流程

专家小组在设立和培训后，在分工和计划都明确的情况下，新的流程模板也清楚之后，下一步就是按照项目计划由每个小组各自组织会议和工作坊开始研讨新的标准流程。

在执行项目计划之前，需要了解一下什么是流程主人。流程主人是指未来的 HR 流程都会设立一个主人，这个主人是 CoE 专家，这个专家需要主导这个流程的设计、调整、迭代及监督工作，同时这个专家也需要对流程的有效性和落地性，以及合规合法性负责。

所以这个流程的主人也作为流程的专家，如果能够在流程设计的时候明确下来，并由他去主导流程的设计，那是最理想的事情。他可以投入 100% 的努力专注设计一个非常棒的流程。为此，SME 小组在执行前，变革小组需要提前物色比较可能是相关 CoE 的专家加入工作小组。如果这个核心成员将来成为 CoE 最好；如果成为 SSC，也对未来流程的执行起到非常重要的作用。

表 9-5 是对某公司的 HR 流程和主人的梳理，可以在流程梳理前作为项目分工时候的参考。

表 9-5 某公司的 HR 流程和主人的梳理

	流程	流程主人
招聘	Staffing white collar 白领招聘	
	Staffing blue collar 蓝领招聘	
	Staffing shopfloor intern 车间实习生招聘	
	Staffing leasing 租赁员工招聘	
	Staffing office intern 办公室实习生招聘	
	Campus Recruitment 校园招聘	
员工服务	Entry 入职	
	Resignation 离职	
	Integration 融合	
	Internal transfer 内部转岗	
	DSTA 国内短期转岗	
	DLTA 国内长期转岗	
	HR master data maintenance 主数据维护	
	P-file management 员工档案管理	
	Certificate 认证管理	
	Organization management（COMPAS）组织变动管理	
	Car management 用车管理	
	Contract management 劳动合同管理	
薪酬福利	Time management 考勤管理	
	Leave/OT management 假期管理	
	Working time change 工作时间管理	
	Reporting 报告	
	Local payroll data maintenance 国内员工数据管理	
	Expat payroll data maintenance 外籍员工数据管理	

续表

	流程	流程主人
薪酬福利	Group insurance 集团保险	
	Monthly SI&PHF 月度社保公积金	
	Annual SI&PHF 年度社保公积金	
	CBS 企业福利方案	
	Involuntary termination 被动离职	
	Voluntary termination 主动离职	
	ASR 年度调薪	
	Annual Bonus 年度奖金	
	IIT monthly 月度个税	
	IIT yearly 年度个税	
	Service award 服务奖	
	Patent Award 专利奖	
	Recognition 认可奖	
	13th month salary 第 13 薪	
	Performance Review and Bonus 绩效奖金	
	Promotion to Management Level 管理层晋升	
海外派遣	Inbound Long Term 入境长期派遣	
	Inbound Short Term 入境短期派遣	
	Outbound Long Term 出境长期派遣	
	Outbound Short Term 出境短期派遣	
培训管理	Training binding 培训绑定合同	
	Competence management 能力模型管理	
	Potential Review 潜力讨论	
	Career Review 职业发展讨论	

续表

	流程	流程主人
培训管理	Training needs analysis 培训需求分析	
	Associate survey 员工满意度调查	
	Training management 培训管理	
	Training System management 培训系统管理	
	Training payment and charging management 培训费用管理	
	Leadership training arrangement 领导力培训安排	
	Non-training system management 非培训系统管理	
	NEO 新员工培训	

各流程小组的梳理工作是一个长期且富有挑战的工作，为确保顺利开展工作且有高质量的交付，需要提前考虑以下几个方面：

（1）材料提前共享：建立工作群和材料共享平台，提前将需要讨论的 ASIS 当前的流程及相关的材料共享，提前了解为有效沟通做准备。具体如何学习了解，小组长需要在大家见面开会前布置好任务，以及宣导期望达成的目标是什么。为了确保信息的安全性，这些共享文件最好加密，同时跟组员提前沟通，确保信息安全。

（2）沟通形式：除了邮件和电话，见面开工作坊是必需的也是最有效的共创和达成共识的方式。会议地址最好选择在总部，好处有几个：后勤方面的安排比较便利，无须各公司承担相关工作和费用；当讨论过程中遇到不同意见（这很正常）时可以及时邀请相关 HR 专家或者项目组第一时间进行澄清和讨论，必要时也可以邀请 HR 的负责人参与讨论。

（3）统一事项：工作坊的效率非常重要，通常开会时需要第一时间跟与会人员统一几个事项：标准流程的模板介绍和培训，会前布置的任务大家需要提前学习了解，流程共识的原则需要大家第一时间进行统一。

（4）共识原则：项目小组需要就标杆公司的流程先做共识，这种情况一般发生在集团性公司，因为在变革前有些企业的流程是标杆，大家会私下互相学习；有了标杆做参考，讨论的效率就高很多。尽管有标杆，但是讨论时大家都有自己的诉求和不同的做法，小组长要鼓励大家畅所欲言，关键不是拿标杆来说服大家，而是要通过讨论和共创找到适合业务型 HR 的流程，完整、高效且容易执行。

（5）善用专家：为了让大家做出的流程更专业，项目开始的工作坊可以邀请外部咨询顾问给所有项目小组做一次培训。这次培训的主要目的不仅仅是提高大家的专业度和学习方法论，更重要的是把它作为变革沟通的一环。具体做法是，提前将希望传递的信息和共识跟顾问沟通好，由顾问传递，这里的重点包括共识流程模板、共识适合本流程梳理的方法、流程梳理后期需要处理和共识的重要事项等，还可以拿一些外部公司的标杆的流程作为参考。

（6）前后对接：流程的前端是组织和政策，所以梳理流程时需要将组织和政策梳理的最新进展的结果作为重要输入，放进流程梳理的范畴。还有一点非常重要的是，将 IT 优化的项目小组纳入流程梳理小组，因为流程最后大部分都是在 IT 系统中实现的，为了避免“完美但无效”的流程出现，需要在流程设计过程中征求 IT 小组的意见。在流程梳理达成小组共识的时候，让 IT 小组的负责人在现场一起讨论并通过。只有这样，做出的流程才会使后期 SSC 的执行更加落地，同时避免重复工作。

（7）解决后顾之忧：由于流程梳理的时间比较长、工作压力大，大家都有很多工作需要完成，所以有些地方的 HR 负责人对于自己的专家参加这样的项目是排斥的。所以，要在项目开始的时候做好工作，提前跟 HR 负责人争取，同时在项目过程中尽量协调大家的时间。送上一些问候和关爱，比如给项目小组一些经费，在项目加班的时候买些好吃的，在项目阶段性成果时组织小活动。在项目结束前给项目小组买一些不错的小礼物或者纪念品，在精神层面可以发一个证书和一封信，感谢大家的投入并一起庆祝成果的达成。

（8）流程不可能完美，关键是大家都有表达自己的建议和意见，只要大家特别是主要的业务单位统一，这样的流程在当时就是最好的流程。不要纠结，继续进入下一个环节。

第六节　第六步：整合意见和建议，模拟和验证新流程

当项目组将 50 多个流程梳理完成时，主体的工作就完成了。在正式执行流程时，还要完成一个关键动作，那就是模拟空跑和实际验证。

模拟空跑：执行新流程前先试着空跑一次和试跑一次。基本步骤是：当业务部门有 HR 服务需求的时候，对于较复杂的需求，业务管理者会把需求提交给 BP，BP 会对需求做澄清；然后 BP 会按照新流程将需求订单发给相关角色，大多数服务工作如招聘等就会流到招聘组；招聘组在收到订单需求时，按照步骤和周期执行招聘任务，直到按时按质交付；最后将结果反馈给 BP 和管理者，订单完成。这些工作也都会在 IT 系统中有记录。空跑就是指项目组可以自己计划并完成所有活动。比如招聘流程，从需求到下单再到过程步骤直到关闭订单，这些活动在系统中走一遍。

实际验证：就是拿现实中的需求订单，按照新流程运行。创建需求和订单，系统的订单流转、记录和跟进，最后在系统中完整走完流程。过程中做好记录并将最后的结果在项目组内讨论回顾，看看有没有问题。这个过程实际上是两种做法并存，手工和线上同时进行。最好的验证是将主要流程全部跑一遍，能空跑的空跑模拟，有条件的用实际业务走一遍。

如果有些问题比较大，比如系统无法实现，那么就要评估它的重要性和紧迫性，如果重要但不紧急，这样的调整就推后。一般性的问题稍做调整就好。

BP 沟通：重要的是，新的流程在改变 BP 的角色、任务的同时，会改变大家的工作习惯。新流程在设计过程中需要实时给 BP 更新，同时在新流程设计后，要第一时间发给 HR 负责人看看，让他们给出反馈。如果是无伤大雅的要求就及时满足，改了就好；如果是比较大的调整，就需要和项目组单独沟通，看看对方的诉求是什么再判定是否需要调整。如果只是出于个人利益建议不要改，沟通就好。如果发现了一个重大的问题，就紧急修改和调整。

模拟和验证的目的是确保新流程可以走顺，如果有问题就第一时间反馈给流程项目经理，项目组再根据具体问题做必要的调整或者沟通。

第七节　第七步：与 HR 之外的利益相关方验证

这里的利益相关方，通常是指业务管理者、员工或者 HR 以外的相关部门。比如公司的财务部门、法务部门等，还有一些是相关的政府部门。

对业务管理者要特别沟通，尽管新流程在操作上对业务管理者的影响很小，对员工的影响也不大，但是要把可能出现的细微变化跟他们说明一下，消除他们的顾虑和担心。可以在公司层面的管理会上说明，也可以通过员工大会传递这样的变化和信息。

薪酬流程在有些公司会跟财务有较多对接，也要跟他们沟通说明。法务部门通常不会在这个时候沟通，通常会在设计过程中征求他们的意见，在梳理完成时做必要的告知就可以。

外部的机构，比如政府机构，主要是在可能变化的做事流程和对接人等方面，跟他们知会一下就好。

第八节　第八步：审批通过

流程经过“漫长”的现状分析、标杆学习、小组梳理和流程再造、模拟和验证等一系列工作后，最后会走审批的流程。

（1）参与审批的人员主要有项目组、CoE、IT 组和地方 HR 负责人，最重要的是要得到地方 HR 负责人的认可，否则就很难执行。这个执行不是后期执行，而是在新组织刚成立的时候，他们的配合和支持是确保新组织运作，特别是 SSC 运行的保障。这背后有个关键逻辑：业务型 HR 组织的建立最初影响最大的不是 CoE，也不是 BP，而是 SSC 的日常工作，因为业务部门不能接受日常的招聘、发薪和员工服务受影响，如果有影响，这些影响会被放大。因此，需要跟地方的 HR 负责人好好沟通，确保通过。这样 SSC 就可以在过渡期按照新流程执行。

（2）因为新流程通常需要半年左右的过渡期，项目组和 SSC 这时候是最忙也是压力最大的时候，因为他们会执行新旧两个流程和系统，他们也会参与新的项目。另外，他们还要对新的组织和里面的一切做持续改善的工作。所以，需要地方 HR 在流程最后的审批上参与和配合。

（3）因为组织的、政策的调整最后体现在流程上，这时候的 HR 负责人都会对签订这个新流程有顾虑。因为新流程是以 Excel 形式出现，方便调整和更新，所以项目组在签字时要将确定的最终版本加密，进行网签。如果是集团公司，有很多业务单位，有些 HR 负责人拖沓或者不愿意签字。面对这样的情况，处理办法是，一是跟他的业务负责人沟通尽早签字；

二是在决策委员会提交豁免签字的程序。项目不能因为流程做完了没有签字而受影响。

通过以上八个步骤，我们做了一个非常艰难、非常重要，但又是非常有成就感的流程梳理的工作，取得了巨大的突破！

这是否意味着流程就可以被大家接受，使用就会畅通无阻了呢？答案是否定的。因为流程设计只是万里长征的第一步，后面面对的是漫长的过渡和接受的过程。

笔者先举一个例子感受一下流程中模板统一和实施落地的挑战和应对方法。

背景：在流程标准化以前，每一个公司或者业务单位都有自己的报告格式和要求，业务部门随时都可能提出不同要求，这样 HR 除了日常工作，还要做很多报告，比如人员信息、假期、绩效、薪酬、培训发展等。当政策和流程梳理后，各种报告的模板也会一起被标准化，这样就可以将日常经常使用和出现的报告做标准化和优化处理，这对 SSC 的工作开展非常重要。更重要的是，SSC 或者 CoE 因为无法实时了解客户需求，结果是低效的，沟通成本过高。因此，需要标准化给业务提供各种报告。当然，不是为了标准化而标准化，一方面更多的是指经常发生的量较大且不是特别难的报告可以最大化地标准化，加上有些报表管理者也可以自己导出和简单加工，这样效率更高；另一方面比如效率与效能分析，成本分析和大数据决策、预测等复合度高、难度大且需要开发的报告，是可以根据客户需求定制的，不在标准化的范畴内。所以，这个过程中改变 BP 和业务管理者的习惯是难点。

项目组分三步去实现这个报告的标准化的落地工作，表 9-6 是具体的实施步骤和内容。

表 9-6　标准化的落地工作三步骤

步骤一：HR 报告梳理报告前准备 流程项目组	步骤二：确定报告标准模板 流程项目组	步骤三：新模板实施 以 SSC 为主		
		启动适应期	适应期	接纳
了解各公司过去的报告情况 · 内容 · 格式 · 频率 新的标准模板设想 · 内容、格式、频率 基于以上分析的结论 · 以前方式所需时间 · 难度和效果 · 哪些阻力和应对方法 · 初步的推荐报告模板 · 获得支持 · 分析新报告的优劣势 · 所需支持 · 沟通的方法设想 · 跟 HR 负责人提前沟通	收集各公司模板（非正式） · 提前沟通 · 发出邀约，收集旧报告 定义模板内容格式（非正式） · 抽样了解 · 将反馈反映到模板中 组织沟通会（多次） · 为什么要标准化 · 给大家带来的变化 · 后期怎么执行 · 具体新报告执行计划 · 完善模板并得到各公司确认 · 进一步完善标准模板 · 各公司模板共享 · 落地所需的支持清单 正式宣布新模板启用时间	· BP 在 SSC 指导下完成各自非标报告 · SSC 为 BP 提供培训并提供标准报告 · SSC 对各公司手把手教 · 总结并制定改进措施	· BP 独立完成 · SSC 提供答疑和支持 · 有意识和步骤地撤出 · 提醒并强调撤出的最终时间 · 对未能按照要求自己完成的公司减少便利	· SSC 只提供标准报告 · 同时分析数据为业务提供更多增值报告 · BP 完全独立完成各自报告 · 为 BP 和业务提供更多增值服务（收费）

在以上步骤中，每一步都有突破的难点和方法：

（1）梳理报告前准备：这个阶段最主要的是得到地方 HR 负责人的支持。流程小组的成员会跟各业务的 HR 负责人验证流程的时候一起梳理流程模板和报告这部分内容。小组成员需要获得 HR 负责人对这件事的理解和支持，表达的重点是给 BP 工作带来哪些好处，以及对整个公司的价值在哪里。

（2）确定报告标准模板阶段：这个阶段的重点和难点是如何真实和尽量详尽地了解公司以前的操作背景，业务需求的情景是怎样的，并找出共性作为模板的输入。

（3）新模板实施阶段：为了让 BP 愿意接受新的报告形式，需要给他们时间，同时提供培训辅导，还有就是缓冲期。在这个过程中，除了让 BP 掌握和接受新的标准化报告，还要跟 BP 一起商量和思考，未来业务可能的报告有哪些，如果出现这些需求，如何定制。因此，项目组需要跟 CoE 一起给 BP 提供增值的报告定制的选项。另外，如果 BP 接受了标准报告，那么以前的定制报告就需要自己制定。其实不一定，可以跟 BP 一起商量将报告分类，有些可以由管理者自己完成，有些可以由 BP 完成，需协助 BP 做好业务管理者的沟通工作，让他们学会甚至喜欢上自己制定报告。

以上流程设计详细地梳理了流程设计的八个步骤和两种方法，从案例中了解流程落地的难点和方法。这只是开头，流程牵扯的还有其他方面，比如政策。下面我们将进入下一段政策梳理的项目旅程。

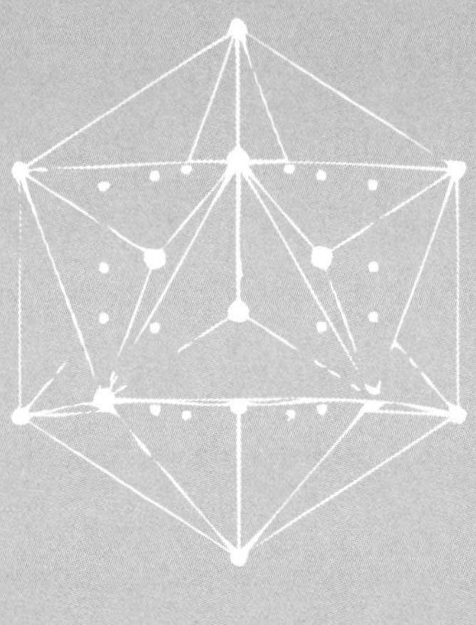

第十章
政策统一

第一节　为何要政策统一

政策统一就是在一个大公司里，或者在一个集团公司里有很多业务单位或者法人单位由于各种原因有很多政策有差异，甚至差异很大。比如有些公司可能历史背景不同，有些可能是新收购的，有独资、有合资，盈利状况可能差别很大，这些都可能造成薪酬福利、绩效管理、人才招聘解聘、合同管理等有差异，甚至发薪日或假期多少都不一样。

而改变这些政策是不容易的，可能会受到很多人的抵触，甚至处理不好可能会有冲突等。

通过前面的流程梳理得出，传统的 80% 以上的日常 HR 工作都可以实现共享或者外包，这些可以共享的工作需要通过标准化和系统化的方法实现最高的效率和成本的节约。同时，这样的标准化可以提高决策的透明度、准确度和速度，如果再往前一步，我们完全可以利用这些庞大的标准化和海量的数据信息做分析和加工，为决策带来红利。

流程的标准化始终离不开政策的统一。如果 80% 以上的 HR 工作可以标准化，就意味着以前传统的政策也可以理解为是常规性的和基础的。同时，从很多业务型 HR 部门建设的案例中，我们可以看出，很多和日常运营相关的选、用、育、留等政策在集团内部完全是可以统一的，尽管有些细微处的不同，但不影响大部分的政策统一。政策统一不是为统一而统一，目的是将大部分常规性的政策统一来提高服务效率，这样 BP 和 CoE 可以将更多时间、精力抽离，由此来设计更重要的方案或者设计更重要的新政策。

第二节　什么是政策统一

在具体谈什么是政策统一之前，我们先了解一下人力资源管理模块和相关政策。表 10-1 是传统的人力资源管理活动及对应的政策。

表 10-1　传统的人力资源管理活动及对应的政策

六大板块	具体内容	相关政策
1. 人力资源规划	1. 组织机构的设置 2. 企业组织机构的调整与分析 3. 企业人员供给需求分析 4. 人力资源管理费用预算的编制与执行 5.HR 管理制度的制定	人力资源管理基本法 组织规划与设计规则 人力预算制定管理制度
2. 招聘与配置	1. 招聘需求分析 2. 工作分析和胜任能力分析 3. 招聘程序和策略 4. 招聘渠道分析与选择 5. 招聘实施 6. 特殊政策与应变方案 7. 离职面谈 8. 降低员工流失的措施	招聘需求管理 招聘与配置政策 员工离职管理制度
3. 培训与开发	1. 理论学习 2. 培训项目评估 3. 调查与评估 4. 培训与发展 5. 需求评估与培训 6. 培训、发展与员工教育 7. 培训的设计、系统方法 8. 开发管理与企业领导 9. 项目开发与管理惯例	培训开发与管理制度

续表

六大板块	具体内容	相关政策
4. 绩效管理	1. 绩效管理准备阶段 2. 实施阶段 3. 考评阶段 4. 总结阶段 5. 应用开发阶段 6. 绩效管理的面谈 7. 绩效改进的方法 8. 行为导向型考评方法 9. 结果导向型考评方法	绩效管理制度
5. 薪酬福利管理	1. 薪酬制度 2. 构建全面的薪酬体系（岗位评价与薪酬等级、薪酬调查、薪酬计划、薪酬结构、薪酬制度的制定、薪酬制度的调整、人工成本核算） 3. 福利和其他薪酬问题（福利保险管理、企业福利项目的设计、企业补充养老保险和补充医疗保险设计） 4. 评估绩效和提供反馈	薪酬制度与管理 福利制度与管理
6. 劳动关系	1. 就业法 2. 劳动关系和社会 3. 行业关系和社会 4. 劳资谈判 5. 工会化和劳资谈判	劳动关系开发与管理

目前大多数企业还是采用选、用、育、留的相关政策，这既是人力资源管理的基础，也是业务型人力资源管理的基础，政策梳理和统一也是从这里开始的。

政策统一就是指对包含多个公司的集团公司目前所有的人力资源政策的回顾和梳理，按照一定的原则将每个主题下的规则统一成一个规则。

当然，规则的统一要考虑很多因素，比如业务战略、人力资源战略、组织发展、人才发展及领导力建设，还有组织效能、人力资本的投资与回报（ROI）、人资资源管理心理学和干预等活动背后的逻辑与规则同样需要规范和统一，未来的 BP 和 CoE 需要在这些地方花更多力气。新的政策制定后，如果很多业务单位都有共性，就可以由 CoE 牵头统一。好处是不断有新的政策被优化，也会激发 HR 团队在业务中发现新的机会。

第三节　政策统一的原则

如前所述，政策统一因为涉及所有集团公司或者所有部门的利益，说得大一点是他们自己定的规则被替代了，变成了大家的规则。这些改变不仅仅是 HR 的事，也涉及公司高层对这件事如何看待、是否支持，以及管理者和员工怎样适应这些变化。

在大的方向上，在具体的统一活动之前需要明确一定的原则。首先考虑的有以下几个原则：合法合规、公平、提升 SSC 效率和平衡成本四个方面。

一、合法合规

规避风险：政策统一会对现行的政策进行全盘梳理和审核，如此就会发现一些违法违规的政策，调整后可以规避法律风险。

一票否决：为了规避法律风险，即使已经做了很多年，也要去纠正，避免可能的法律风险，以免将来可能蒙受更大的损失。

二、公平

加强内部公平：政策梳理和优化过程中，不论公司大小一律平等对待。

赢得员工更多的信任：让更多地方的 HR 管理者和一般员工参与政

策统一的工作，让更多人知道组织的目标。

三、提高 SSC 效率

更多标准化流程：政策越统一，流程标准化的机会就越多。凡是标准化的政策，一定要在流程梳理中把标准化体现出来。

更少的沟通投入：政策优化的过程中，尽量简化政策，减少接口，让决策更简捷高效。

减少政策流程差异带来的工作量：SSC 的工作量会随着政策的统一而提高，工作量也会大大降低。

四、平衡成本

服务人员减少：政策统一后的政策，会减少工作量，最终不需要这么多人，可以让他们去做更有价值的工作。

减少监督人员投入：未来大部分的事务性工作都将由 SSC 一个团队完成，监督自然会减少。

平衡：因为政策统一可能造成有些公司的管理成本大大提升，比如福利投入的增加。因此，如果只涉及少部分的公司且投入影响非常大，对于这个公司政策就先不统一，对于投入少见效快的政策建议第一时间统一。

第四节　政策统一项目组织

政策统一是艰巨和系统化的工作，属于搭建项目的子项目，有一个严密的项目组构成，并且遵循科学的步骤和决策流程开展工作。首先给大家介绍一个案例，图 10-1 是 B 公司的政策优化小组。不是所有公司都需要这么做，有些公司的政策本来就已经统一或者大部分统一了，就无须成立这么严谨的组织。

这个组织架构主要包含三层工作人员：第一层是决策委员会，主要有中国区业务负责人、HR 负责人，各业务单位负责 HR 工作的高管，比如总经理或者商务副总裁、集团项目组，总人数在 15 人左右。这个小组的工作主要是听取项目的汇报，沟通反馈项目过程中的问题和矛盾，并统一分歧达成共识。第二层是项目工作委员会，也叫项目组，主要由项目负责人和地方 HR 负责人组成。主要工作是项目管理，确保政策优化可以按时保质保量地推进和完成。第三层是政策优化工作小分队，按照招聘和入职、薪酬福利、员工关系和考勤，以及培训发展等成立了四个队。主要由 HR 总部的 CoE 或者准 CoE 领导，准 CoE 是指在还没有确定 CoE 的情况下选择该领域比较专业的总部 HR 担当队长角色。

从图 10-1 可以看到，整个项目周期是 4 个月左右。工作方式是政策优化小分队通过会议和工作坊的形式召集各地方的相关板块的负责人讨论优化的方案，项目组会协助并推进项目的进程。通常至少一个月有一次项目汇报，确保阶段性工作有进展，同时对方案和建议开展讨论以达成意见统一。最后将第三层的建议呈现给决策层讨论和通过。

这里的决策委员会，原则上可以同项目组的决策委员会是同一个委员会。只是在召开项目阶段会议的时候把和政策优化相关的进程和决议在会上讨论即可。在整个案例中，之所以成立独立的组织架构，是由于主要的项目计划开始没有把政策梳理考虑进去的失误造成的。当组织项目的组织设计和流程设计推进时，发现很多公司的政策不一致，于是立即成立了项目组。

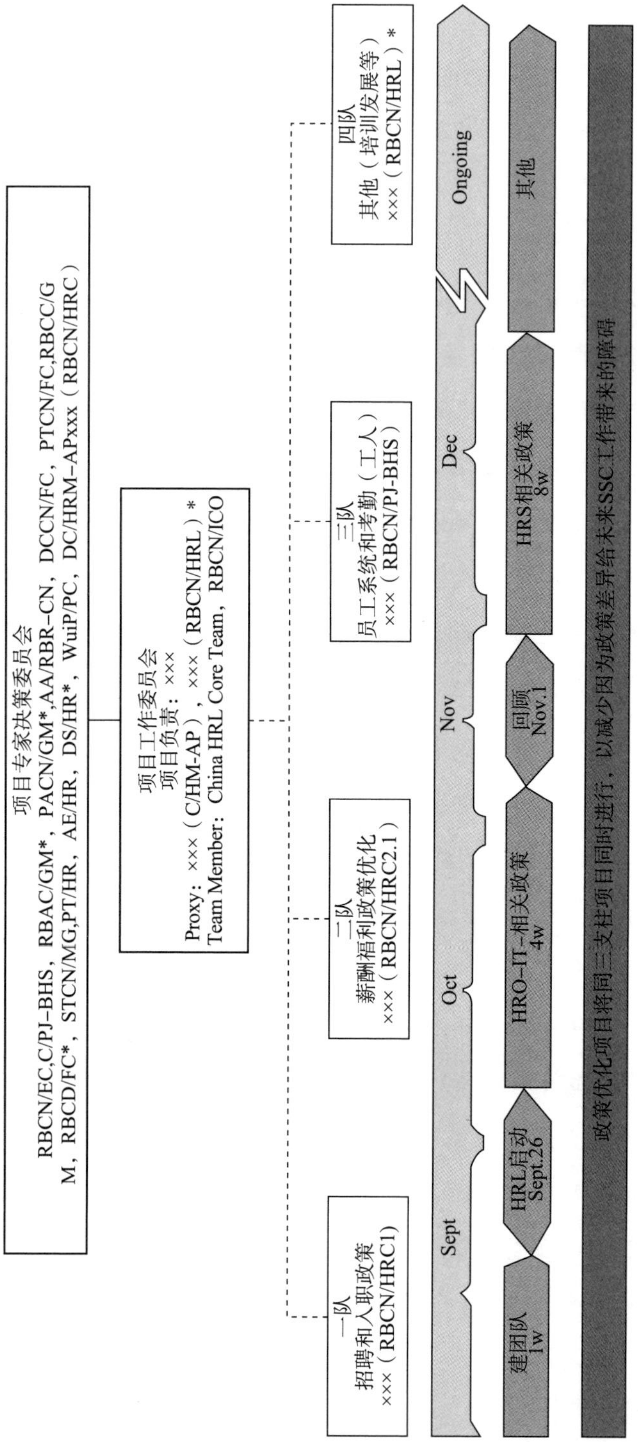

图 10－1　B公司的政策优化小组

第五节 政策统一的步骤

政策统一的步骤如图 10-2 所示。

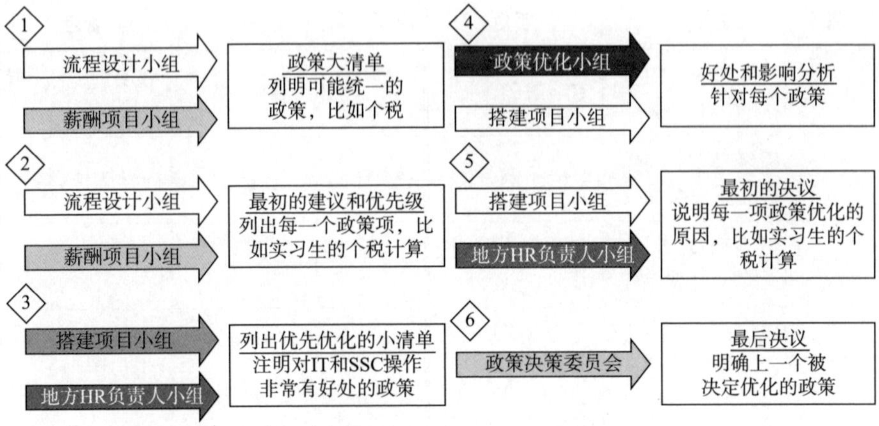

图 10-2 政策统一的步骤

一、出政策大清单

前面提到过 80% 以上的日常 HR 工作背后的政策属于常规工作需要的政策，这些政策的统一不会对公司的运营带来太大的影响，但是优化统一后会对 SSC 和整个 HR 团队的服务的集中交付带来非常有利的积极影响，所以有必要对这部分政策进行优化和统一。流程设计小组和政策小组一起梳理和列出大部分可能被统一的政策清单，尽量详细明确。

在第一步看到了薪酬福利小组，为什么？因为在 80% 的可以且需要梳理统一的政策中，70% 以上是跟薪酬福利有关的。同时，这部分工作对专业的要求比较高，所以会特别提到这个小组，其实其他小组也会提供。另外，在后期的大部分梳理工作中挑战最大的也是薪酬福利方面的政策。这个清单的出现，将为下一步的分析明确工作范围。

表 10-2 是 B 公司的薪酬福利政策清单，项目组列出的大清单，这个清单只是薪酬福利清单，加上其他的会超过 100 项。

表 10–2　B 公司的薪酬福利政策清单

序号	政策	项目	序号	政策	项目
1	高级经理及以上管理者的年度奖金	使用对象	34	岗位名称	A&B 适合所有级别
2	高级经理及以上管理者的年度奖金	奖金比例分类	35	第十三薪	标准职位体系
3	高级经理及以上管理者的年度奖金	奖金结果和权重	36	第十三薪	适用人群
4	高级经理及以上管理者的年度奖金	工资调整和晋升	37	第十三薪	离职员工、内部转岗计算
5	年度奖金	新员工的适用条件	38	候选人录用	Offer
6	年度奖金	离职员工的适用条件	39	保留奖金	
7	年度奖金	短期雇员的适用条件	40	长期服务奖金	
8	年度奖金	办公室员工	41	认可奖	
9	年度奖金	车间员工	42	年度奖金	适用
10	年度奖金	转岗计算	43	全薪病假	从何时重新计算
11	年度奖金	非全薪病假 / 事假计算	44	全薪病假	从哪里开始

续表

序号	政策	项目	序号	政策	项目
12	年度奖金	奖金信函	45	全薪病假	工龄累加
13	年度奖金		46	全薪病假	后延
14	年度奖金		47	全薪病假	新员工、离职人员计算
15	年度奖金	奖金信函内容	48	非全薪的病假	扣减规则
16	年度奖金		49	加班	适用工作日加班，适用下班
17	总监及以上的交通补贴	现金补贴	50	加班	适用公共假期
18	总监及以上的交通补贴	租车	51	加班	排版人员的加班费计算规则
19	高级经理的交通补贴	现金补贴	52	加班	加班费计算规则
20	总监及以上的年假	配额，最高额	53	加班	最小单位、舍入规则
21	总监及以上的年假	年假累加	54	有偿补休	适用于工作日加班
22	高级经理的年假	年假配额，最高年假	55	有偿补休	是否适用下班后的加班
23	高级经理的年假	高级经理的年假累加	56	有偿补休	是否适用公共假期的加班
24	高级经理以下的年假	配额，重新计算	57	有偿补休	抵扣，剩余不休使用规则
25	所有级别员工年假	何时扣减	58	算薪规则和流程	SSC 的付款审批流程
26	高级经理以下的年假	最高额	59	算薪规则和流程	交通伙食补贴
27	所有级别员工年假	累加，后延	60	算薪规则和流程	退休人员的年度奖金

续表

序号	政策	项目	序号	政策	项目
28	所有级别员工年假	公共假期补偿	61	算薪规则和流程	新员工的社保基数
29	所有级别员工年假	公司假期补偿	62	算薪规则和流程	住房公积金的计算基数和比例
30	所有级别员工年假	最小单位	63	算薪规则和流程	政府规定的生育补贴
31	所有级别员工年假	离职扣减	64	算薪规则和流程	病假工资低于80% 最低工资情形
32	个税	团险、实习生	65	专利奖	交换率
33	岗位级别		66	集团险	适用人群、结构

二、最初的建议和优先级

当大清单列出来后，流程组和薪酬福利小组需要密集讨论政策优化的初步方案。这时候的主要动作有：比较有政策差异的各个业务单位，特别是一些有影响力的公司，根据原则和优先顺序的规则将可以政策统一的建议记录下来。

可以按照重要性和投入的难度来平衡优先顺序。为了确保这项工作的梳理推进，可以考虑以下几点：

（1）在跟地方 HR 负责人沟通前，提前和最熟悉这个板块业务的老员工沟通一下，看看统一的难度和可能性。

（2）时间紧急，项目组除少数大的政策没有把握需要个别公关外，对大部分比较有把握的政策先内部讨论共识再进入下一步。

（3）基本上按照对 SSC 的利好、IT 的应用和投入成本三个维度排序，为后面的 SSC 团队争取流程最大标准化创造条件。

（4）如果出现重大冲突和意见不同，可以先搁置。

列出优先优化的政策小清单，小清单基本上要跟地方的 HR 负责人一起讨论并通过。所以，这一关过了，政策统一的清单就基本确定了。为了实现 HR 更多的政策项目的统一，可以考虑以下动作：

（1）尽量让地方的 HR 负责人参与进来，提前将可能反对的政策在项目组内部分析一下再讨论并争取大家的同意。

（2）有些地方的 HR 负责人的脾气和个性比较张扬，需要多考虑对方的感受和面子，往往还是比较容易达成一致的。

（3）有些地方的 HR 负责人不讲道理，面对这种情况，不需要花太多时间，走程序就好，不行就向上汇报，直到通过为止。

（4）有些政策统一很难，这不是沟通可以解决的，主要是政策统一对资金的投入要求比较高。这样的政策可以对部分公司特别处理，比如缓冲半年或者一年。

（5）有些政策，因为有政策漏洞或者存在法律风险，需要地方的 HR 负责人向业务总经理汇报，是红线必须统一。

三、收益和影响分析

当小清单的政策经过项目组与地方的 HR 讨论完成后，需要项目组对这些初步讨论通过的政策优化后可能带来的好处和弊端做一个比较详细的分析和说明。除了项目组，包括薪酬小分队也要加入讨论，有些部分还需要借助外力的把关，比如法律部门和外部的咨询专家，还有一些是涉及 IT 的部分，最好让这些人在不同领域为这些政策和建议进行把关。

四、最初的决议

建议的分析报告完成后，第一时间提交给地方的 HR 负责人，因为这是提交决策委员会决议前的最后一次审阅。这个时期是比较微妙也非常重要的，所以 HR 不会只是自己看，通常会在内部再次沟通和确认，这样的优化对他们的业务没有什么影响。然后跟总经理或者其他高管进行沟通，以得到他们的反馈。

（1）如果公司比较多，一般不会很快反馈，大家都在等，但是项目组需要设定反馈期限，并提醒时间要到了。

（2）有些项目可能业务高管不同意，HR 的表现比较强硬，所以需要借助决策委员会的业务或者 HR 高管的力量提前影响可能在决策会议上反对的人。

（3）经过前面的讨论和准备，项目组对建议非常有信心。

五、最后决议

项目组将意见优化的政策的建议和分析报告，提前发给委员会的成员，在会上把这些结果呈现并说明，看看大家的建议，正常情况下没有反对就通过了，通过后项目组会将会议纪要和决议附件发出，按照执行日期执行就好了。实际情况并不是这么顺利的。下面列出几个经常出现的案例情形，并指出可能的解决办法供参考。

有个广东工厂总经理张总反对十三薪发放时间统一，不接受年前发放。后来了解到按照老政策大家都发第十三薪，但是发薪时间不同，有些年前发，有些年后发。张总反对的原因是年后发可以阻止一部分人，特别是工人或者低岗位的人员流失。所以，当总经理提出这个想法时，首先要清楚这是不是事实。项目组要了解这个发薪日对员工离职造成多大影响，如果非常小，就要据理力争，最好拿出事实数据跟他沟通。经过分析后发现影响并不大，最后还是说服了张总，不过考虑到过渡顺利，建议将张总所在公司十三薪发放的时间调整推后一年执行。

有些福利的统一的确会造成比较大的投入，比如高级经理以前没有第十三薪，如果统一，新增的工资对地方的投入会多很多。这种情况，笔者建议保持他们的政策不变。

有些总经理比较关注外籍员工，有时过于讨好他们，比如要统一发薪日，新的发薪日会放到下一个月的第五个工作日，全国所有员工统一发薪日。但是因为以前外籍员工是当月发薪，所以不同意改到下个月。针对这种情况，项目组一定要坚持，为什么中国员工可以，外籍员工就不可以一起发薪呢？如果还有部分总经理坚持自己的意见，项目组就可以将这个问题升级到集团总部。通常是可以解决的，但是在实际操作过程中，我们需要人性化处理，比如把新的发薪日可以推后一两个月再执行，让员工可以调整自己的资金安排，因为有些人可能需要还贷款或者有其他用途。这里就要求在执行新政策前需要第一时间进行沟通，让员工做好调整，如果真的影响很大，可以灵活处理。

政策的讨论有时候不是一轮就可以完成，可以多探讨几次，比如有些点卡住了，讨论了很久无法决策，就需要项目组再研究并给出新的方案。

对于参加人员，也要注意一下，必须让可以决策的人参加。如果决策的人不来，这个会就延后，直到可以决策的人到齐再开这个会。

决策出来后，会议纪要也要在发布前征求部分与会者的意见，特别是总部的业务领导和集团的 HR 把关后再发送。

图 10–3 是 B 公司的政策梳理后的成果。

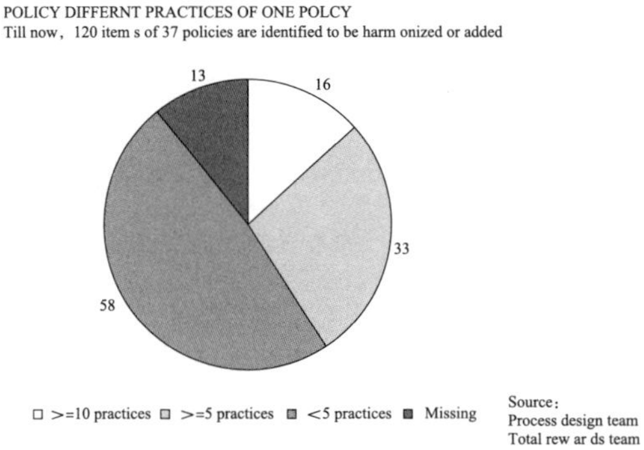

图 10-3　B 公司的政策梳理后的成果

政策优化 2 个月的结果是 37 个政策的 120 个小项目被界定和将被优化，成果巨大，如表 10-3 所示。

表 10-3　政策优化成果

政策	差异	建议	一般性影响
年度调薪	A 公司：10 月 1 日入职前享有 B 公司：试用期内员工不享有	1 月 1 日前入职的员工都享有，具体条件由公司定	对公司的年终奖没有成本增加，但对新加入者传递了积极的信号
内部转岗人员年度奖金	对转入多的公司的影响较大	5 月 1 日转入的，由接收公司付上一年奖金；5 月 1 日之后转出的，由转出公司付上一年的奖金	成本优化且公平
第十三薪	少数公司 Leasing 员工没有十三薪	所有级别员工，包括 Leasing 员工都享有十三薪	可能有些成本增加，但可以通过年度调薪优化

以上是优化的部分政策，可以感受一下统一后的政策内容，项目组会将这个作为附件提交给决策委员会审议并通过。

到这里，我们就把政策优化这个部分梳理了一下，按照这个流程和方法，基本不会有太大的问题。因为能够专门成立项目组这么严肃对待的公司不多。正因为如此，我们才能确保项目顺利推进，这个投入是值得的。最大化的政策梳理将对后面的流程梳理、IT 系统的整合和统一有非常深远的影响，甚至对后面 SSC 员工的稳定性都会产生非常积极的作用，当然最大的受益方还是公司和组织。

因为流程的标准化，提升了 SSC 的执行效率，这样 BP 和 CoE 就有更多的时间做与业务战略、组织发展和人才发展有关的更重要的事情，这是对搭建业务型 HR 部门的巨大贡献。

第十一章
搭建 HRIT 系统

由于人力资源专业人员越来越多地使用IT和数字技术，创造了更多远程工作的可能。在HR的推动下，数字化的人力资源管理对整个人力资源部门乃至整个HR业界都将产生非常深远的影响，这些影响体现在以下几个层面：

（1）大大提升了常规行政工作的效率，未来共享服务中心的效率会大大提升。

（2）数字化有利于升级和创新人力资源管理体系的建设和实践，这让升级后的人力资源管理的制度、流程和机制建设大大提高了HR的专业度，并为业务决策带来不可估量的价值。

（3）通过数字连接，提高了个人生产力和整体的组织绩效。

为建设业务型人力资源部门，我们就来看看如何从基础的IT建设入手，为未来的数字化的人力资源管理建设做铺垫。

当HR的组织架构清楚了，政策梳理统一了，给流程的标准化提供了极大的利好，然后流程包括表格表单都最大限度地标准化了。这些工作都为IT系统的统一和流程的IT化、数字化提供了最佳条件。

IT系统的建设不是独立的，前面提到通常在流程梳理的开始就会有IT板块的项目经理介入，在流程梳理的过程中完成IT系统的选型、流程的整合和应用，最后和组织、流程一起完成系统的整合与统一。

第一节　HRIT系统解决方案的系统和服务框架

图11-1是某公司的HRIT运行框架，IT系统的系统板块包含服务渠道、微服务（包括职能系统及其数据集合）和集成平台（包括数据平台和技术平台）三大平台，服务内容几乎包含从招聘、学习、薪酬绩效、员工服务到员工问答的人力资源日常管理的所有方面。

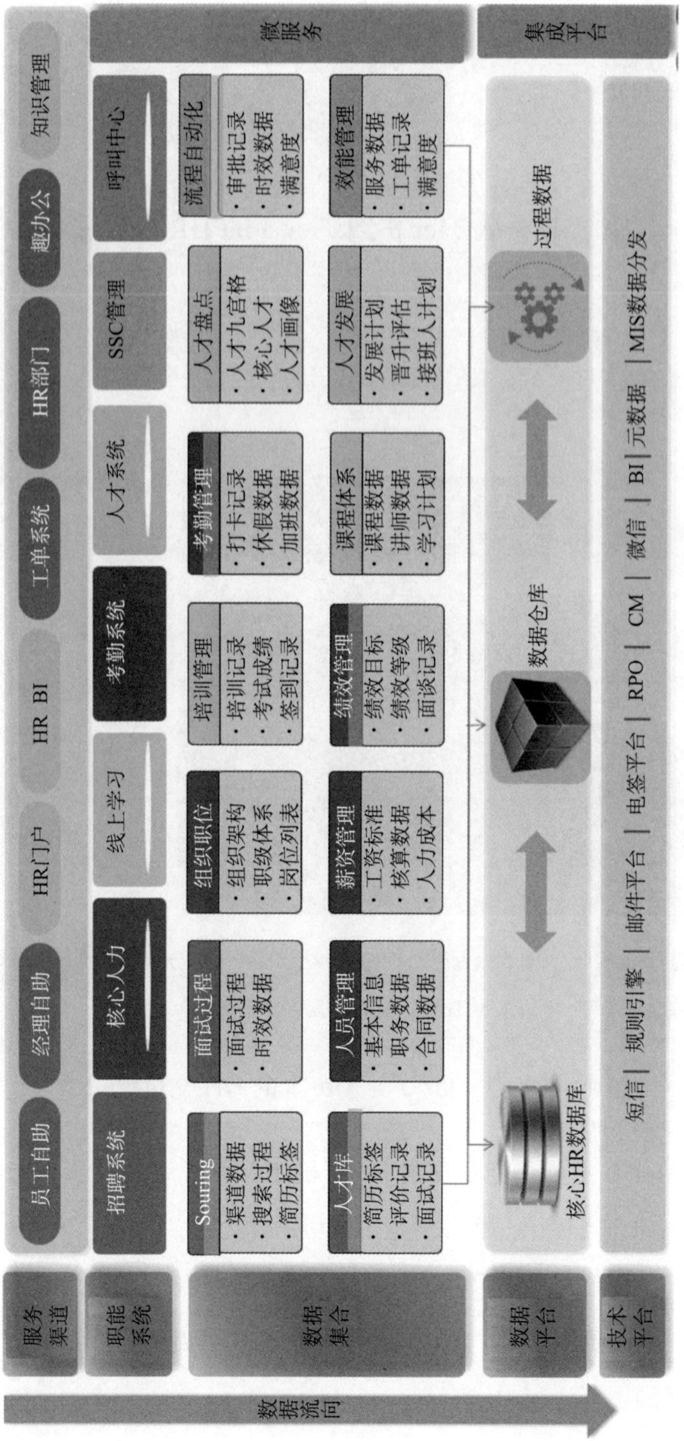

图 11-1 某公司的 HRIT 运行框架

如果一个企业能够完整搭建和实施这一整套系统和服务，那么 HR 的日常工作大部分可以通过系统实现。

第二节　从 Tier 0 到 Tier 3 的 HR 交付模式

从 Tier 0 到 Tier 3 的 HR 交付模式，如图 11-2 所示。

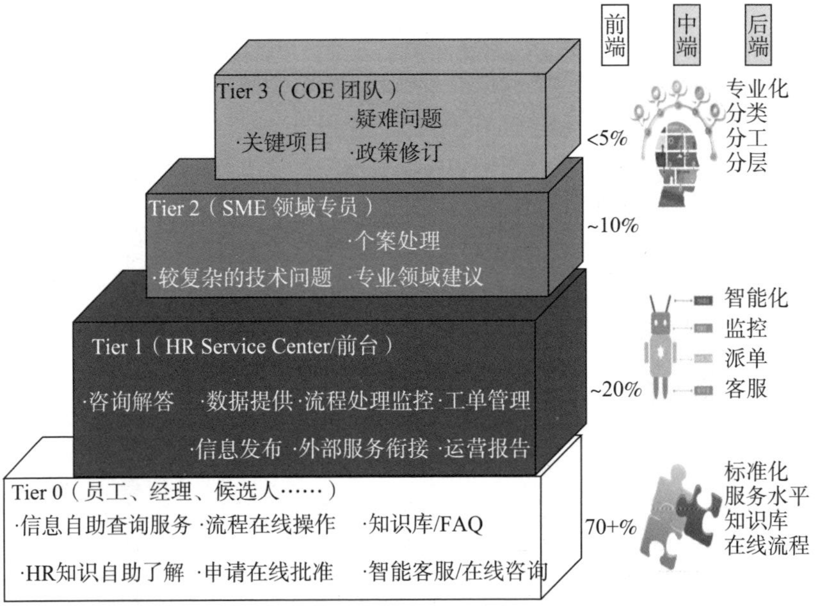

图 11-2　从 Tier 0 到 Tier 3 的 HR 交付模式

前台 Tier 0 主要是标准化的 HR、员工、管理者和候选人等的自助服务。表 11-1 详细列出了相关的自助服务项目。

为了实现以上各类自助服务，随着先进的网络和人工智能的广泛应用及很多终端设备的出现，大大提升了服务的效率和质量。电脑、移动端、固定终端得到了广泛应用。

表 11–1　相关的自助服务项目

HR 的自助服务	员工的自助服务	经理的自助服务	候选人的自助服务
· 组织管理	· 名片申请	· 下属员工请假审批	· 候选人个人信息填写
· 员工主数据管理	· 班车查询与申请	· 加班审批	· 面试进程查询
· 考勤管理	· 月度考勤查询	· 下属员工考勤审批	· 公司有关信息查询
· 付薪管理	· 新员工自助入职	· 线上通用审批	
· 外包和培训管理	· 通讯录查询	· 下属及团队信息查询	
· 人才管理	· 请假 / 加班申请	· 团队信息报告	
· 新员工自主入职系统管理	· 政策与表单下载	· 培训、绩效等查询	
· 离职系统管理	· 薪资信息查询	· 下属打卡记录查询	
· 试用期 / 劳动合同管理	· 人事证明申请	· 名片审批	
· 数据分析报告	· 会议室预订申请		
· 人才甄选系统	· 与 CEO 面对面		
· 报告查询	· 公告		
· 数据接口	· 员工个人信息更新		
· 绩效管理系统	· 线上通用审批		

以往 PC 端的功能成了面向业务的核心应用平台，而日常更多的服务已转向移动端和一些面向客户的自助终端设备，比如自助打印等。另外，如图 11-3 所示，手机终端的应用场景现在已被大规模使用，将来还将被无限放大。服务对象可以覆盖和所有组织相关的利益相关方，从候选人、供应商到员工家属。服务活动从内部 HR 服务、候选人信息查询到个人

保险的申请和审批等。

中台 Tier 1 主要是智能化及标准化的服务，主要指共享中心的前台，也叫共享服务云客服代表。

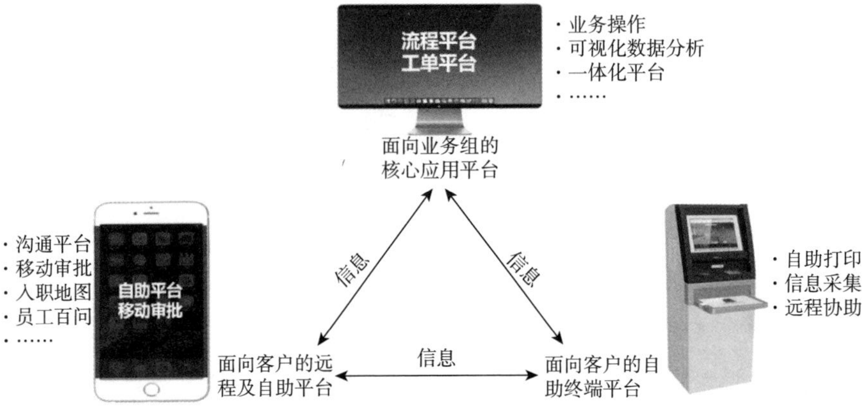

图 11–3　电脑、移动端、固定终端自助服务

（1）前台服务 / 电话中心。共享服务刚开始建立的时候会非常忙，因为员工包括管理者对新的组织不太了解，大家熟悉了以往唾手可得的服务，对变化有点不适应，所以会有很多电话。前台的压力也比较大，在开始的半年里，需要前台在非常忙的时候必须想一些办法改变这样的状况。一个非常有用的方式，就是把经常出现的问题记录下来，然后梳理规律，并找出问题的答案，按照一定的逻辑和方法把这些问题和答案做成知识库 FAQ，边做边迭代，一般经过半年左右基本上可以把 FAQ 梳理清楚，然后结合业务特性，从用户角度出发梳理共享业务知识库框架，快速定位员工咨询的问题及答案。

表 11-2 提供了一个梳理问题和答案的索引样板。

前台除了这些系统性的工作，日常工作还有挑战和处理的建议可以参考。比如员工的咨询量有高峰和低谷，特别是在发薪日之后特别忙，或者年前年后非常忙，还有在员工入离职高峰期特别忙等，为此需要提前安排好人力。有时候，员工会有怨气或者有意刁难 HR，这样的电话或者邮件等的处理会给前台很多压力，需要考虑相关的关怀和支持。

表 11–2　梳理问题和答案的索引样板

<table>
<tr><th>一级目录</th><th>二级目录</th><th>三级目录</th><th>操作指引及流程</th></tr>
<tr><td rowspan="17">人事</td><td rowspan="3">新员工入职</td><td rowspan="2">新员工入职指南</td><td>新员工入职指南（总部）</td></tr>
<tr><td>新员工入职指南（区域）</td></tr>
<tr><td>离职返聘</td><td>离职返聘</td></tr>
<tr><td colspan="2">试用期转正</td><td>试用期转正</td></tr>
<tr><td colspan="2">员工调动</td><td>员工调动</td></tr>
<tr><td rowspan="10">员工休假</td><td>年假</td><td>年假</td></tr>
<tr><td>调休</td><td>调休</td></tr>
<tr><td>婚假</td><td>婚假</td></tr>
<tr><td rowspan="3">产假</td><td>产假</td></tr>
<tr><td>流产假</td></tr>
<tr><td>……</td></tr>
<tr><td>病假</td><td>病假</td></tr>
<tr><td>事假</td><td>事假</td></tr>
<tr><td>……</td><td>……</td></tr>
<tr><td>关于假期的常见问题</td><td>节假日、考勤、休假</td></tr>
<tr><td>社保公积金</td><td>异地参保</td><td>异地参保</td></tr>
<tr><td colspan="2">人事常见问题</td><td></td></tr>
</table>

随着员工和管理者对自助服务和问题答案的了解，员工会适应新的工作方式，前台就不用这么多人，同时这些工作未来也可以慢慢用机器人语音替代。所以，需要考虑这些员工的职业发展，可以考虑往后台转，也可

以在数据处理方面提升成为 HR 大数据处理的专家或者 AI 的内容设计专家。

（2）信息发布，就是管理员工门户，定期方便公司政策和通知等信息，可以把这个平台当作变革管理的前哨。除了及时发布高质量的信息，还可以做大数据管理，跟踪员工关注问题的重点通过数据化呈现。这些大数据其实可以发现很多管理上的问题，可以去预测可能出现的问题，让后台同 BP、CoE 与业务管理者探讨可能的解决办法。

（3）工单管理，企业的 SSC 的工作量比较大时，就会用工单管理系统。简单来说，就是 BP 在工单系统里下单，然后在系统里记录订单的活动过程，系统会有红、黄、绿三种颜色根据订单的 Leadtime 提醒订单的状态。红色表明订单未能按时完成，黄色是提醒订单要尽快完成，绿色是订单按时完成了。

因为支撑工单系统的流程和时间都是根据之前做的标准化的流程梳理的成果，唯一需要转换三种颜色确定的时间点。

表 11-3 是某家公司在 SSF（Shared Service Framework）订单系统中设定的 SLA（Service Level Agreement）服务管理协议。这份订单 SLA 里明确了订单的类型，包括简单的需求、投诉、订单和批量订单，时间上有优先级别，同时还把相关订单及优先级别的具体时间做了具体规定。

订单系统作为每个月 SSC 活动的表现，可以导出所有活动的相关数据，比如有多少订单、每类订单的完成情况等。

（4）流程处理监控，在系统里包括订单系统，可以对 HR 的工作流程的执行过程进行监控，目的是找出可能需要改进的流程，由此发现很多改进的机会点，然后交给不同团队进行调整。如果问题比较大，就可以成立项目组去改进提高。

（5）运营报告 Dashboard，运营报告就是根据与客户签订的 SLA，梳理相关的 KPI 的表现。这个报告不仅是 HR 自己看，还可以根据客户的需要定制报告内容和呈现的方式。当共享服务运营正常后，将与客户签订 SLA 和相关的收费协议，这就意味着 HR 的服务开始往市场化方向走。

表 11–3　SLA 服务管理协议

类别									订单 (YAUF)								
									解决时间 (YSSC_SERV_DU)				提醒时间 (YSSC_ESC1_DU)				
Code	类别1	Code	类别2	Code	类别3	需求 (YEIC)	投诉 (YBES)	订单 (YAUF)	Prio high (in days)	priority high (1) (in minut…)	Prio normal (in da…)	priority normal (5) (in minut…)	Prio high (in da…)	priority high (1) (in minut…)	Prio normal (in da…)	priority normal (5) (in minut…)	批量订单 (YEIS)
	请假和加班		请假		付薪假												
					其他假期				3	1620	4	2160	1.5	810	2	1080	
			加班		加班工资				4	2160	5	2700	2	1080	2.5	1350	
					加班账号				4	2160	5	2700	2	1080	2.5	1350	
	入职		报到						5	2700	9	4860	2.5	1350	4.5	2430	
			个人信息维护		中方员工				2	1080	3	1620	1	540	1.5	810	
					外籍员工				2	1080	3	1620	1	540	1.5	810	
	个人信息变更		银行		中方员工				4	2160	5	2700	2	1080	2.5	1350	
					外籍员工				4	2160	5	2700	2	1080	2.5	1350	
			Other personnel information						1.5	810	2	1080	0.75	405	1	540	
	Internal Transfer				Within RGB				4	2160	5	2700	2	1080	0.5	270	
					Between RGB				5	2700	7	3780	2.5	1350	0.5	270	
	Domestic assignment		DLTA						10	5400	15	8100	5	2700	7.5	4050	
			STA						8	4320	12	6480	4	2160	6	3240	
	Payment		Local Payroll						8	4320	12	6480	2.5	1350	6	3240	

第二和第三层 Tier 2 和 Tier 3 属于后台，是专业化的 HR 服务。前面两层主要体现在服务前台，但是还有很多专业和复杂的工作。比如电话和邮件解决不了的问题，BP 需要共享服务中心的后台提供专业的解决方案。比如招聘、工资奖金的发放、入离转调及培训管理等工作的处理等。所以，SSC 的后台需要有一个专业团队解决 HR 选、用、育、留的专业但还是事务性的工作。

随着问题难度的加大，SSC 也解决不了的时候，需要 CoE 参与诊断或者方案设计，这就到了第三层问题的解决。越往后，问题越复杂，需要参与的人就越多。一般的流程是 BP 跟业务澄清问题，然后 CoE 和 BP 一起商量解决办法，有时还需要让业务部门参与，在方案设计过程中有时候还需要 SSC 参与，最后方案的执行大多数是由 SSC 来执行，根据就近原则有时由 BP 直接执行。

第三节　HRIT 平台建设的路径

通过搭建 IT 平台，系统智能化从而实现信息的集成、新技术引入、大数据分析等支撑高质高效低成本运营，并为决策提供依据。

一、第一阶段：平台搭建

为了让 HR 有一个统一的 IT 系统平台，需要将已有的 IT 系统整合和统一。这对很多企业来说很有挑战，因为历史的原因，很多公司的 IT 系统五花八门，想一下子统一起来难度很大。在这种情况下，对于独立的系统，比如培训和招聘，要确保主系统在数据上可以打通。对于主系统而言，比如员工主数据和薪酬，建议各公司统一成一个系统，否则会带来不同供应商间管理协调的挑战。HRIT 平台建设的路径，如图 11-4 所示。

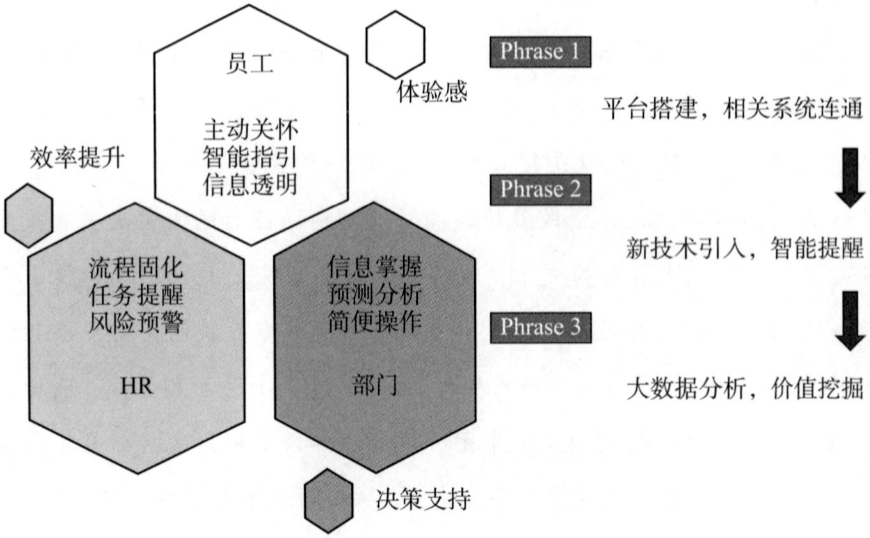

图 11-4　HRIT 平台建设的路径

同一个供应商的好处是，较容易打通各个系统模块之间的流程和数据的连接，最好在系统集成方面有一定的经验且稳定性比较好的供应商，二者都非常重要。除非你有非常专业的 IT 开发团队，笔者不建议自己的 IT 部门开发这些系统。

从用户使用经验的角度来看，一个稳定成熟的系统需要用户长期熟练地使用，才能积累使用经验，这样才能够跟供应商合作顺畅。

从技术的角度来看，HR 的很多模块和集成应用已经很成熟，很多供应商都可以满足企业的各种需求。对系统的投资和使用的最大挑战其实来自内部。只有将内部的这些问题疏通，系统建设才会顺利，价值才能最大化。下面列举一些常见的挑战方面的案例。

（1）预算的挑战：B 公司建立共享服务中心，计划统一上系统。主系统是 SAP，其功能包括主数据、薪酬、考勤等核心模块。集团下面有个广东的公司，是一家几年前收购的中国台湾企业，在收购的时候上了一个本土系统，刚用了几年。现在要换新系统，最大的反对来自高层不愿投入费用。问题是旧系统的配置比较低，很多功能无法实现，关键是跟新系统不容易兼容，对于 1000 多人的工厂，要想融入集团统一 HR 的服务工作，最好的办法就是将旧系统换成统一的 SAP 系统。

面对这样的情况，经过多轮与高层的沟通，最后的方案是：首先，SSC 先不上，让其他公司先上，因为没有统一系统，上 SSC 的价值小很多；其次，跟这家公司商量后先对目前的系统和新系统的优劣，以及投入产出比做一个具体分析，如果利大于弊，就立即计划更换系统；最后，在费用上，考虑跟他们的上游集团公司分担部分费用，这家公司才更换了系统，新的 SSC 组织也在一年后建立，从而顺利推进业务型 HR 建设。

（2）地方 HR 配合的挑战：作为千人以上的工厂，考勤管理是一个重要的 IT 模块，为此作为纳入 SSC 建设的一个 IT 项目在推进，但是在测试上遇到了问题，因为上系统除了 HRIT 项目组的投入外，还需要地方的 HR 抽调 2 个人参与项目并在项目后期两三个月里参与系统测试。因为需要用团队的成员参与测试等工作，的确对现有工作产生了影响，所以 HR 负责人总是会找借口不安排人员参与测试。项目组花了很多时间跟 HRD 沟通，作为交换，我们为他免费实现了更多希望实现的功能，这才让项目顺利推进。

无法抽出人手做 IT 整合项目的最大阻力其实不是没有人手，而是对变革的抗拒，因为变革后他的组织会变小，而对自己作为 BP 的要求陡然提高了很多。面对未来有很多未知，表现是拖延和配合的打折。所以，项目管理需要做的就是除给 HR 提前预知可能的投入外，在过程中也要给业务负责人施压，否则项目周期将大大延长。

简言之，就是面对不配合要提前告知，以及给予必要的压力。其实，这样推一把，人才能进步，组织才能向前。

二、第二阶段：新技术引入

作为新的 HR 组织的建立，统一的系统建立只是第一步，更多精彩还在后面。因为新技术、新应用带来的工作上的便利和新体验，需要 HR 能够以开放的心态去尝试新技术。

对于 90 后和 00 后的新生代而言，他们对新技术的好奇和接受速度要快很多。市场和竞争需要我们用新技术提高工作效率。这方面的尝试有很多，下面列举一些作为参考。

（一）电子签

某公司采用电子签实现了 50000 多同事，近 200 个工作城市，全体员工在一个月内完成了《员工手册》的签署。这个速度按照以前的做法，简直不可思议。更重要的是，凡需要不同区域城市，甚至国外需要正式签署的文件等很多 HR 工作，包括业务管理的情景中都可以使用电子签，这让沟通和决策变得非常便利。

（二）一站式自助入职——新员工使用界面

通过一站式服务，完成入职任务，快速了解公司文化、工作职责，完成个人基本信息填写，公司政策在线学习，节省入职当天大量的文件阅读时间，避免员工基本信息填写维护的重复工作。

对公司而言，为了提高入职效率，可以提前将这些文件清单和网络链接发给新员工。除了在入职方面，在员工的日常工作中也可以通过一站式服务做到，比如转岗、海外派遣员工、实习生的到岗、员工离职手续的办理等。

有时候，为了让员工的体验更好，线下活动可以配合设计，比如员工入职的活动设计结合企业的文化融入，可以让主管递上一封总经理的亲笔欢迎信，投入不大但员工的感受非常好。

有一些对网络不敏感的“老人”，需要 HR 的服务人员提供更贴心的服务，比如附上 IT“傻瓜”用户使用手册，不厌其烦地电话提醒或者培训，这样员工入职的体验会更好。

（三）招聘流程标准化

ATS 的全称是申请人追踪系统（Applicant Tracking Systems，ATS），最初是招聘人员和雇主在招聘过程中使用的一种软件，用于收集、分类、扫描和排名他们收到的职位申请人的信息。但是随着国内 SaaS 软件的完善和迭代，现在已经实现了完整的员工招聘全流程的线上系统，对招聘效率的提高非常有帮助。市场上这类软件已经非常成熟，可以试一下。招聘流程标准化，如图 11-5 所示。

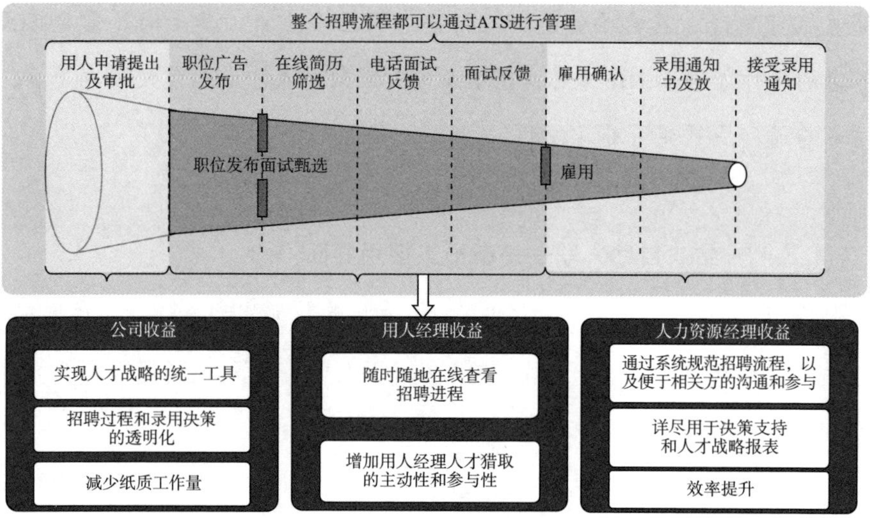

图 11-5　招聘流程标准化

（四）结合 AI 面试工具，批量做招聘工作，提高效率

图 11-6 是 C 公司的 AI 面试。

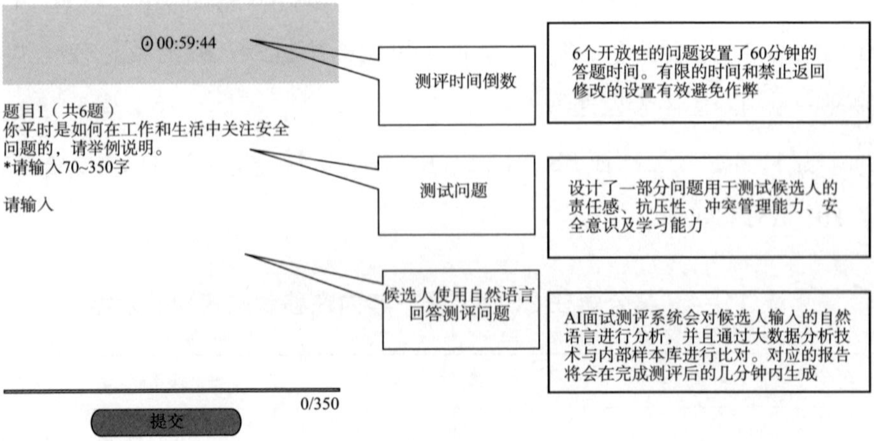

图 11-6　C 公司的 AI 面试

人工智能面试在技术上完全可以应用更多场景，在未来的人才测评体系中，我们可以进行规范化、结构化的面试，同时加入智能机器人面试，通过对大数据的挖掘，实现对一线员工的快速考核，减少人为干预，提高招聘效率。

目前可以直接使用的场景包括以下几个特点：

（1）员工人数多，进出频繁，比如招聘人数超过 1000 的一线员工岗位，考虑到综合成本，建议考虑使用。

（2）工作岗位的要求比较单一，测试内容可以标准化设计。

（3）管理人员非常忙，时间有限，或者管理者的面试技巧差，培训周期长。

未来，不仅是简单的岗位，更复杂的岗位也可以考虑应用 AI 面试，这对于 HR 的要求也将大大提高。虽然不用自己面试，但是专家 CoE 和 BP 需要参与设计评价内容和具体方式，确保面试的信效度。

（五）移动端的应用

移动端的应用普遍适用新生代员工，他们是移动互联网的原住民，有手机与社交软件依赖症的人，对于大量外勤、出差的同事，或者不能在内网环境办公的员工等。传统的 HR 流程审批慢、服务支持效率低，客观上也倾向使用手机处理人事工作。

表 11-4 是某公司在 SSC 上线一年内在移动端实现的功能，大大提高了 HR 服务的效率。

表 11-4　某公司在 SSC 上线一年内在移动端实现的功能

掌上考勤	离职申请	我的下属
薪资查询	开具证明	文件签署
我的档案	商保信息	假期审批
审批中心	我的申请	人力资源管理报告
内部推荐	商保报销	FAQ

三、第三阶段：大数据分析，价值挖掘

随着服务的加深和范围的扩大，我们拥有了更多真实的数据，HR 就可以对这些数据进行梳理归类、加工和分析，从大数据中发现规律和问题。有些可能是以前没有发现的规律，有些可能进一步证明了自己的想法，有些可能突破了自己的认知。这些有意识和无意识的分析都将有助于我们了解真相、做出决策。

图 11-7 是某公司的 SSC 服务得出的大数据分析：从服务的内容分类，从咨询的城市排名，可以看出客户的偏好。

这还是简单的分析，对于 BP、CoE，我们也可以根据业务需求，或

者对业务和组织发展状态的观察，思考如何从大数据的角度了解业务过去如何、现在如何及将来可能会怎样。

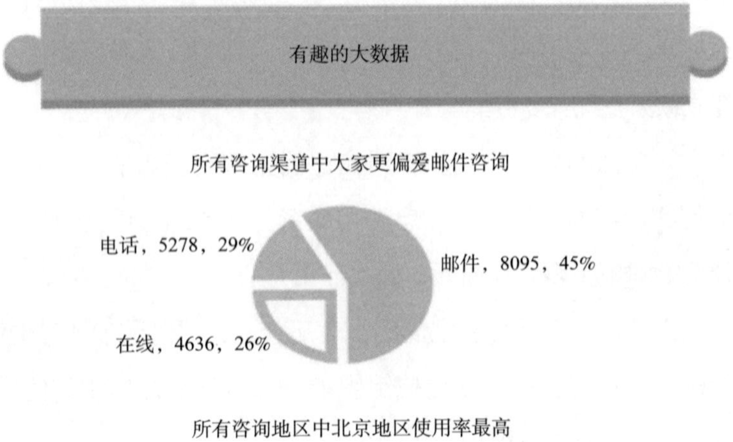

图 11–7　某公司的 SSC 服务得出的大数据分析

除了数字决策，数字人力资源也将具有更多意义和价值。比如人力资源管理的数字化会大大加强员工之间、员工与管理者及 HR 与全体员工的链接。

人力资源数字化议程需要在两个方面发展：

第一，人力资源技术帮助员工彼此依附，通过人际关系感受归属感，因此技术可以大大促进人的连接。这些人际关系可能是人们与来自世界各地的其他人一起解决共同的业务问题，也可能是人们分享日常生活的社交网络，也可能是人们与共享价值观的其他人建立联系的有意义的活动。

对于新生代来说，这些技术支持的网络通常是日常生活的重要组成部分。但对于所有年代的人而言，网络技术都可以从简单的共享信息转变为建立情感连接。

第二，情感依恋或连接不仅仅来自归属感和关系，还来自意义和身份。一位好朋友暂时离开了热爱的岗位，陷入了痛苦的深渊。虽然她仍然有朋友，但她感到失去了与组织赋予她的意义和身份的连接。为此，人力资源部门可以利用一些技术手段帮助她将眼前的处境（情绪方面的）、工作（有目的地工作）和个人目标（成就感）联系起来，这样人容易振作起来。除了通过归属感建立联系，人力资源部还可以利用技术鼓励员工通过以下方式建立联系。

（1）个人想法的分享。当员工对自己的见解充满热情，然后利用技术分享他们的想法时，就会产生想法和联系。比如通过网上直播把自己的经验分享给同事，教会其他人，他会非常开心。

（2）员工通过参与目标驱动的组织（工作、社区、政治或其他组织）获得身份联系和认可。技术使这些组织能够通过社交媒体和其他平台表达和分享其目标，分享过程和一起庆祝结果。

随着人力资源专业人员利用技术与员工和工作的意义建立联系并有体验时，他们通过超越提供行政效率（第一阶段）、升级和创新人力资源实践（第二阶段）和创造（第三阶段），推进下一个数字人力资源的发展。人力资源数字连接（第四阶段）将会到来，从而提高了个人生产力和整体组织绩效。

以上就 HRIT 可以涵盖的服务层级，进一步分析了 IT 工具的不同应用。这里还梳理了搭建 IT 平台的三个步骤或者阶段，提供了其他公司的一些做法。对如何搭建和应用好 IT 和数字化平台提供了一套较完整的思路和框架。在这个过程中，还是有不少挑战，笔者把这些经常出现的挑战和可能的应对概括一下。

（1）技术发展很快，远远快于大部分人（包括不少管理人员）的认知。他们会抗拒和反对，所以改变管理者的意识需要有智慧和方法，不要想当然地以为这很简单。可以从改变一个人的认知开始，逐步改变日常的行为，然后强化这些行为让他们养成习惯，最后再强化这些认知。

（2）IT 和数字化最终成为一个普世的价值和行为，组织内的所有人都将习得这些基本的认知和能力。只有这样，我们才不会被社会淘汰，尤其是商业组织，先行一步者可以胜出，或者打造属于自己的独特竞争力。

（3）HRIT 是一个专业内容，只懂 IT 无法理解业务需求，更无法开发出专业好用的 HRIT 解决方案。因为 SSC 拥有大量的数据，共享服务中心处理大部分的服务工作，建议开始的时候将 HRIT 放在 SSC，后期可以独立成立一个专业的 CoE 团队，为 HR 团队开发出帮助解决业务问题的“人”的解决方案。

（4）始终记住技术是为“人”服务的，业务型 HR 部门的建设需要聪明地利用 IT 和数字技术给业务创造价值，绝对不能为了赶时髦盲目追求最先进的技术。

有了 IT 和数字化的加持，业务型 HR 部门的建设将更进一步。

我们探讨了业务型 HR 搭建五个方面的内容：第一，如何让高管与 HR 统一认识并支持业务型 HR 建设；第二，我们花了不少时间来学习设计和搭建了新的组织架构和人；第三，我们也梳理并最大限度地标准化了 HR 所有的流程；第四，我们盘点了所有 HR 的政策并做了最大化的优化；第五，在 IT 系统上，我们也实现了整合和统一，并吸纳了一些新的技术手段。

我们还将面临落地方面的挑战，这些挑战包括新旧组织的过渡、变革管理、新的组织运作体系的建立、新团队能力的提升四个方面。

第三篇

业务型 HR 的落地

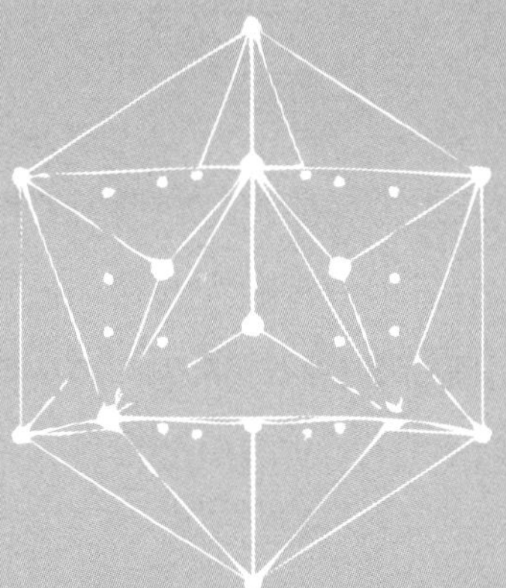

第十二章
HR 新组织过渡

第一节　对过渡的基本认识

一、过渡的定义及目标

从广义上讲，过渡是将现有组织、流程和接口转移到新的组织结构中，包括实施过程中做必要的调整，确保组织的运作功能可以正常运行。从狭义上讲，过渡是业务型 HR 部门建设项目的一个重要落实板块，旨在考虑特定业务单位的政策、流程和现有知识经验等，将这些内容和相应角色成功转移到新的人力资源模型。

简单来讲，使该业务单位的所有人力资源部员工符合其新任务和角色的要求，转移人力资源部员工并将其整合到新角色。

确保新组织的顺利运营，通常过渡的周期是 6~9 个月，有些组织的时间更长。

二、过渡的重要性

有人说，没有人的转移和过渡的顺畅，之前所有的努力都将白费，有了人的顺利过渡，基本可以保证新型 HR 组织和运营顺利对接。过渡期间需要项目组和 SSC 团队做三份工作：理顺和移交以前的工作、按照新的要求开展新的工作，以及参与项目管理的工作。可以想象这是一个异常艰苦的极富挑战的阶段。

三、过渡关注点

当组织设计确定了，就意味着组织架构、岗位架构、岗位说明和人头都确定了。那么对于组织和人的过渡该如何规划？如何将 HR 的三个角色打通，建立一个统一协调的人力资源部？

新角色的意识和心态如何转接，人的能力如何建立？

当流程梳理和标准化完成后，意味着新的 HR 角色需要学会用新流程，反馈和参与改进流程，如何建立有效的改进机制？

当 IT 系统整合优化之后，HR 内部和客户都要学习新的系统。除了学习，更难的是行为习惯的调整及新习惯的养成。

业务型 HR 部门的建设过渡并不是单纯的人的过渡，也不是单个组织、政策、流程和 IT 系统等的过渡。它需要一个较系统的设计、计划和具体的行动指引，同时也要考虑到可能出现的挑战和问题，并能够提前预知和处理。

四、过渡的步骤

通过主动与转型的各个业务单位的沟通，为过渡的顺利开展做准备。

举办适配性的研讨会，分析和评估各业务单位在所有关键细节上与新组织特别是共享服务中心流程的偏差。

为新的和长期服务的人力资源部员工，以及业务合作伙伴提供培训。

继续现有业务的同时，将员工转移到新的组织中。

第二节　确定过渡原则

B 集团公司是高科技制造企业，有独立法人公司 60 多家，包括 30 家不同产品的工厂，员工 5 万人，其中工人占 60%，人力资源部门总部和地方一共 300 人左右。集团高层于 2010 年决定将传统的 6 大模块的人力资源部门建设成为业务导向的人力资源部门，并决定采用三支柱 BP（业务伙伴）、CoE（专家中心）和 SSC（共享服务中心）的 HR 运营模式。

建设后的 HR 组织将 300 个 HR 大致分为 100 个 BP、150 个 SSC 和 50 个 CoE 三个大团队。主要由 BP 与业务对接，并且向地方业务总经理汇报却不向集团 HRVP 汇报。SSC 和 CoE 为 BP 提供系统、专业、高效的解决方案和落地服务，并且这两个团队同时向集团 HRVP 汇报。

按照设计和这几年的运行效果，SSC 基本上承接了 70% 以上的 HR 事务性工作，包括招聘、薪酬福利、培训管理、海外派遣、HRIT 和转调入离等所有员工服务的工作。BP 在得到解放的同时可以有更多时间跟业务一起打仗，服务效率和质量大大提高，每年都有 5% 以上的 HR 管理成本下降。

转型从 2011 年 10 月开始，2012 年下半年 10 月左右完成整个新组织的设计搭建工作，2013 年 7 月通过过渡完成第一批 10 家公司近一万名员工规模的新服务模式，然后从 2013 年 7 月之后的 2 年里分 3 批完成了剩下的几十家公司 HR 组织的转型。

在 2011 年底到 2013 年上半年的一年半的时间内完成了以上提到的工作，设计并搭建了新组织的架构，包括组织架构设计、流程的梳理、政策的优化统一，以及 IT 系统的集成和建设，业务型 HR 部门的大平台在这时候基本完成了，紧接着开展过渡的各项工作。

过渡工作包含两个层面：核心的过渡，是关于组织内人的过渡；整体项目的过渡，包含人的过渡，流程、政策、IT 系统和整体运营的过渡。

过渡步骤：因为公司体量比较大、业务复杂、企业性质多样，所以很多事情需要做细致的规划。过渡是由项目经理负责这个板块的工作，具体包括图 12-1 所列的五个步骤。

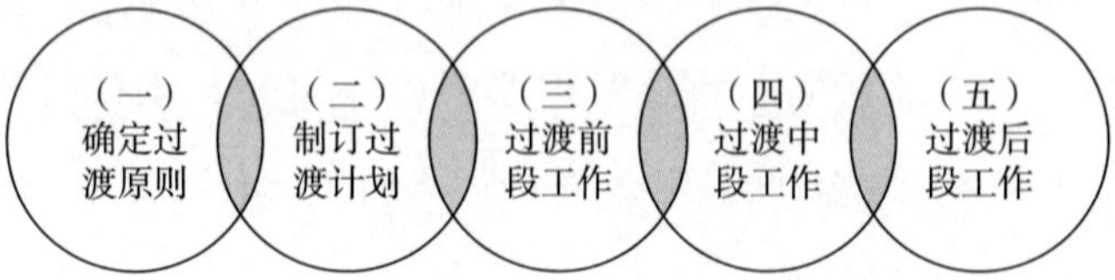

图 12-1　过渡步骤

过渡的原则通常在项目设计规划的时候就已经明确了，但是到了具体执行阶段还需要项目组重新回顾，将新的原则在决策委员会沟通并通过。

图 12-2 是这家集团公司 HR 建设转型项目的过渡原则，第一条业务可持续性是核心，第二条是关于系统性过渡的要求，最后四个是关注人的过渡的重要原则。

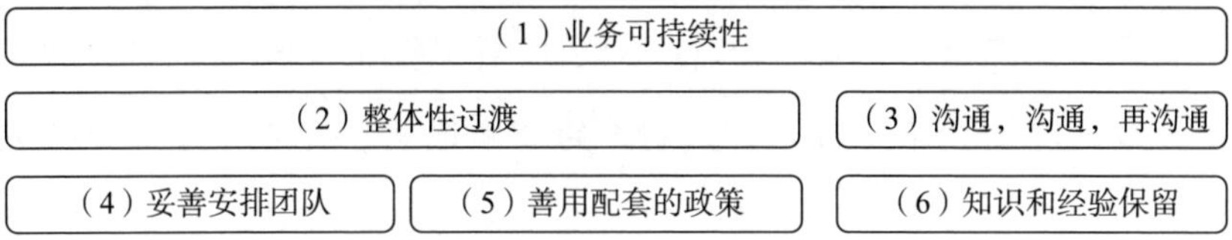

图 12-2　HR 建设转型项目的过渡原则

这些原则的具体解释是：

（1）业务可持续性：对企业的任何管理变革原则上不以牺牲业务的可持续性为前提，比如招聘不能受影响，薪酬要按时发放，员工的转调入离等服务性工作要正常开展。当然，那些跟业务战略、组织发展和人才发展有关的主要活动更不能受影响。

（2）整体性过渡：整体性首先要回归到业务型 HR 部门建设的初衷，是对 HR 的定位发生了根本变化，所以要审视变革的各板块是否支持这样的改变。比如在组织设计中 BP 的战略性角色需要体现在具体的工作描述中，要有参与战略制定、解码和目标设定等工作。过渡是牵一发而动全身的工作，需要从组织、政策、流程、系统和人五个维度去看。比如在人的转移过程中，需要考虑对五个维度有什么样的影响，是积极影响还是消极影响，以及研究如何应对这些影响。比如新流程刚开始使用就发现在系统中根本无法实现，那么要判断是调整流程还是要调整系统。

（3）知识和经验保留：新旧组织的转接内容主要包括知识和经验，有些知识是附在相关文件和档案包里的，但是大部分知识需要通过沟通、培训和一段时间的辅导才可以掌握。另外，非常重要但经常被忽略的是经验，这些经验可能是以前的员工很多年积累的最佳实践，非常宝贵。在新旧组织切换的时候，一定要摸清楚哪些人是最有经验的员工，一定要关注并留住这些员工，确保业务的延续性和交付质量。

（4）沟通，沟通，再沟通：组织的变化会给每一位员工，特别是角色变化大或者工作地点变化的员工带来影响。在改变的整个过程，员工都会非常关注变革到了哪个阶段，对我有什么影响，我该如何面对或者提前应对这样的变革。所以，让变革的过程透明、公开并及时让受影响的员工知道是非常重要的事情。沟通及不同形式的沟通在这个过程中首先需要被大大重视。另外，还要有意识地去设计和规划每一场沟通会，做好与员工的日常沟通交流。

（5）妥善安排团队：组织的变化会造成一部分人的工作发生变化，可能是岗位换了、职位换了，甚至有些岗位消失了等，这些对个人来说都是重大变化。如果是向上的符合自己预期的变化，那么员工会非常开心；如果是向下的或者不是自己想要的变化，那么就要在做好沟通的同时，给某些核心员工带去妥善处理的方案，后面将会讲到。

（6）善用配套的政策：变革会引起人员的调整，项目肯定需要把人才留住，但是按照现有的政策可能无法达到员工的预期，这样造成的后果就是员工离职，这对转型的过渡来说是最糟糕的事情。所以，项目组在这件事情上的基本原则是，一方面不可以对现行政策做调整，因为你调整了，其他变革项目来了也会提出改政策；另一方面是很多时候公司的政策会有很大弹性，有一个最高和最低限度。对于我们希望留住的员工，可以采取就高不就低的原则，对于不希望留住的员工可以采取就低不就高的原则。

第三节　制订过渡计划

制订过渡计划有几个思路可以参考：一是以 SSC 的员工招聘前后的活动为主线；二是以关键事件为中心的过渡计划；三是以过渡的前段、中段和后段的时间及主要活动为主轴来规划过渡。

一、以招聘为主轴的过渡计划

以招聘为主轴的过渡计划，如表 12-1 所示。

这个计划有以下几个关键节点：

（1）组织设计完成后，准确盘点新组织的 BP、SSC 和 CoE 所有开放的职位。

（2）内部转岗是人员转移的重点。也就是说，大部分开放职位应该优先考虑内部现有员工，并为他们提供工作和发展机会。

（3）转岗人员的培训工作是过渡成功的关键，要做好知识转移和交接。

表 12-1　以招聘为主轴的过渡计划

	2012 年	2013 年					
	12 月	1 月	2 月	3 月	4 月	5 月	6 月
SSC, CoE, BP 招聘	第一时间给内部员工开发空缺岗位	内部面试 / 一对一面谈和发录用 Offer	个人决定	外部招聘和内部人员盘点			
	安排面试						
	基于可能的岗位数和感兴趣的员工数安排面试						
SSC, CoE, BP 转岗				培训			
				HR 内外部门的备选			
					新员工的知识转移		
						培训	
					老员工的知识转移		

（4）对没有转岗或者离职员工要处理好员工关心的问题，比如推荐新工作机会，或者做好补偿等工作。

（5）对外部招聘的员工，除了培训，以前岗位上的员工的知识和经验的交接是成功的关键因素。

（6）要三个角色 SSC、CoE 和 BP 一起考虑转岗的不同需求，打通不同角色的职业发展通道。

二、以关键事件为中心的过渡——过渡工作坊

过渡的关键事件是单个业务单位的过渡工作坊（见表 12-2），是落实 HR 新组织的全方位的转型落实研讨会。以下是这个工作坊设计的主要工作内容及成功的关键点：

（1）详细描述现有流程和政策与 SSC 流程和政策之间的差异。

（2）记录偏差并确定如何整合到 SSC。

（3）描述知识数据库的其他内容和主题，为 HR 门户的管理做准备。

（4）确定人力资源员工和任务的过渡，包括岗位的调整和具体工作内容的切换行动计划。

（5）关注每个人力资源部员工及其任务，尽量做到公开、透明、公平和公正。

（6）个人谈话与职业规划，这是在工作坊之后，确定了新岗位员工的情况下，和每一个员工都要做面谈。

（7）评价人力资源部员工，包括人力资源业务合作伙伴，他们的任职资格和能力差距，并提供相关的培训支持。

（8）这个工作坊是为每一个转型的业务单元设计和开展的，不论这个业务单位是 200 人还是 1 万人，方法是一样的。

表 12–2　过渡工作坊

关键事件	Week 1	Week 2	Week 3	Week 4	Week 5	Week 6	Week 7	Week 8	Week 9	Week 10	Week 11
与业务单位沟通和准备											
流程和主题过渡											
文件的收集和讨论准备											
执行 Fit-Gap 工作坊											
偏差分析 / 决策依据											
内部批准 / 最终确定											
工作坊纪要的批准											
调整 / 扩大培训材料和知识											
员工及任务过渡											
业绩审查讨论											
新职位的培训和能力提升（SSC、BP）											
执行员工转移											
实际任务的接收、评估和转移											**上线**

（9）过渡工作坊完成后，该业务单位的人力资源部门就将按照新的制度开展工作。

三、按照过渡的前、中、后三个阶段来制订计划

以上两个过渡计划聚焦关键活动，效率比较高，但是不能覆盖所有的关键活动，会有遗漏。而按照三个阶段来计划过渡会比较完整，不会错失关键活动，可以确保过渡一定成功；面临的挑战是对时间和精力的要求比较高。表 12-3 先把这个过渡计划涉及的关键工作主题和成功关键点描述整理一下。

表 12-3　过渡计划涉及的关键工作主题和成功关键点描述

阶段	工作主题	成功的关键点描述
前段	确定 HR 在新组织的岗位和岗级	· 为新组织的员工职业发展做好规划 · 特别是对于 SSC 的员工的职业要倾斜，多一些上升空间和可能 · 在政策上要明确而不是说说而已
	内部转岗的条件和政策梳理和确定	· 盘点和明确转岗的政策，寻找支持项目的条件 · 设计并沟通新组织，特别是 SSC 的薪酬福利政策 · 新组织所匹配的后期规划和保障 · 组织员工沟通会，公开透明，讲事实但不做不确定条件的承诺
	人头和岗位的盘点与确认	· 根据新组织开放的岗位盘点所需岗位、人头数量和质量 · 对各业务单位做盘点，确定人头和名单 · 沟通和明确人员转移时间表
中段	Fit-Gap 过渡工作坊的设计与执行	· 框架和内容的计划和会议通知 · 过渡工作坊的执行：盘点政策、流程、系统和人的差异并记录 · 共创和共识相通的点，求同存异，保障过渡顺利

续表

阶段	主题工作	成功的关键点描述
中段	内外部招聘的计划与执行	· 招聘计划，内部人才盘点 · 内部转移和上岗 · 外部招聘和上岗
	新员工入职和培训	· 内外部招聘新员工的入职 · 新员工的导师确定和辅导计划
	培训的计划与执行	· 培训计划和培训材料的设计 · 角色转化方面的培训 · 新岗位的知识技能培训 · 软技能培训，沟通、呈现和项目管理等
	路演的规划与执行	· 路演计划和材料准备 · 与业务高管的路演沟通 · 与全体 HR 的路演沟通
后段	持续改善机制（CIP）的建立和项目梳理和执行	· 抓住任何可以改进的机会，鼓励随时改进 · 梳理改进项目，设定改进项目组和计划 · 制定持续改进机制，包括奖励机制
	新组织的运用报告（Dashboard）	· Dashboard 订单及大数据报告 · 客户水平协议的完成情况报告 · 寻找改进机会
	大客户沟通和管理	· 建立内部大客户沟通机制 · 落实沟通计划，建立反馈和改进机制
	现场 SSC 员工的管理与关怀	· 合同的调整和管理 · 现场员工离客户近但离组织远，规划好管理规则 · 现场 SSC 员工关怀
	业务型 HR 部门的使命、愿景与价值观共创	· 共创使命愿景 · 共创员工的行为准则 · 初步明确新组织的定位和战略目标

表 12-4 是按照过渡的三个阶段，用三种颜色做了标记，同时把各个主要活动按照时间的顺序做了排序。这些工作大部分转型项目的过渡都会经历，但是每个企业的情况大不相同，我们在梳理工作板块的具体操作方法的时候需要遵循因地制宜的原则，不能照搬。

表 12-4　活动时间排序

	Week1	Week2	Week3	Week4	Week5	Week6	Week7	Week8	Week9	Week10	Week11	Week12
确定 HR 新组织的岗位岗级												
内部转岗条件，政策梳理和确定												
人头和岗位的盘点与确认												
Fit-Gap 过渡工作坊的设计与执行												
内外部招聘的计划与执行												
新员工入职和培训准备												
培训的计划与执行												
路演的规划与执行												
持续改善机制（CIP）的建立、项目梳理和执行												
新组织的运营报告（Dashboard）												
大客户沟通和管理												
现场 SSC 员工的管理与关怀												
业务型 HR 部门的使命、愿景与价值观共创												

当我们把过渡设计的工作和计划制订完以后，就要确定每一个活动的具体操作原则、方法、可能的挑战及应对措施。只要理解了这些工作及其背后的逻辑，再结合企业自身的情况就可以确保转型的过渡顺畅。

第四节　过渡的前段工作

一、确定 HR 新组织的岗位和岗级

在组织发展的工作中，组织架构体现了业务战略的布局、层级及彼此的上下级关系。为了落实组织架构，我们就需要对每个岗位做定级的工作。这个定级将与岗位的薪酬和级别有直接关系，这也是对员工认可与激励的重要工具。这里给大家分享这家公司的 SSC 的岗位和岗级，如表 12-5 所示。

共享服务中心作为一个全新的 HR 组织，岗位和岗级规划凸显了以下特点和作用：

（1）公司参考了国际职位评估体系 IPE 的方法做成了以上岗位和岗级，具有科学性并结合了企业的特点，比较实用。

（2）在职业发展通道上，提供了管理、技术和项目管理三条职业发展通道，这样员工可以有更多的选择机会。

（3）在 SSC 管理层的岗级上特意将最高的岗级同 BP 和业务的最高级别统一起来。在市场上，很多人对共享服务中心的人的岗位级别和职业发展的天花板普遍的认知是很低的，最高就是总监级别。这样的设置对 SSC 的员工是激励，职位上升的空间很大。

表 12–5　SSC 的岗位和岗级

岗位 / 级别	管理路径	项目管理路径	专家路径	招聘	薪酬	培训事务管理	国际派遣	员工服务	人力资源信息技术管理
SVP 12B、12A	高级副总裁								
VP 11B，11A	副总裁								
专家 / 总监 10B，10A	总监	高级项目负责人	高级专家						
专家经理 9B，9A	经理	项目负责人	中级专家	招聘经理 / 招聘专家	薪酬经理 / 薪酬专家	培训事务管理经理 / 培训事务管理专家	国际派遣经理 / 国际派遣专家	员工服务经理 / 员工服务专家	人力资源信息技术管理经理 / 人力资源信息技术管理专家
专家 / 主管 8B，8A	主管	高级项目主管	初级专家	招聘主管 / 高级招聘专员	薪酬主管 / 高级薪酬专员	培训事务管理主管 / 高级培训事务管理专员	国际派遣主管 / 高级国际派遣专员	员工服务主管 / 高级员工服务专员	高级 HR 信息技术管理顾问 / 高级 HR 信息技术管理核心用户

续表

岗位 / 级别	管理路径	项目管理路径	专家路径	招聘	薪酬	培训事务管理	国际派遣	员工服务	人力资源信息技术管理
资深员工 7B 配置，7A	资深	项目工程师	资深	招聘专员	薪酬专员	培训事务管理专员	国际派遣专员	员工服务专员	人力资源信息技术管理顾问 / 人力资源信息技术管理核心用户
一般员工 6B,6A	专业入门	项目管理	专业人员	初级招聘专员	初级薪酬专员	初级培训事务管理专员	初级国际派遣专员	初级员工专员	初级人力资源信息技术管理顾问 / 初级人力资源信息技术管理核心用户
	毕业生	毕业生	毕业生	招聘助理	薪酬助理	培训事务管理助理	国际派遣助理	员工服务助理	人力资源信息技术管理助理

（4）这样的职业发展通道和决议需要在决策委员会上讨论并通过，然后跟全体 HR 团队宣传和沟通，这样可以鼓励优秀的 HR 多参加 SSC 的工作。

二、内部转岗条件和政策的梳理、确定

（一）转岗政策

内部转岗条件的项目、额度和周期等关键条款对很多考虑转岗的员工来说是一个非常有用的杠杆。在无法制定新政策的情况下，最好的办法是根据评估的结果来决定这位员工适用最高还是最低的条件。表 12-6 是该公司受该转型项目影响的支持政策，可以参考。

表 12-6　支持政策

搬迁津贴	0.7~1 月底薪，最高 2 万元人民币（取决于搬迁规模）
搬迁假	3 天
装运费用	最高 3000 元（一次性报销）
探亲假	每 12 周报销一次；如果与家人一起搬家，则不适用
临时住所	2 周
给配偶提供工作机会	备选项
二线城市住房补贴	每月 3000 元、4000 元、5000 元（1、2、3 人搬迁总额）× 24 个月

（1）转岗条件：

➢ 同意并被批准调至人力资源部共享服务中心，将调至共享服务中心所在城市的本地员工应遵守内部调任政策（2013 年 7 月 1 日生效）。

➢ SSC 所属的法人主体发生变化同时岗位也是新的，所有内部转岗的员工都要通过面试，通过者方可加入新组织。

➢ 新岗位对能力的要求提高，以前员工无法胜任的，可以考虑调低岗位，或者申请调岗到其他部门。

（2）支持政策内容：

➢ 如果派遣城市和接收城市之间的距离小于 60 公里，或者员工不会搬迁到接收地点，则住房保障不适用。

➢ 有利于个人利益的转移（如返回祖国、家庭团聚等）不符合条件。

➢ 住房津贴需要证明文件（如房屋租赁合同、配偶居留证 / 就业证、子女入学证等）。

（二）福利政策

对于去 SSC 的员工，除了工资，大家也普遍关注新合同下的福利政策，这也是大家利益的保障。有些福利虽然钱不多，也可能成为员工感受好，提高忠诚度和稳定性的重要砝码，如表 12-7 所示。

（1）从 SSC 公司的福利来看，项目比较齐全，同时能够感受到公司关心员工家庭和团队建设，传递的是非常积极关怀员工的企业文化。

（2）在设计福利政策的时候，套用 SSC 所选城市最大的 BU 业务单位较好的条件，采取就高不就低的原则。否则，员工会觉得一个地方的条件有差别对待的嫌疑。这样也可以吸引更多的优秀员工。

（3）福利的条件涉及每一个人的利益，一旦确定了条件，就第一时间跟所有相关的员工开会，消除不必要的猜忌。

表 12-7 福利政策

项目	福利	SSC
假期补贴	春节礼物	500 RMB
	中秋节礼物	200 RMB
	生日礼物	150 RMB
	妇女节	100 RMB
常规福利	交通补贴	200 RMB
	伙食补贴	400 RMB
	幼儿园费用报销	50RMB
	结婚补贴	500 RMB
	新生儿补贴	500 RMB
	年假	YOS ≤ 2 年，15 个工作日
		YOS ＞ 2 年，每年增加 1 个工作日，最多 20 个工作日
		高级经理，20 天
	个人用车报销	3RMB/km
	财务支持	N/A（为 not applicable 的简写）
	6~9 级团险	B
	儿童团险费	400 RMB 由员工出
	高温补贴	N/A
公司活动	团建活动	1000RMB
	家庭日	400RMB
	年夜饭	80RMB
	运动俱乐部	200RMB

（三）人头和岗位的盘点与确认

当新的 HR 组织架构确定后，根据总的服务员工数量、服务数量和难度，以及现有的 HR 团队总数，项目组需要跟每一个业务单位的 HR 负责人一起做人头划分（Sizing）的工作。工作的方法和之前讲的人头划分的方式是一样的。操作步骤是：

（1）项目组提前模拟出旧的 HR 团队划分的大致分配比例，主要考虑因素是工作量，包括业务发展、工作难度，以及人的基本能力和熟练程度。

（2）跟地方 HR 团队在过渡工作坊的时候，在梳理流程的时候将所有的工作加总，然后根据以上规则，大家共同讨论出一个都比较容易接受的人头划分方案。除了少数一次性可以达成共识，通常这样的讨论就会变成谈判，需要上升到业务总经理或者高管那里。

（3）项目组需要将前期尚未达成的人头划分的建议，和 HR 负责人一起与业务高管开会，比较大的公司参加人员更多，沟通次数更多。这一轮的沟通可能比较容易达成一致，通常是互相让步的结果。当然，也有一些非常困难不易达成一致的情况。往上汇报,最后由决策委员会决定。

（4）决策委员会的沟通基本上是项目组提出建议，大家提出反馈，如果有分歧，由集团业务负责人决定。

由于地方的 HR 更熟悉自己的业务和以前的操作，所以在工作量的估算和人员的盘点上会有信息不对称的情况出现，比如隐瞒工作和工作量，或者隐瞒员工的工作能力和效率等。如果差别太大，就会造成对共享后的 SSC 团队工作量明显过大而人手不足的情况，为此压力就比较大，有时会造成人才流失的现象。可以考虑以下几个方式：

（1）项目组跟地方在组织设计还没有展开的情况下，第一时间将流程、组织和人员，以及业务量计划的所有必要信息和文件提前收集起来，越多越好，越详尽越好。

（2）可以就一些人头划分的原则与地方 HR 沟通并取得一致，然后开展讨论就比较容易，这需要因人而定。

羊毛出在羊身上，项目组不可能用新人来做旧团队的工作。这就意味着这家少转了几个人，其他家就需要多加几个人，整个集团的总人数并没有增减。原则还是要不断跟地方的 HR 沟通。

留在地方的 BP 不是越多越好，也不是越少越好。如果过多，就会出现 BP 做了很多 SSC 的事，而 BP 应该做的事情反而没时间去做，这会造成业务管理者对 BP 的不满。BP 如果长期缺乏一线作战的实践经验，能力得不到提升，总有一天会被淘汰。

留在地方的 BP 也不是越少越好，因为过渡时期的 BP 大部分都不能胜任新的工作，因为新工作对 HR 的要求很高，所以不能把招聘、绩效、培训等工作全部抽离，要给 BP 至少半年或者一年的时间，慢慢把事务性工作减少。与此同时，要给他们培训锻炼的机会，一年后不行的再调岗。

第五节　过渡的中段工作

一、Fit-Gap 过渡工作坊的设计与执行

过渡工作坊是非常关键的，是项目组就已经设计和统一的标准流程、标准政策、统一的 IT 系统、组织架构、人员转移条件等与地方的 HR 团队开展对比沟通，实现顺利交接到新组织的新做法。这个工作坊叫作差距 Fig-Gap 工作坊，通常这样的工作坊至少安排一次正式的。

图 12-3 是工作坊的基本流程，分四个步骤。

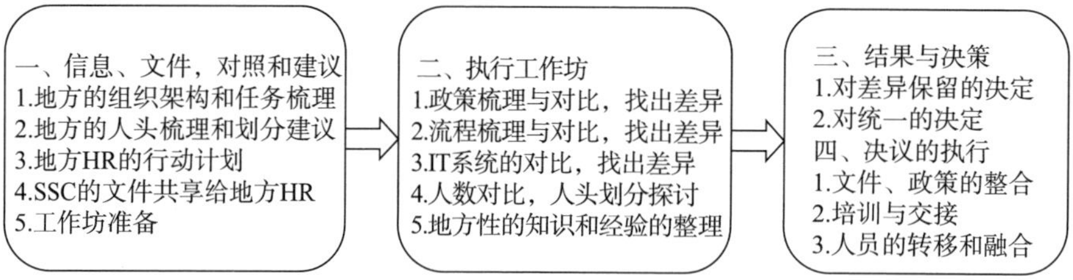

图 12-3　工作坊的基本流程

对文件进行梳理、对比和分析的时候，可以参考表 12-8 的模板。

这个模板涵盖了大部分需要记录和讨论的事项，同时对相关的负责人也做了说明，使用时需要注明以下事项：

（1）各公司统一这个模板，这样方便管理和记录，对决策也比较容易归纳整理和汇报。

（2）这是一个 Excel 表，可以附上相关的政策、IT 手册、流程和各种模板等必要的附件。

（3）要明确项目组、SME 流程专家、流程主人和地方 HR 的角色和立场，四个角色是过渡工作坊的主要参与方。项目组掌控过程和结果；SME 是地方推选的流程的专家；流程主人是在项目期间已经明确，或者没有明确时代为执行的流程主人；地方 HR 通常代表地方配合项目的执行并提出不同的建议。

（4）大部分的文件、信息的交流和初步的想法和建议最好在工作坊前先互通和交流，各方拿着自己的主张来沟通，这样工作坊的效率最高。

（5）决策的基本原则是：能够在工作坊期间可以决定的事情就不要留到下一步，更不要留到决策委员会讨论，这样做的成本太高。

表 12-8　文件的梳理、对比和分析

	工作坊前专家填写
	工作坊中做最终决定
	流程主人来跟进
	项目组跟进
	地方 HR 跟进

流程	流程主人	地方公司	流程步骤	SSC 标准流程	差异描述（再流程步骤方面）	差异描述（再流程角色方面）	特别规定的描述	在用 IT 工具的描述	特别的服务客户描述	外部服务商的描述	模板的差异描述	专家建议是否可以归入标准流程（Y/N）	具名不能标准化的原因	是否需要讨论	是否接受地方差异	与专家初步讨论的结果	是否接受差异的最后决定	未尽事宜	反馈
海外派遣				供应商签证办理		地方 HR 负责						Y		N					

二、内外部招聘的计划与执行

当新的组织设计完成后，需要的岗位基本出来了，招聘非常重要，需要项目组有针对性地组织和安排。表 12-9 是招聘的岗位和可能对象（候选人)、招聘策略的分析和描述，按时完成招聘可以借鉴。

关于招聘计划，主要有三个阶段：项目启动前期、项目前中期和项目后期。一般来说，项目启动前和项目最早期需要启动，并最好确定项目组成员和未来的 SSC 负责人；项目前中期需要招聘到的人员主要是 CoE 专家中心的人、项目流程专家和未来的 SSC 各部门的负责人。到了项目后期，包括过渡期间必须招到所有 SSC 执行人员，包括管理人员，这样才可以确保新组织正常运行。

表 12-9　招聘的岗位和可能对象(候选人)、招聘策略的分析和描述

岗位 / 角色	可能候选人	招聘策略
共享中心负责人	从业务单位物色或者毛遂自荐者	项目决策完成后最好能定下来，最好是来自地方的 BP 或者由项目负责人担任，可以长期也可以作为过渡
共享中心的 N-1 管理人员	从业务单位物色专业能力最强，有业务经验的人选或者接受毛遂自荐者	尽快确定人选，最后参与项目管理 要能接受挑战和抗压能力强，最好在内部选
SSC 各板块工作人员	从各地方 HR 团队中转移	90% 从内部转移，需要知识保留的关键员工要提前明确、提前保留，确保项目顺利
HRIT	以前负责或者从事 HRIT 项目的经理，或者地方 HRIT 专家，最懂 IT 的 HR	前 HRIT 项目内部转，成员可以由地方 HRIT 或者系统的超级用户中选，对薪酬熟悉者优先
BP 领导	按照属地原则，由原 HR 负责人担任，也可以考虑横向转或者外部招聘	通常 BP 领导不会太多外招，他会是参与项目并决定项目是否顺利的关键人物。少量外招可以打破僵化思维，产生鲇鱼效应
BP	通常由地方 HR 负责人选择，给他们机会但不是必然	地方 HR 负责人一定会留下最强骨干，项目组需要干预那些不适合的候选人
CoE	由集团的前专家或者地方推荐的专家担任	越早确定越好，项目期间需要 CoE 参与的工作很多 地方流程专家如果愿意可以通过项目考察后再聘用

在新组织的招聘过程中最难且最有挑战的工作有哪些？如何应对这些挑战，根据 B 公司的项目实践做了以下梳理：

（1）有时候 SSC 负责人不容易找到，可以让项目负责人或者项目经理暂时担当。除了能力，还有两个关键条件：一个是搞定地方 HR 负责人这个群体的能力；另一个是跟高层沟通和影响力。因为这两个能力是推动项目成功的关键。

（2）地方 HR 负责人会使出各种招数留更多的人或者能力强的人在地方，这样 SSC 在人力资源方面可能处于不利地位，这中间需要耐心去沟通，也需要多一些方法和技巧去影响地方 HR 的思路和个人意识。

（3）在招聘的过程中，数量是一个关键因素，但是为了确保新组织的运营顺利，项目组需要在项目的不同阶段始终把物色合适的人作为重要工作之一。

（4）招聘不是独立的活动，需要考虑角色、岗位职责、能力和资质、意愿度及个人比较关注的薪酬福利和职业发展动机等。

三、新员工入职和培训

新组织的招聘完成后，对于大部分内部转岗的员工，因为不是真正意义上的新员工，所以大部分培训可以按照项目的整体培训计划执行。当然，因为工作范围变化比较大，或者从外部招聘的员工，最好是给每一位员工物色或者自己寻找一个导师，这样可以在有问题的时候找到答疑解惑的人，这对心态也是非常重要的。导师的物色基本条件是专业够硬，同时愿意帮助别人。可以跨部门物色导师，这对部门间加强合作也是有帮助的。

新员工的入职仪式很重要，但是因为项目这个阶段非常繁忙，对于各个地方公司重新建立的 SSC，可以在中心建立的时候举行一次隆重的仪式，兼顾新组织的运行启动，同时让新员工一起学习、分享项目的过程，让大家有种团队的感觉。因为 SSC 还会有一部分人在各个地方服务，所以项目组邀请了几乎所有的 SSC 的员工，除了一定要留守的人，一定要全部到场，仪式感非常重要。

四、培训计划与执行

当新员工入职后，在完成基本培训并安排导师后，就是系统的培训计划和交付。这样的安排通常在项目后期。

第一步，培训需求澄清和确定。过渡工作坊会明确很多需求的相关信息，包括培训对象、材料、要求和培训的重点，甚至每一个人的需求差异都可以梳理出来。对于未来角色重新定义是需要意识上的打通，业务和组织对新角色的特殊要求，比如角色定位、相互配合、项目进展和计划等。这些需求梳理后，需要跟集团的项目组确认，跟外部公司对标、在征求专家的意见后确认下来。

第二步，培训资源的确认和准备。基于培训目标和对象，培训资源主要包含培训主题、培训大纲、培训材料、培训老师，以及培训所需的资金和时间安排等。

第三步，培训交付。按照培训计划安排和交付培训课程，或者是不同形式的学习、辅导，线上或者线下。有些是需要见面，有些在系统或者网络上进行就可以。

培训的目的主要有：

（1）掌握基本的工作任务要求的知识和技能，确保 HR 日常运营不受影响。

（2）对未来的组织、政策、流程等变化能够理解和接受，并逐步转变对新组织的认识，改变自身意识，为迎接变化做准备。

（3）加强新组织团队间的合作和交流，增强团队凝聚力，强化 BP 的业务伙伴角色，也强化 CoE 和 SSC 提供解决方案的强有力支持，使新组织真的能够为业务创造价值。

（4）确保项目可以按时按质地完成，在提升自身能力的同时提升组织能力。

在整个培训计划和执行过程中还会遇到很多挑战，下面列举主要挑战和应对方式，以后组织培训的时候参考。

（1）培训材料不健全或者不一致，比如要梳理 50 多个标准流程，但是部分流程并没有标准化，这就需要保留某些公司的流程和做法，而这些做法不少是带着很强的个人经验，而这些经验就很难记录和文件化，这会对培训产生一定影响。怎么办？如果这个员工还在就问题不大，如果这个员工即将离职，就需要了解离职时间，跟地方 HR 负责人沟通把离职时间尽量推迟，确保工作交接，包括过往经验的传授和记录，最好的做法是记录和文件化，这对新手非常重要。

（2）没时间参加培训，这就需要培训资源向这个方面倾斜，比如尽量把培训安排在最多人参加的时间段，也可以利用一些重要的聚会时机，穿插一些必须面对面培训的内容。另外，增加线上学习，同时把学习内容和时间打散，把每次学习的时间分成 30 分钟或者不超过一小时。这样对大家的工作影响较小，培训效果也不错。

（3）地方 HR 负责人的参与度不高，对培训的影响非常大，所以前面提到的地方 HR 负责项目小组是一个非常重要的组织。为了提高积极性，可以考虑给他们“加鸡腿”。比如见面时给他们安排一些课程，或者请一些外部专家，或者最佳实践分享，经常分享项目的进展、挑战和需要的支持，让他们深度参与进来，可以把一部分 HR 负责人作为项目组特聘专家来分享和培训。项目过程中的小团建要多一些，比如吃饭，或者准备一些小礼物发给他们。对于非常抗拒变革的 HR 负责人也需要负面激励，比如可以冷落一段时间，可以在大会上说明情况，或者就某个事件向老板反馈，最重要的是项目负责人或者经理必须第一时间反馈。

五、路演的规划与执行

这里的路演是指在新组织的人员和培训工作已开展或者即将完成的时候，新旧组织切换前将做一次正式沟通。沟通的主导方是项目负责人，沟通的主要内容是分享项目的目标、价值和意义，同时分享项目的阶段性成果，还有接下来的具体过渡计划和安排，最后是回答大家上线后的问题和关切。路演是每个企业都要做的，对象有两类人群：一是最高管理层；二是 HR 全体员工，有时候还会邀请公司的管理团队。

路演的第一站通常是公司高层，因为项目的过程都会跟地方 HR 负责人沟通，他也是地方 HR 项目的成员。另外，公司高层一般也是决策委员会成员，项目进展到这个阶段一般不会出现突发状况。项目组需要做的就是准备好项目材料去开会沟通。在沟通的时候，需要留心以下几个重点信息，确保沟通是顺畅或者融洽的，因为双方都希望后面可以合作顺利。

（1）组织架构里的人头都已经谈妥，没有尚未确定的事项，在之前的项目管理中不能有闪失。

（2）预算的转移和收费模式也是业务领导最关心的，所以在之前要跟财务和 HR 负责人就预算转移谈妥。

（3）关键的 HR 服务工作必须确保万无一失，这里最关注的是发薪和招聘，确保流程和人员都已经安排好。

通常这样的沟通都很顺畅，但是项目组在跟 40 个公司搭建新组织的时候也出现了一个意外，具体看以下案例。

当项目路演前跟总经理沟通的时候，他声称：“我不知道我们这边的 HR 要做转型！”还会出现这样的大“乌龙”！项目经历了一年半，对这家超过 5000 人的工厂，项目管理怎么了？如果真是这样，那就是大事故。

当项目组离开总经理办公室的时候，我们紧急开会了解问题到底出在哪里？经过跟他们的 HR 负责人和另一个高管沟通后发现，项目组的工作是顺畅的，项目工作也得到了 HR 负责人和另一个高管的认可，至少不会出现大的问题。那么问题到底出在哪里呢？经过多方了解、反思和分析，我们发现：

（1）我们一直没有跟这个公司的总经理直接汇报或者沟通项目的进展，项目组主要合作的除了 HR 就是另一位商务副总裁，的确有不妥的地方。

（2）从侧面了解到，这个变革项目对这位总经理的职业生涯可能会产生一定的“风险”。一是他们的业务增长很快，而招聘最近不太理想，新组织是否会影响招聘工作呢？二是高层中的外籍员工的工资发放最近有些小问题，新组织是否会让问题更糟糕呢？三是他已提名晋升更高的岗位，如果业务增长受影响，或者日常运营有问题且会影响高层，岂不是会影响他的“前程”？

（3）作为销售出身的总经理，深谙人性，我们分析下来，他也不会因为招聘和发薪就叫停这个组织层面的变革项目。但是这样的“叫停”可以最大限度地为他争取资源和关注。

当项目组了解这一切之后，再次回到了他的办公室，拿着一套“定制化”的解决方案给对方时，上一次的质疑立刻不见了。因为他看到了项目组为他特意成立了“招聘小分队”，集中资源并将他们的需求做了详细的分析，有了更多资源配置，基本可以确保招聘效果大大提升；对于外籍员工的工资发放也做了特殊处理和安排推后两个月，延长了过渡期。

剩下的就是阶段性地跟这位总经理更新项目的进程，并通过更加密集的沟通，项目组得到了更多的反馈和理解。过渡期后还受到了这位总经理在公开场合给项目组的表扬。

项目组化解了危机，提醒项目组一定要关注业务一把手的想法，并做好及时的沟通和反馈。同时，也要跳出自己的视角多了解其他人的反馈。多问自己，还有什么可以做得更好。

路演的第二站就是 HR 团队的全员沟通。业务型人力资源建设，把传统的人力资源部变成了 BP、CoE 和 SSC 的三支柱架构，这对每一位 HR 都将产生深远的影响。项目经历了一年半，大家都有很多想法，情绪上也可能得不到宣泄，所以除了项目期间的不间断变革沟通外，这次路演也是一次非常重要的宣传和变革沟通会。为了把这个大会开好，需要在以下几点有相应的考虑或者解决措施：

（1）HR 全员都要参加，可以确保同样的信息传递。

（2）分享的内容包括业务型 HR 部门建设的目的和意义、带来的挑战和机会、HR 该如何应对，最后还要通过分享项目成果给大家带来信心。

（3）QA 的环节需要特别精心准备，细节是关键。因为大家最关注的一定是利益，包括薪酬福利、工作环境、职业发展机会等非常具象化的问题。所以，最好的办法是列明大家关心的问题和答案，剩下的就是答疑。

（4）沟通需要坦诚，不能承诺“有可能”发生的结果，可以会后再回复。

第六节　过渡的后段工作

一、持续改善机制的建立和运行

当组织形成、人员到岗、培训交付等工作逐步完成的时候，新组织同时在双轨道上运行。一方面需要确保项目过渡顺利，这里有很多工作要磨合和落实；另一方面要“伺机”寻找任何可以改善的地方，以最快的速度改进并顺利运营。在这两项工作中，持续改进的意识尤为重要，因为没有一个变革项目一下子就可以成功，都是经过一个持续改进的过程。意识的建立不是用嘴宣传就可以的，需要一个机制保证。以下是 B 公司建立的一套简单有效的 CIP 持续改进系统。

这个改善系统在最初的时候没有，为什么要建立呢？因为项目期间特别是过渡期大家都忙得不可开交。每个人都有做不完的事，每个人都有很多需要别人帮助的地方，项目组也发现有很多需要改善的地方，但是因为资源有限，有些公共区间的问题得不到关注和解决，还有一些重要但不紧急的事情，比如 IT 系统的问题和流程问题被长时间搁置。

这些问题大家都可以理解，但是因为没有梳理、没有协调，情况越来越糟糕。SSC 管理团队，当时也是项目组和核心成员开会讨论了如何建立一套有效但简单好使的机制，所以才有了以下系统。

这个系统主要由三部分组成：一是赋能团队，就是在 CIP 的知识、方法和项目管理方面给大家培训和项目辅导，目的是让大家有能力做改善项目；二是认可和奖励，就是对做得好的项目和改进点给予认可，当然这些比较重要的项目也需要公平地评估，否则就可能把好事做成坏事，目的是让大家有动力并愿意参与改善；三是执行和评估，有一套评价的标准和表格，以及如何执行评估的流程也具体制定出来。CIP 持续改善系统，如图 12-4 所示。

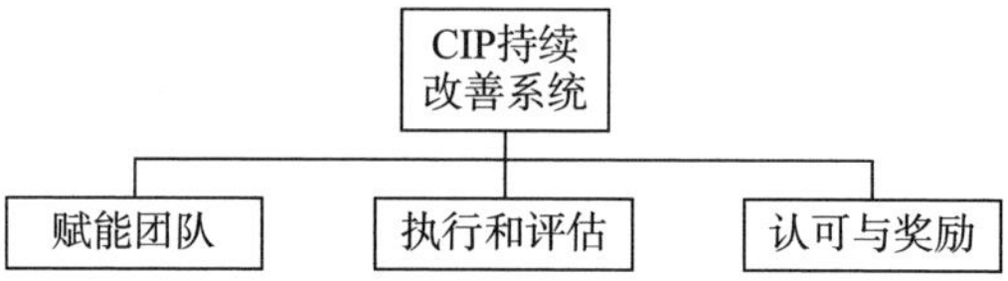

图 12-4　CIP 持续改善系统

持续改善是中国的外资企业使用频率最高的提高质量、减少浪费的方法，尤其在日系企业中经常使用，可以说已经深入很多员工和企业管理者的意识。

所以，项目组决定这个必须做，同时也把体系简化，使其可操作。

持续改善项目在新组织建立的半年间就完成了 73 个改进项目，第二年也有近 50 个项目开展。这里还没有包含很多点点滴滴的改进。

正是因为有了这个机制，SSC 的运营从一开始的忙乱变成忙而不乱。更重要的是，持续改进渐渐深入大家的意识，而定期的改进项目回顾也让客户感受到了不同和进步，如表 12-10 所示。

表 12-10　持续改善

Dep.	2013（73）个	成本节约	2014（47）个	成本节约
SSC1-CN	3		8	1000k[1]
SSC2-CN	9		3	
SSC3-CN	5	933k	5	500k[2]

续表

Dep.	2013（73 个）	成本节约	2014（47 个）	成本节约
SSC4-CN	19		5	
SSC5-CN	5		4	
SSC6-CN	6	30k	6	
SSC7-CN	19	139k	13	800k
SSC8-CN	7		3	

为了确保持续改善可以最大化发挥作用，以下几点可以参考，这里有该公司的经验，也有一些是教训：

（1）改善是一个系统工程，对专业要求比较高，需要一个专门的部门或者角色来全职负责这项工作，否则就会出现没有谁真正负责改善项目和系统的维护。

（2）改善需要用政策加持，比如预算中需要项目奖励，确保可以被使用且项目组有一定的自由权限。

（3）多学习其他企业的改善工具，不需要太复杂的工具，比如六西格玛，可以更简单，一年或者两年后当 HR 的新数据多了，或者当我们对新的运营体系掌握熟练的时候，就可以引入一些大数据和人工智能的工具。

二、新组织的运营报告

新组织在成立后的半年内都是过渡期，这时候的运营表现非常重要，而 SSC 的数据和报告最能体现。

□ 人服比

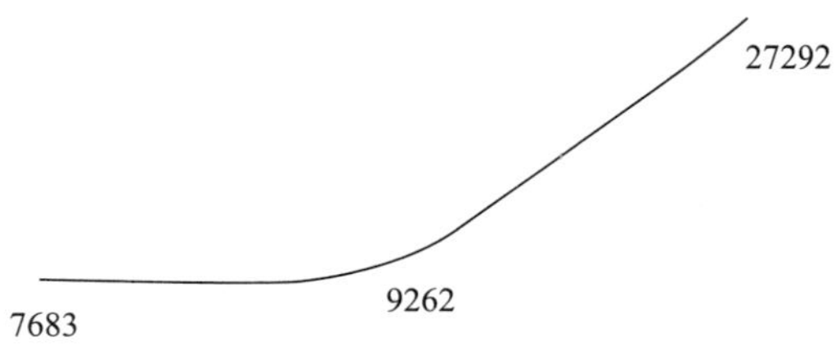

Date	July.2013	Jan.2014	Nov.2014
Staffing	43	50	107
Served Ratio	1∶179	1∶185	1∶262

□ YTD 订单完成率

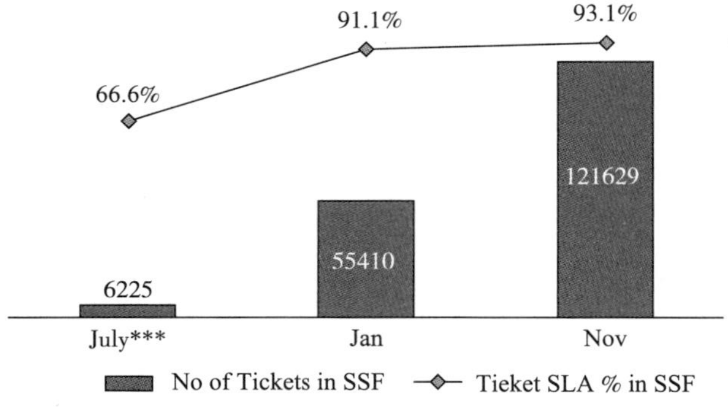

**NO of Tickets in SSF is less than actual as master ticket is not executd and lots of tickets were received not via SSF

CIP in HRS–CN	HRS1–CN	HRS2–CN	HRS3–CN	HRS4–CN	HRS5–CN	HRS6–CN	HRS7–CN	HRS8–CN
2013（73）	3	9	5	19	5	6	19	7
2014（66）	8	3	6	5	4	6	31	3

图 12–5　SSC运营一年后的指标

图 12-5 是一家公司 SSC 运营一年后的指标，可以对比一下。

这个报告里出现的指标主要有人服比、订单完成率和持续改进数。因为项目组和 SSC 还处于扩张阶段，这些指标并没有完全从客户角度来统计，更多的是确保日常运营顺畅。因为从数据库来整理数据，然后形成报告需要时间，笔者建议在项目非常忙的时候，专注项目的管理和日常改进。

为了让报告有价值，这里有些需要注意的要点，特别是在项目推进过程中，一方面要确保新组织运营顺畅；另一方面可以用好这个报告，既能帮助改进运营，又能跟客户良性互动。

（1）过渡时期的报告主要是让客户和自己知道在做什么，不需要做修饰，关键是真实。

（2）财务数据和降本不是这个时期关注的重点。

（3）人服比是一个试压数据，不要一味地追求高比例，否则会造成员工压力过大和人员流失。

（4）这个时期要做好数据的存储、收集和整理工作，为一两年后的提升和升级做准备。

三、大客户沟通与管理

业务型 HR 部门建设，加强了 BP 同业务的对接频率，进一步提升了 HR 对业务的反馈速度。在 HR 大的组织内部形成强客户关系。这个关系就是 BP 的需求代表了客户的需求，SSC 代表了日常 HR 事务型服务的效率和水平。所以，从 SSC 为客户提供服务的角度看，需要对给 BP 提供服务的质量负责。在此逻辑下，引入大客户管理机制对 SSC 提高客户响应和满意度非常重要。

大客户管理机制跟 SSC 的管控有着密切的关系，具体做法如下：

（1）给 SSC 的管理人员按照服务客户的数量、区域及重要性分配不同的客户群，然后管理人员可以将这个区域的单个公司分给下面的主管，目的是确保每个大客户都有专属的 SSC 管理人员负责对接所有投诉、事件，或者常规的沟通和问题解决。作为 SSC 负责人，任何公司有问题也可以直接找他。不过，这种大客户的沟通负责制一旦跟客户明确，客户也不会有事无事地找 SSC 负责人。

（2）沟通的机制体现在两个方面：时间、事情的重要性。对于一般性的运营报告，包括 SLA（服务水平协议）的完成情况，这样的沟通通常每个月按照约定的内容沟通即可，这个会议主要是互通有无，以及对一般性问题的交流和探讨。对于 SSC 和 BP，或者客户之间的较大问题的探讨和决策，除了 SSC 负责人参加，还需要业务负责人和集团 HR 负责人一起沟通和决策，这个沟通级别就会高一层。对于更重大的决策，比如收费模式、SLA 的确定等需要项目决策委员会沟通通过。按照事情大小来确定参加人员和决策过程，就是 HR 运营管控的机制。

（3）新的 HR 组织如果想打造一个完整协同的大部门，在过渡时期，集团的 HR 负责人必须做凝聚人心的桥梁。比如每个月或者季度组织 BP、CoE 和 SSC 的高管一起开会，一方面谈事；另一方面拉通和拉齐大家的认知。通过过渡时期的密切观察和交流，确保业务型 HR 部门作为一个整体为业务带来真正的价值。笔者会在本书的最后一部分详细分享。

（4）新的 HR 组织对业务来说也是新的事物，需要在这个过程中特别是过渡时期，通过 HR 给客户服务的体验，还有 HR 部门之间的配合，以及 HR 跟以前工作方式的差异性和交付质量，让客户真正感受到不同。这个不同体现在我们对业务投入多了，更了解他们了，更能够对话了，可以提出更靠谱的诊断分析报告和解决方案。当客户感受到这些不同的时候，更愿意选择相信 HR，更愿意选择支持和配合 HR 的工作，更愿意在战略共创和决策会议室给我们留一把椅子。

四、现场 SSC 员工的管理与关怀

不用多说，市场上很多人对 SSC 的价值定位不高，因为在一个中心一起办公，这种定位的落差感觉不是很明显。但是对于坐在 BP 和业务身边的驻在现场的 SSC 同事而言，这样的压力会很大。这个落差还包括：

（1）身边的 BP 也许职位更高，在业务面前更有发言权。

（2）当客户投诉，SSC 面对不理解和无礼要求的时候，缺少减压的同伴。虽然可以找 BP，但还是有所不同。

（3）因为合同不是当地合同，造成有些地方的福利或者活动不会叫上 SSC，缺乏归属感，尽管这样的差异可以通过沟通减少，但总感觉有些不同。

（4）市场上，大家认为 SSC 是打杂的，职业前景黯淡，尽管我们知道很多 BP 甚至 CoE 的专业度可能不如 SSC。

这样的落差还可以罗列一箩筐，但这些都是外在的，我们要认识到这个外在的标签可能会存在很长时间，这个我们无法改变。更重要的是，我们对自己要有客观的认识和充分的自信，因为：

（1）三支柱在国内真正成熟的企业不多，很多 BP 做的还是 SSC 的工作，却因为戴了 BP 的帽子反而让他高估了自己，甚至有些连 SSC 都不如。

（2）有些 CoE 设计的方案可能缺乏落地性和操作性的验证，这样的方案不能真正解决问题，反而 SSC 因为长期服务业务提供的方案很实用。

（3）从职业发展的角度看，离开了 SSC 这样的操作性和专业性的实践，想做好 BP 和 CoE 是非常困难的。

无论怎样，作为 SSC 的管理团队，作为集团的 HR 负责人，我们需要保护这些 SSC 的同事，需要给他们更多的机会和认可。从管理的角度，前面也提到了打通 SSC 的职业发展通道及上升的空间。可以在 SSC 内部

设定类似 CoE 的团队，让愿意走专家路线的 SSC 有可以发挥的空间。为了支持发展，有一点非常重要，就是在政策上规定集团内部想成为 BP 必须在 SSC 工作满一年，优先考虑 SSC 转到 CoE 甚至 BP 的岗位。

除了管理上的支持，日常关爱也不能缺少。除了让地方上的 SSC 到总部参加开工仪式，还要充分利用现代沟通工具，确保他们可以云上参加公司的重要会议和活动。另外，凡出差的管理人员都要去现场同 SSC 同事见面和团建。

笔者认为，最重要的还是要打通 SSC 和地方 BP 的关系，让他们成为同一个战壕的战友。最好建立一套合作机制，比如定期举办会议和活动。对问题处理的上报机制要尽快建立，从而可以增进 HR 角色间的沟通和理解。

五、业务型 HR 部门的使命、愿景和价值观共创

当我们将过渡前、中、后期的内容都完成的时候，笔者相信无论 SSC、BP 或者 CoE 都会清楚自己做什么和怎么做。这样，HR 作为一个完整的部门，对业务部门的响应和服务都会大大提高。SSC 可以承担更多的事务性工作，这样 BP 就可以从纷繁的事务性工作中解脱出来，有时间和精力与业务互动，而 CoE 也可以有更多的时间去研发新工具、设计新方案，同时让公司的政策和流程更优化和完善。

以上都是围绕做事，业务型 HR 部门在做事之前需要明确和统一方向、统一认知，更高一点的是需要灵魂，需要灵魂和精神的高度统一，才有可能在合作和日常操作中展现这样的价值理念和行为准则。

这背后需要的是集团的 HR 负责人扛起创建业务型 HR 部门的新文化、新战略的大旗，让三个角色一起共创新 HR 部门的使命、愿景和价值观。可以考虑以下几个方面：

（1）让业务高管就业务战略和目前的战略实现状况，以及企业的经营数据等做分享和答疑，确保 HR 高管团队对业务在高度上和内容上有统一的理解和认知。

（2）在三个角色的定位方面要清晰明确，这需要细化到日常的工作内容和日程，比如作为 BP 如何与业务打交道。作为 CoE 和 SSC 如何理解和承接 BP 来自业务方面的需求。这个合作机制一起共创才会共同遵守，并且第一次出来的成果需要通过定期的沟通调整优化。

（3）基于以上角色定位及合作机制，需要对现有团队的总体水平和能力做一个基本的评估，可以考虑建立能力模型和评估的方法，这样对自己的了解会更客观。

（4）需要引入外部专业机构和引导师，带领大家一起共创出适合本公司的业务型 HR 部门的使命、愿景和价值观。

到这里，新 HR 的过渡基本梳理完了，HR 新组织顺利过渡意味着业务型 HR 部门的建设成功了一半。

第十三章
新组织协同为业务增值

这里的新组织从广义上讲是指业务型 HR 部门，狭义上是指 BP、CoE 和 SSC 三支柱，或者市场叫 HR 三驾马车的组织模式。配合机制探讨的是一套如何让 HR 部门作为一个整体 ONE HR 的协同作战机制来跟业务合作，并加速组织成长和业务目标的达成，借此改变 HR 在业务心目中的位置。

为了实现业务型的 ONE HR，HR 团队需要有四个协同：认知、战略、组织和运营的协同。只有实现这四个层次的协同，才有可能建立真正完整统一的团队，一支有格局、能征善战的队伍，才能真正融入业务和管理团队，成为 CEO 离不开的左膀右臂，如图 13-1 所示。

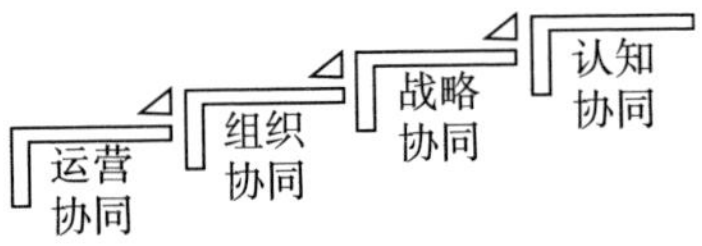

图 13-1　四个协同

第一节　认知协同

这里的认同是指 HR 全体成员需要有统一的使命，知道我们存在的目的和意义是什么。需要有共同的愿景、共同的奋斗目标，还有共同的价值观。这里最核心的就是业务和价值，即以为业务创造价值为指导原则。

当然，想让每一个 HR 团队成员都认同并不容易，所以共创出的这些共识，需要在政策、流程和运营机制中体现这些认知的协同。比如 HR 的工作评价不只是 HR 领导评价，更重要的是以员工和业务领导的评价为主；HR 的工作计划在没有弄清业务战略的情况下，这样的 HR

工作是要被否定的。我们要问自己，现在的岗位设置、工作任务和正在努力的项目，对业务有帮助吗？如果没有，请果断地结束它、调整它或者改变它。

共同的价值观是决策和行为的行动指南。当我们以业务价值为导向的时候，就意味着我们在制定 HR 战略、HR 日常运营和决策的时候，这个问题是要被经常问到的，比如我们在员工招聘选拔、晋升或者淘汰的时候首先要问的就是这句话。

第二节　战略协同

战略协同是指 HR 同业务的战略协同。

既然是建设业务型 HR 部门，在我们开启目标、搭建组织和执行任务之前首先要清楚公司的业务战略是什么，如果不清楚，HR 的工作宁愿晚点开始。

所以，HR 高管需要参与业务高层的战略意图会、战略制定会议和战略共识会，当我们清楚这些战略主题和背后的逻辑及目标后，再制定 HR 自己的战略，而这个战略也基本上是围绕业务目标来分解的。这样我们才可以说和业务是战略协同的。

由于不是所有人都会参加业务战略会，所以在制定 HR 内部战略会的时候，必要时可以邀请业务高管参加，可以分享战略内容，也可以从业务角度给 HR 战略制定提供反馈和意见。

当 HR 战略制定后，同样需要解码和共识。也就是说，HR 的组织内部要有一套有效的分解、共识的流程和机制，确保不同成绩的 BP，以及 SSC 管理者和 CoE 对业务战略了解，同时要非常清楚 HR 的战略大目标，以及跟自己相关的子目标是什么。

这里要特别强调战略共识的重要性，很多时候团队之间沟通障碍，或者很多冲突出现就是对组织的战略大共识没有达成，不会站在整体组织利益角度看，只是自己的小圈子利益最大化，自然协同也就无从谈起。

第三节 组织协同

这里的组织协同是指整个 HR 团队的协同。

角色的协同目前比较理想的协同方式是小前台和大中台的搭配。按照之前的描述 BP 是小前台，主要角色是真正理解业务，然后澄清业务的人力资源管理需求，并把需要解决问题的方案需求转化成 HR 的需求交给中台。SSC 和 CoE 联合组成了大中台，当接收 BP 的需求后，CoE 也需要理解和澄清需求，然后设计出符合业务需求且可以落地的方案，这个方案有些可以直接交给 BP 执行，有些需要 SSC 或者 CoE 来执行。无论是 SSC 执行还是 CoE 执行，这个业务诉求的结果最终是要 BP 承担最终的责任、后果。

大中台的提出，主要是为了避免让业务或者员工同时面对不同的 HR，增加了对接口后，员工的体验感会很差。从解决问题的效率角度看，统一接口也是最高效的。因此，业务管理者包括高层的主要对接窗口是 BP；而一般提出事务型 HR 的员工对接的窗口通常是共享服务中心各板块的员工。

简单来说，BP 对业务的结果负责，CoE 对方案的专业性和实用性及赋能相关人员负责，而 SSC 是对服务的质量和效率负责。

第四节 运营协同

运营协同从某种意义上是指建立一种三支柱的内部客户上下游的关系，让三者能够配合也要相互约束。目前普遍采用 SMF（Service Management Framework）服务管理框架，这个框架将需求作为订单，服务和解决方案作为交付产品，而约束二者的是 SLA（Service Level Agreement）服务水平协议和 Charge Model 收费模式，具体如图 13-2 所示。

图 13-2 SMF 服务管理框架

从运行的逻辑解释为：业务将预算和需求，包括计划内和计划外的需求提交给 BP，或者 BP 可以从业务视角跟业务沟通并提出需求，然后 BP 将这些需求通过下单（无论什么形式）给到中台，根据事情的难易程度交由 CoE 或者 SSC 来完成；在执行需求的过程中，HR 和业务都有商定一定的交付标准和 KPI，HR 必须遵守这些约定，这些 KPI 会作为 SLA 的一个重要标准；在完成这些订单后，HR 会记录这些订单并根据 SLA 的内容和收费模式向业务收取服务费用；这里的收费模式也需要跟客户共商后达成统一的规则。下面我们来详细梳理一下 SLA 和收费模式。

一、SLA

服务水平协议（SLA）以合同形式明确了服务提供方与服务接收方的权利义务与服务标准，是衡量人资共享服务中心服务水平与运营绩效持续改进的基础。这个合同在内部共享的情况下是 SSC 和业务单位之间签的。如果 BP 是向业务总经理汇报，这个合同内容讨论的主要双方是 SSC 和 BP。如果共享服务由外部供应商提供，将由 SSC 或 HR 负责人和供应商作为谈判方。

目前，这个服务协议的内容更多涉及 SSC 的服务内容。每个公司外包的节奏不同，有些是部分，有些是大部分，有些几乎全部外包了，留下的主要是跟供应商对接的管理人员。

随着服务的社会化，越来越多的企业将大部分从招聘到离休的 HR 服务工作外包，这给业务型 HR 部门提出一个有挑战的问题：HR 部门的人数可能会大量减少，工作还在做，但是合同主体已经变了。

图 13-3 是外包服务商的协议样本，包含目录、内容和作用，以及具

目录

1 服务承诺书订立
2 服务期
3 服务内容
  3.1 服务范围
    3.1.1 组织范围
    3.1.2 业务范围
  3.2 服务质量
    3.2.1 服务水平承诺回顾周期
    3.2.2 服务水平承诺
    3.2.3 服务所需支持
4 双方权利和义务
  4.1 “共享服务本部”的权利和义务
  4.2 ×××的权利和义务
5 变更管理
6 服务的续约和终止
7 引用文件
  7.1 文件 A（核算流程）
  7.2 文件 B（事务流程制度）
  7.3 文件 C（本部咨询服务流程制度）
  7.4 文件 D（变更管理流程制度）

服务水平协议：
· 内容包括服务标准、服务绩效指标、绩效报表、变更管理

服务水平协议的作用：
· 沟通及业务评估的重要依据
· 评估共享服务中心绩效的依据，避免未来可能发生的冲突
· 清晰定义服务供求双方的权责
· 共享服务的质量标准及计价基础

图 13-3　外包服务商的协议样本

体的服务指标举例。笔者还会列举内包的 SLA 的一些内容和做法，对比二者的优势和劣势，这样我们在考虑内包和外包的时候就会有更多的可供判断的角度。

《服务水平协议》服务绩效参考指标，如表 13-1 所示。

表 13-1 服务绩效参考指标

人事流程 SLA 指标	计算规则	考核周期	目标值 / %
员工信息处理准确率	员工信息处理准确率 =（周期内处理入职、调动、休假、行政奖惩、员工申请信息变更各项操作的总人次数 - 各流程被证实出现错误的总人次数）/ 周期内处理入职、调动、休假、行政奖惩、员工申请信息变更各项操作的总人次数 * 注：（1）出现错误员工信息的人次需排除非“人力资源共享服务中心”的错误而导致的出现错误员工信息的人次 （2）系统自动对接的记录不纳入计算	月底	90
员工信息处理及时率	员工信息处理及时率 = 规定时间内完成入职、调动、休假、行政奖惩、员工申请信息变更信息处理的总人次数 / 周期内处理入职、调动、休假、行政奖惩、员工申请信息变更各项操作的总人次数	月度	100
薪酬核算准确率	薪酬核算准确率（本月薪酬核算总人数 - 薪酬错误反馈人数）/ 本月薪酬核算总人数 × 100% * 注：薪酬错误反馈人数需排除非“人力资源共享服务中心”错误导致的薪酬核算错误的人数	月度	97
薪酬核算及时率	薪酬核算及时率（本月薪酬核算总人数 - 薪酬未及时核算的人数）/ 本月薪酬核算总人数 × 100% * 注：薪酬未及时核算的人数需排除非“人力资源共享服务中心”错误导致的薪酬未及时核算的人数	月度	100

以上协议是外部供应商同公司签订的，规定了双方的权利和义务，以及计算和付款的基本规则。外包的优势是比较清楚的：

（1）企业把这些服务外包后，可以专注企业经营，这部分工作人力资源部可以很少参与。

（2）虽然外包的成本会提高，但从商业角度来说效率提高了，管理风险降低或者转移了，因为 SSC 的劳动合同不需要跟企业签订了。

外包也有其不足的地方，需要引起重视，主要体现在以下几个方面：

（1）外包服务公司是社会化大生产，会跟多家甚至大量企业签订服务协议，在逐利的情况下，哪家资源多、价格高，服务质量就好。这对于保证 SSC 的服务质量方面存在很多的不确定性。

（2）外包公司和一些大型公司会建立服务大厅，将大部分服务项目进行内部的生产线般的流水作业，这样可以大大节约时间和空间。由于员工服务处理的是人的事情，有情绪和冲突，也有企业文化的正向引导，将两种情绪的处理放在一个开放的空间，会给 HR 管理工作带来挑战。

（3）因为流程的标准化和服务的社会化，在某种程度上阻断了 SSC 的服务人员同员工和管理人员的直接接触和深入交流，而细微处可以反映很多企业的大问题。这样，BP 就少了很多真实信息获取的渠道，这对了解业务、分析业务问题或者预见业务的挑战并提出预见性的方案带来不便，如何处理需要进一步思考。

（4）标准化的服务给员工和管理者对自己独特需求的提出带来不便，因为需求不能满足，可能会加剧 HR 部门之间的隔阂。

结合内外包的两种情况的分析，每个企业的情况不同，决策的要素不同，所以导致决策的结果不同。即使都在外包，外包的服务内容和条款也会有很多不同。其背后是我们想成为业务型 HR 的方向明确的情况下，就需要更加细化条款的细则。

同样作为 SSC 服务外包，我们可以用这四个协同自问外包这件事：制定外包的价值取舍是成本优先还是客户价值优先？选择什么外包什么不外包，哪些先外包哪些后外包？选择什么样的外包公司，选择什么样的服务条款和 KPI？选择什么样的付款方式？等等。

如果你认为自己的能力没达到，没法控制外部供应商所交付的质量，可以自己做；如果对部分服务的社会化衡量后觉得自己可以处理就外包。

关于 KPI 的设定，其实对管理者而言，每个人关注的重点不同，这需要我们区别对待。但从专业化运营来看，我们需要对服务质量的衡量标准有更加细致和专业化的研究和认识。从实操的角度看，SSC 可能需要两本账：一个是给客户看的，以满足 SLA 的协议为导向，这个不难；另一个是给自己看的，是为自己而战，所以要求更高。因为除了看指标，我们还要分析问题的原因，还要考虑业务战略和企业文化，既要节约成本又要有创新、有好体验。

表 13-2 是 KPI 的具体指标的描述，可以看出 KPI 是比较细化的。客户体验这个指标是很难的，很少有企业有这样的 KPI，但是这些被忽视的指标才是我们需要去挖掘的。

表 13-2　KPI 的具体指标的描述

流程	质量	速度	生产率	组织健康性	客户体验
问询管理	首次正确率	问询答复平均用时	人均处理问询量	重复问询率	是否愿意深入沟通并分享自己的感受
招聘	候选人满意率	录取通知书平均出具时间	在目标时间内到岗率	空岗率	用人部门是否愿意提出提高招聘效率的建议
HR 主数据管理	正确率	数据变更所需时间	人均处理数据变更量	经理自助率 经理自助错误率	客户是否愿意提出发掘数据价值的建议
离职管理	离职谈话记录率	离职流程平均办结时间	离职管理流程占比	意外的人员损失率	离职后是否对公司仍然怀念、感恩
流程支持	整体员工满意度	平均流程处理时间	人服比	重复问询率	客户对流程改进是否总是愿意提出改进建议

从实际操作角度看，前面四个可以给客户看，一起制定没有问题，客户体验指标更多是挖掘业务发展存在的潜在风险，并让 HR 同业务之间建

立强链接。只有这样的导向，才可以改变 HR 在业务心中的角色和定位。

具体的 SLA 指标如表 13-3 所示。

表 13–3　具体的 SLA 指标

<table>
<tr><th colspan="2">关键项目</th><th colspan="2">招聘</th><th colspan="2">薪酬</th><th>培训管理</th></tr>
<tr><td rowspan="2">定义描述</td><td>KPI</td><td>实现率</td><td>完成时间</td><td>按时</td><td>准确率</td><td>个人培训完成率</td></tr>
<tr><td>定义</td><td>完成职位 / 全部空缺</td><td>平均招聘时间</td><td>没有延期发薪</td><td>没有付薪错误</td><td>交付已批准培训</td></tr>
<tr><td rowspan="3">第一年</td><td rowspan="3">目标值</td><td rowspan="3">95%</td><td>G1-3：14 Workday</td><td rowspan="3">100%</td><td rowspan="3">99%</td><td rowspan="3">90%</td></tr>
<tr><td>G4-8：32 Workday</td></tr>
<tr><td>G 9 : 4 5 Workday</td></tr>
<tr><td rowspan="3">参考</td><td>频率</td><td>日历年</td><td>日历年</td><td>每月</td><td>每月</td><td>每个计划年</td></tr>
<tr><td>计算公式</td><td>完成职位 / 全部空缺</td><td>SSF 下单到系统 Offer 发出</td><td>按时数 / 总数</td><td>准确发薪数 / 总数</td><td>完成培训 / 总系统审批培训数</td></tr>
<tr><td>数据源</td><td>SAP, SSF</td><td>WorkOn, SAP, SSF</td><td>SAP, SSF</td><td>SAP,SSF</td><td>TrainM, SSF</td></tr>
</table>

为了做出更合适的 SLA，在跟客户制定这个指标时，需要考虑如下几个因素：

（1）用日历日还是工作日，反映了不同的价值导向。日历日更多考虑客户的需求，因为客户需要的结果不会因为是假期还是周末，反正到时候就要拿到结果。而工作日更人性化，从执行者的角度考虑更多，因为企业希望员工在节假日休息。所以如何衡量，要具体看企业的特点，以及如何定位客户价值。笔者认为最好内紧外松，以日历日为主要参考，按时满足客户的需求，同时在跟客户沟通谈判的时候需要将节假日的因素考虑进去制定完成周期 Lead Time。

（2）数据来源要可追溯，原则上需要从系统中导出，这样会透明准确，实际工作中也离不开手工等非系统数据的记录和加工。解决的办法就是参考市场数据或者历史数据。其实这也是信任的问题，对外部供应商也如此，对内部员工和管理者更是需要以信任为基础来开展合作。

以上是关于 SLA 服务水平协议的规则、方法和原则参考。目的只有一个，就是在业务型 HR 部门建设这个方向指引下，制定一个符合自己企业特点的协议。

二、收费模式

收费模式就是 SSC 部门按照一定的规则向提供服务的部门或者单位收取费用，目前普遍采用的方法有四种：

第一种叫完全成本法。通常是在项目的试点与推广阶段成本完全由集团承担，目的是推进共享试点的实施，避免或者降低各部门的抗拒心理，促进各部门与人资共享服务中心协作，提高效率。

第二种叫总费用分摊法。即 SSC 的总费用按照各业务单位的人头占比来分摊相应比例的费用。在共享服务中心建设的最初几年可以采用这种方式。

第三种叫固化成本法。在项目的提升阶段，全部成本分摊或按具体服务内容预设的固定费率分摊，在共享运行稳定、与各部门合作顺畅时可考虑这种方式。在持续优化的流程、服务质量的过程中，与各单位或者部门协商成本费用分摊原则与价格，这样可促使各单位与人资共享协作实现成本降低。简单来说，费用 = 单价 × 服务数量。

第四种叫实际业务量法。未来，按照费用分摊后的费率卡与实际业务量计算成本。人资共享运行稳定、与各部门合作顺畅、运营基础数据是费率卡的基础，这样可以促使共享服务中心利用收益实现持续成本降低、系统建设投资及服务质量提升。这是基于未来的 SSC 内部计价机制的设计思路，是将共享交付服务“费用化”，结合建设策略设计不同收费机制，完成共享服务中心从成本中心到利润中心的转型。图 13-4 是 IBM 的费率卡的具体说明，从中我们可以看出要如何计算 SSC 中心的费用。

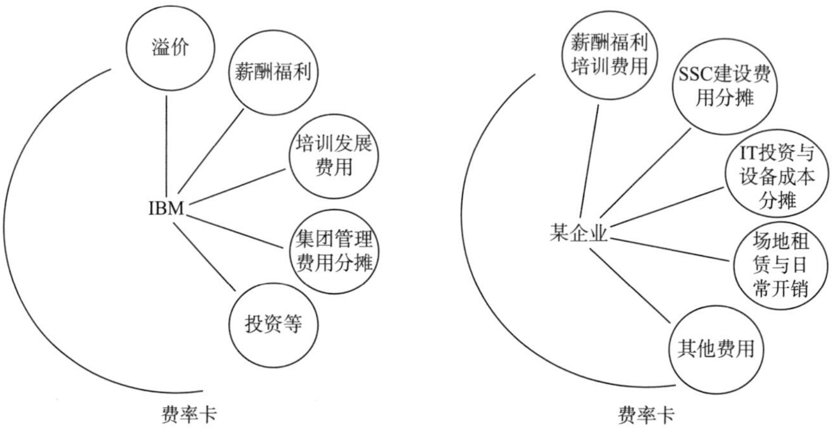

图 13-4　费率卡

IBM 的级别费率是成本的覆盖率（recovery rate），这种级别的费率可以通过工时填写来覆盖总成本。收费：按照 Band Rate 岗级绑定费率和处理业务总量进行报价、收费，根据成本核算，每年调整报价。表 13-4 就是共享服务不同级别的员工的服务收费（服务价格 = 小时成本 × 业务总时间），把所有 SSC 服务员工按照这个计算方法，就可得出 SSC 的总费用。

表 13-4　服务收费

人资共享交付流程	小时成本	处理业务总时间	服务价格
专员	a1（元 / 小时）	a2（小时）	=a1 × a2
高级专员	b1（元 / 小时）	b2（小时）	=b1 × b2

以上四种收费模式各有特点，在 SSC 的不同建设阶段可以采用不同的模式。收费管理是一项系统且复杂的工作，原则上对于内包的 SSC 不建议在开始几年采用第三、第四种收费方式，因为需要额外的人头和投入去做这件事，而且沟通成本很高，属于非增值工作。所以，很多内部共享中心的收费方式基本上会采用第一种或者第二种方式。

第三种方式是走向市场化必须考虑的收费方式，大多数供应商都会采用这个单价乘总量的方式计费。为了了解自己的运营成本和效率，虽然内包的 SSC 可以不用第三种方式收费，但是可以自己在内部做这些数据的统计，为将来做好准备，至少可以通过跟市场对比知道自己现在的竞争力如何。

第四种收费模式属于商业化运作，考虑投入和成本、溢价和利润，以及再投资。从长远来看，它为共享服务中心走向市场，从服务中心变成利润中心，提供了一个科学的收费模式。

运营协同是 HR 部门四个协同中的最后一个，以上提到的是一些方法和工具。当然，这方面的工具和方法还有很多，不再一一赘述。关键是我们需要将组织协同、战略协同和认知协同的精神体现在运营系统的设计和执行中。

以上对业务型 HR 部门的协同的四个阶段做了梳理，提供了一个操作的框架和部分参考案例。回到自己的企业和 HR 部门建设只是起点，关键是需要我们去落实，去实实在在地践行，在践行中不断反省和改进。只有这样，才能真正打通这四个协同，帮助我们实现业务型 HR 部门的转型。

第十四章
如何进行变革沟通管理

第一节　变革的心理影响

成功变革的要素都比较像，但失败变革的原因各有不同！图 14-1 是人力资源转型变革失败原因的调研报告，加粗的是变革管理相关的原因，共六项占了 60%。由此可见，变革管理对项目成功的重要性非常大。

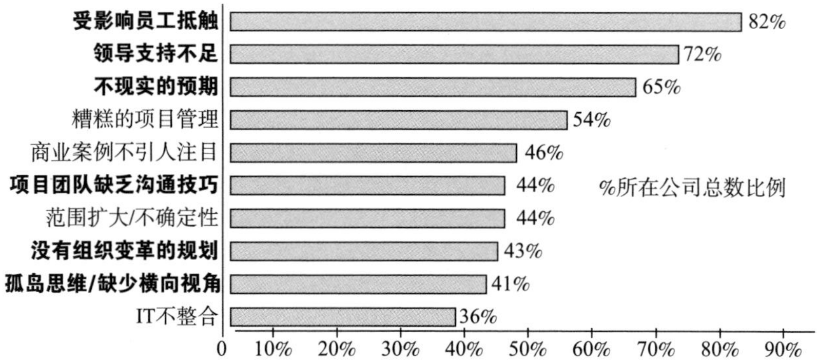

资料来源：CIO调研，加黑项反映的是由于变革管理带来的影响。

图 14-1　人力资源转型变革失败原因

失败原因的前三项都跟变革管理有关：

一是受影响员工抵触，反映了变革如果缺乏广泛的群众基础，改革就很难成功。所以，变革首先是大势所趋，符合业务和组织发展的趋势，对大家是好事。这样，剩下的就是如何有效沟通的方法和技巧问题。

二是领导支持不足，排在第二位很能说明问题，所有的变革管理离开了领导的有效支持，几乎不可能成功。这里的有效是指不是只停留在嘴巴上的。以下几点才叫真正的支持：

➢ 这个项目的决策者是领导者，领导者也是结果的负责人。

➢ 亲身参与项目的关键决策，并给出明确的指示和期望。

➢ 当项目遇到困难需要协调高层和资源时，能够站出来协调和提供必要的资源和支持。

➢ 项目结束时能够对项目认可和鼓励，有实际的激励措施。

三是不现实的预期，决定成功的有两个主要因素：要现实而不是不切实际的期望，以及具备实现目标的能力。具体公式如下：

成功（Succeed）= 现实（Reality）+ 能力（Ability）

所以，不要做不切实际的计划，不要定不切实际的目标，更不要做不切实际的心理预期；只有具备了改变现状的能力，合理的预期才是成功最大的动力。

在实际的变革管理的方法中，对变革影响最大的是沟通，特别是对于项目组尤其重要。所以，在项目的板块中，一般会安排一个组员负责变革沟通。

图 14-2 反映了面对变革，人在不同阶段的心理变化。面对变化，大部分人都会经历从开始的否定甚至愤怒，到抗拒，到理解和接受，再到主动拥抱变革，最后甚至影响其他人的过程。

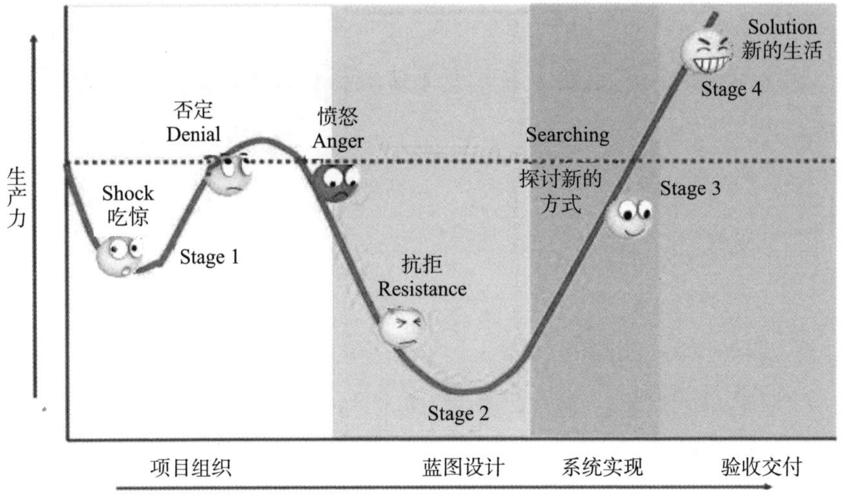

图 14-2 面对变革，人在不同阶段的心理变化

每个人的诉求和利益都不同，变革对人的影响程度不同，所以在不同阶段人的感受也不一样。对于变革管理项目小组，首先不是去做什么，而是需要提前分析对不同人群的影响，然后再采取不同的方式应对。

第二节　变革沟通要素

一、承诺

业务型 HR 变革不是可有可无，是必然趋势，否则 HR 的价值受到挑战，HR 的存在也会受到威胁。这次变革在带来挑战的同时，也为 HR 团队指明了方向和未来，并且这样的变革已经被很多企业验证过是可行的和有效的。项目组需要让全体 HR 认识到现实的同时，也要根据组织目前的条件和能力水平，勾画未来的业务型 HR 部门的图画，包括组织、角色和运作模式，以及带来的收益，这样才能获得大部分 HR 的理解和支持。这样的描述不仅客观，也是项目组给大家的承诺，以便获得大家的配合。

这个承诺的目的是要大家对变革达成初步共识，方向统一方可开展变革。

二、认知

需要与主要利益相关方就以下问题达成认知上的共识。

（1）变革的目标：作为业务型 HR 部门建设的大方向比较容易理解，既要有目标又要具化。

（2）怎么变革：大家也希望了解变革的方式和方法，希望确认这场变革有科学的方法做指导，也可以知道如何配合。

（3）对我的影响：有哪些有利和不利的影响，这样大家就不会慌。

除此之外，大家对转型也会有一些错误的认知，表 14-1 是最常见的错误认知，仅供参考。

表 14-1　转型的错误认知

关注维度	成功关键
外国的就好	在国外理论基础上的创新和定制
我可以按自己的想法做	关键要遵循规律和章法
简单	取决于目标和投入
内外资有别	本质一样，都是中国人在做
这是 HR 的事	涉及整个组织及全体员工

三、职业发展

新组织对每个人的角色都要重新定义，未来每个人的职业发展是什么样的？除了职位和薪酬外，我们需要识别他们需要的新知识、新技能，为将来的新角色和个人发展做准备。

表 14-2 职业发展

关注维度	成功关键
BP	业务伙伴—战略伙伴—业务一部分
SSC	高效行政专家、数据分析专家、外包管理专家、转型及搭建运营专家
CoE	理论及模型专家，工具涉及专家、教练和引导高手
通才	可以兼任或者经历不同角色
无所不能	业务敏感度、专业研究精神，必要时的高效操作，一切基于业务需要和个人发展需要

四、沟通

有特定的人员负责沟通，并且沟通是持续、科学的，很多时候需要与利益相关方就一致的、量身定做的信息进行面对面的沟通。要制订具体的沟通计划，包括具体的沟通方式。表 14-3 梳理了常用的沟通媒介，可以作为沟通计划的参考。

表 14–3　常用的沟通媒介

目标受众	沟通媒介	主要目的
全体员工	· 正式宣布 · SSC 电子报 / H5	· SSC 时间表与关键里程碑 · 重要性 · 常规沟通进展
受影响的员工	· 整体 SSC 介绍 · 员工大会 – 岗位展示	· 项目计划 · 管理层信息 · 职业机会及关键招聘流程
被重组的员工	· 工作变更工作坊	· 什么变、什么不变 · 培训计划
潜在候选人	· 常规招聘渠道	· 宣传 SSC 岗位
经理	· 经理人简介 · 进度报告邮件 / 反馈 · 工作坊	· SSC 重要性 / 关键里程碑 · 常规双向沟通 / 进展报告

五、利益相关方

需要对利益相关方做分析和判断，然后做成差异化的沟通安排。表 14-4 是对不同利益相关方的分析，可以作为变革沟通的参考。

表 14-4　对不同利益相关方的分析

利益相关方	关键信息	可能的风险 / 挑战
受影响的员工	· 对 SSC 的重要性 · SSC 的架构与新管理团队的情况 · 在 SSC 更丰富的职业发展可能性 · 参与更多项目的机会	· 固守旧角色，难以转变观念 · 不清楚 SSC 的角色 · SSC 工作“无聊”“低端” · 职业发展路径不清晰 / 受限
被重组的员工	· 对 SSC 的重要性 · SSC 的架构与新管理团队的情况 · 在 SSC 更丰富的职业发展可能性 · 工作环境、工作流程的变化 · 培训需求	· 固守旧角色，难以转变观念 · 不清楚 SSC 的角色 · 无法理解新流程 / 方法的价值
潜在候选人	· 职业发展机会	· SSC 工作“无聊”“低端” · 职业发展路径不清晰 / 受限
受影响员工的经理	· 对 SSC 的重要性 · SSC 的架构与新管理团队的情况 · 对员工沟通的关键信息与 FAQ · 新的领导团队融入	· 行为改变，适应新的 HR 模型 · 对员工沟通的不一致引发疑惑 · 不理解 SSC 运营模型及需要的变革

六、文化

HR 的变革将对组织文化产生深远的冲击，需要提前识别可能的影响。根据这些文化影响设计相应的活动及必要的干预，让项目的推进伴随着组织文化的变革一起落地。

第三节　变革沟通计划

有了以上变革相关的关键要素的梳理和分析，我们就可以制订相应的沟通计划。图 14-3 是某公司做的沟通计划。

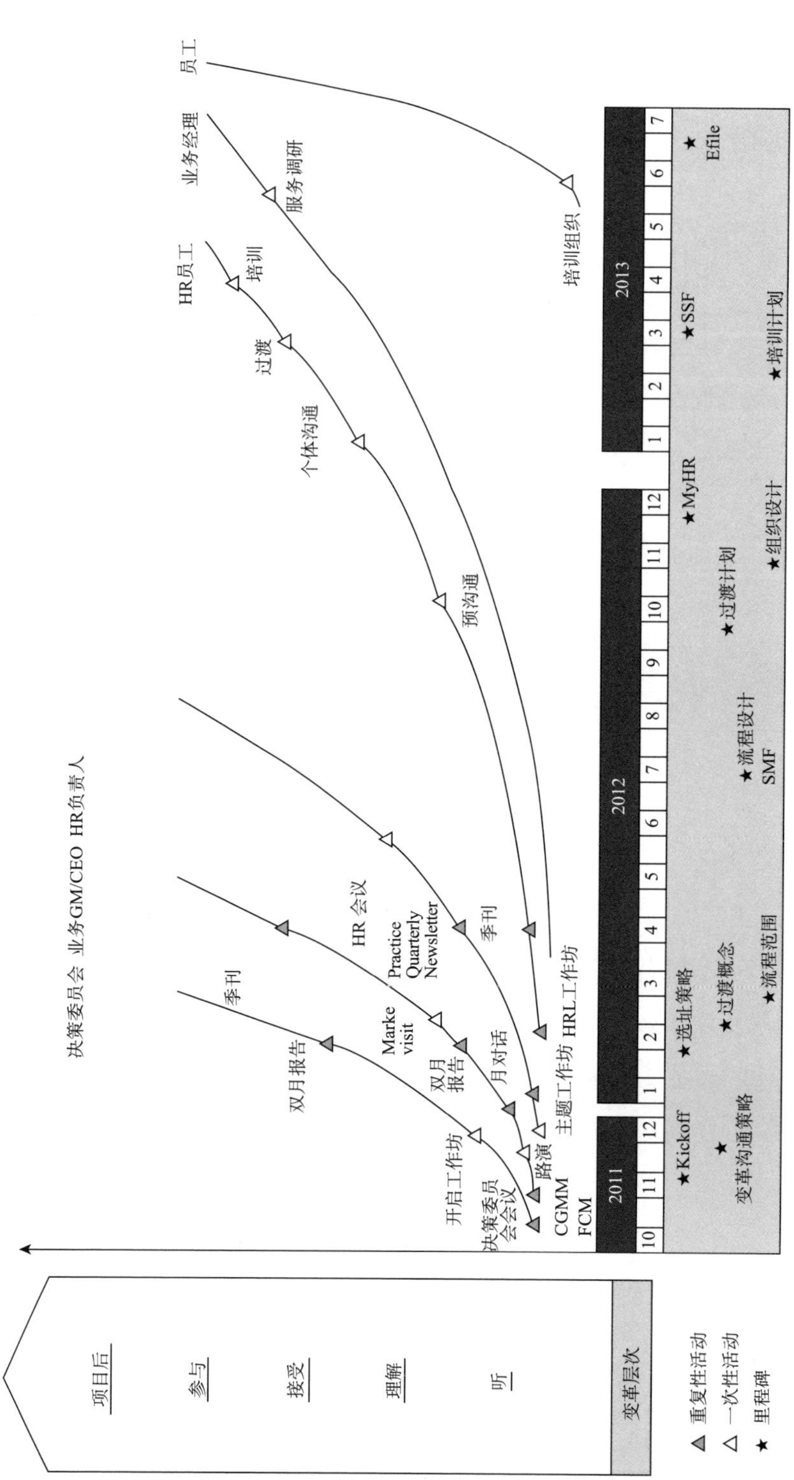

图 14－3 某公司的沟通计划

这个沟通计划是一个总体计划，对整个项目有一个完整的框架，制订这样的计划主要考虑以下几条线：

（1）沟通的内容主要是项目每个阶段的里程碑事件，比如项目组通过组织决策委员会召开战略会议来制定变革沟通策略。

（2）沟通的形式基本上是由对象和项目任务决定，比如为了让大家理解变革，每个季度会发行项目季刊，让全体员工知道项目的相关进度，以及引导大家理解和支持项目的相关理论、知识和外部事件案例等。

（3）沟通的所有活动背后都遵循变革心理的变化来设计，比如项目开始的时候，项目组会邀请一些专家和走在转型前列的企业高管来分享转型的知识和最佳实践，这个活动通常会安排在全体 HR 大会上。大家主要是听和问，目的是让大家对变革有基本的认识和共识。这对后期项目的管理是一个非常重要的铺垫。

第四节　沟通方法

每一个具体变革沟通活动的时间和内容都有所不同，甚至千差万别。下面笔者就在 B 公司采用的一些具体且有特殊意义的沟通方法给大家做详细的介绍，同时分享实践中的案例和遇到的问题、解决办法。沟通工具的清单如表 14-5 所示。

表 14-5　沟通工具的清单

沟通工具	使用场景和解决什么问题	使用的关键
决策委员会月度会议	每个月项目汇报和关键决策	重要的是提前做功课
组建回声板（Sounding Board）	定期征求业务高管的项目反馈	形式不重要，关键是真反馈

续表

沟通工具	使用场景和解决什么问题	使用的关键
议题暂缓再议的 Parking Lot	工作坊或者会议中对悬而未决的某个决议先搁置，以后再议	不要让一个绊脚石延误整个会议进程
一对一员工转移面谈	项目过渡期的面谈	鼓励员工转移，但要管理好个人期望
咨询外部顾问	项目组需要获得方法论和数据支持	最大可能拿到“干货”
邀高层拍视频	当项目遇到阻力，高层来扫清障碍	这个人的分量要足够大

一、决策委员会月度会议

决策委员会是最高决策机构，也是项目组用来推进项目进度的重要组织。项目过程中，一般每个月开一次会，项目的主体工程完成后，或者项目组可以独立推进项目的时候，这个组织就会变成一个虚拟组织，只有在紧急情况发生的情况下才会重新召集大家开会，通常这样的情况很少发生。每一次会议，项目组都要好好利用，让项目有更多实质性推进。

前面讨论过如何让高层支持项目，这里讨论的是如何用好这个决策机构的资源。有很多东西可以探讨，为了达成会议目的，项目组最重要的是提前做好功课，确保会议有实质产出。功课可以在以下几个方面发力：

（1）项目组把项目推进需要决策的议题先做出来，首先过项目组和 HR 负责人这一关。

（2）将自己团队已通过的提议跟集团的高层简单沟通一下，在大的方向上得到支持。

（3）对于受影响可能最大的业务单位提前通个电话，看看他们的反应或者建议，表达的时候不要说这是已经确定的事实，否则事情就没有回旋的余地。

有了这三层的提前沟通，基本上会议不会有大的差错。

二、组建回声板（Sounding Board）

回声板是由部分业务第二层的高管组成的，5~10 个人就可以了，项目组会不定期召开电话会或者单独沟通，目的是在决策委员会和 HR 之间可以听到一些更加客观理性的声音，更清楚项目可能的风险是什么，以便做好预判和及时的干预。用好这个小组有四两拨千斤的作用，操作时需要注意以下几点：

（1）抽选的成员具有多样性，销售、生产、研发、采购尽量都有代表，大、中、小企业最好也要有，这些代表在组织内有一定的影响力，特别是对公司高层有一定的影响力。

（2）千万不要太多正式的会议或者沟通，不要给对方压力，不要书面的会议纪要。要完全尊重对方的时间，灵活安排沟通的时间。

（3）在使用这些反馈信息时不具名，主要是提醒项目组和提高项目决策质量。

三、议题暂缓再议的 Parking Lot

项目会议过程中，有时候讨论比较顺利，有时候会在某个小点卡住，甚至陷入僵局。Parking Lot 可以在以下三种情况使用：

（1）某些个性强、爱面子的人要证明给别人看自己是对的，即使这件事并不重要。既然这样，项目组就可以给个 Parking Lot，继续其他议题就好。会后再特意找这个人单独沟通和细心解释，给他面子再推进下去。重要的事情不能搁置，否则小问题会变成大问题。

（2）当这个点很关键，需要深入探讨但时间有限时就给个 Parking Lot，让讨论推进下去。当会议结束后，项目组进一步了解情况再给出建议，或留待下一次会议解决。

（3）还有一种极端现象是，这个会议的议题讨论到一定阶段卡住了，没法进行下去，比如正反两个观点不相让。这种情况下，项目组或者会议组织方可以现场问大家，是继续讨论还是结束会议。

四、一对一员工转移面谈

如同上面提到的会后一对一沟通解决的“面子”问题外，一对一沟通在项目管理中是非常重要的方法。因为事情多，不可能跟很多人这样沟通，但是当项目中出现以下情形的时候，项目组的不同角色都需要行动起来，要对关键人物进行对一沟通。

（1）在需要大量投入准备工作前，先找到关键人物进行一对一沟通，确认做这些工作的必要性再采取行动。

（2）项目中总会有反对者，一种是极端自私者，或者是通过创造“问题”让别人觉得自己重要。第一种需要重视，可以将冲突推后但给足对方面子，比如让他加入某专家组。第二种可以同样“创造”机会让他出丑，比如了解大部分人的意见跟这位同事的意见不同时，可以在公开场合让他阐述自己的“观点”，最后视对方态度再给他一个台阶。

（3）一对一面谈。在新组织的人员确定后，需要对所有岗位变化的人一对一面谈，确保新组织的每一位成员或者候选人都被公平、公正、严肃、认真地对待。这个沟通在前面人员过渡的时候讲过，准备工作可以从共性和个性两方面入手。共性的内容跟政策有关，跟项目的价值、目标、进度、成果和挑战等分享有关，也跟业务型 HR 部门未来的期待和职业发展期待有关。个性的内容主要是个人利益，与薪酬福利、办公环境和职业发展有关。在实施个性化沟通时，原则上可以共情但不能没有原则。比如王经理经历的一个面谈是：员工小红刚休完产假回来后，她的工作将要调整，跟以前有差异，她认为是不合理的，哭着说不想接受新工作。但是，这个变化不是一个人的变化，几乎所有人都会改变以前的内容和工作方式，需要适应和学习才能胜任新工作。所以，沟通的时候一方面表达了理解对方的感受，但还是把项目的来龙去脉介绍一遍，也介绍未来的组织运作，包括对所有员工带来的挑战，同时强调这样的变革对组织的好处和机会。最后，根据她的情况，对其哺乳期间的工作安排跟她的主管特别沟通了一下，在最开始的三个月里尽量多考虑对孩子的照顾，然后再恢复正常工作时间，这样的沟通和安排让小红顺利适应了新变化。

（4）有时候，员工会因为自己的小算盘单独找项目经理一对一面谈，首先不要拒绝，倾听并澄清自己的理解，然后基于基本判断来回应。回应的时候不要太官方，可以完全站在对方的角度考虑公司的政策，说明很难满足每一个人的特殊需求。如果这个想法和要求对组织没有产生原则冲突，尽量帮助对方实现。对于一些比较过分的要求，比如特别的晋升和加薪等，就需要跟高层探讨，需要走程序，否则会形成风气，很难服众。

五、咨询外部顾问

建设业务型人力资源部门是大变革，任何一家公司都需要外部咨询机构的帮助，一方面从专业上给予指导；另一方面需要借用外部专家的视角和立场给变革增加推动力，有时候这一点推动力可以成为变革成功的关键。跟外部咨询公司和顾问打交道也是项目组必不可少的一项技能。这里有很多问题可以探讨，笔者讲一点，如何从顾问口中得到最多的“干货”。这里的“干货”是在项目不同阶段、推动项目过程中需要的数据、工具和新思路。

（1）明确角色定位，不要提出不合理的要求，比如顾问是提供方法论和指导的人，不是对这个项目结果负责的人。

（2）顾问可以给你很多建议，要不断追问，这个建议在我们这里有效的原因是什么，具体该怎么做。

（3）让顾问从市场上或者自己经历的实际案例中分享经验和做法，如果能够拿到实际的数据更好。这些数据和案例一定要具备可比性。

（4）咨询公司的顾问有两种：一种是完全咨询出身，案子做得多但落地感不强，这样的老师点子多，但对项目组判断力要求很高；另一种是有企业实践背景的顾问，判断力较弱的项目组我建议选择后者，这样顾问给的建议更有操作性。

六、邀高层拍视频

王经理在做 B 公司项目时，集团另一个国家的项目经理 Jorge 在管理项目时遇到阻力，项目很难推进，最后邀请了该国家的集团总裁来讲话，并拍成视频，通过视频传递非常强烈的信号。视频分享后，当 Jorge 再去和某些业务单位领导沟通的时候，项目就顺利多了。除了视频这种沟通方式外，中国项目中王经理还用了很多方式，把重量级人物作为资源来推动变革。

（1）在全体 HR 大会上，邀请业务负责人总裁给大家说一下变革的决心和好处等。

（2）在项目推进感觉比较困难，又是最重要的时期，特别安排一场沙龙，请外部专家和企业高层一起做 panel 圆桌讨论，引导他们分享一些最佳实践，给项目组打气并引导大家支持变革。

（3）有时候找对项目非常认可的高管，让他们写表扬信，然后发给员工，也可以收获更多的支持和理解。

这一章我们对变革的心路历程、关键要素、变革计划、方法和工具做了详细梳理，不但对 HR 变革有用，而且任何变革项目都可以借鉴。

当业务型 HR 部门的舞台搭好，整个组织的人都非常支持这场变革，也对新的 HR 团队有所期待，新的 HR 部门责无旁贷，应该是火力全开的时候。但不能着急，距离“业务型 HR 部门”还有很大距离。如果说组织上已经准备好了，能力上还没有真正准备好，是不是意味着需要等能力提升了再去执行呢？当然不是，真正强大的队伍是在实际战斗中成长起来的，边学边干将是业务型 HR 部门的常态，并且要经历很长时间。

第十五章 如何提升团队能力

提高业务型 HR 部门的能力是一个系统工程，经过系统性的建设，我们完成了业务型 HR 部门的整体性搭建。首先，业务型人力资源部门的建成对未来 HR 部门有了全新的定位，并在组织内部达成共识，对接下来的工作开展指明了方向。其次，业务型组织架构的搭建完成，明确了 HR 团队各自的角色，明确了各自角色有关的具体工作职责和任务，也明确了彼此合作的机制，剩下的就是不断磨合，改善和提高这个新组织。笔者相信业务部门也将对 HR 有更多期待。

前面探讨过 HR 的能力要求与合作机制，在业务型 HR 角色中，BP 是前台，是业务战略合作伙伴，CoE 和 SSC 是提供弹药和粮食的后勤保障。下面重点就 BP、CoE 和 SSC 三个角色的能力素质模型和提升路径开启提升 HR 的能力之旅。

第一节　业务型 HR 部门钻石模型

BP 将作为火车头，带领 HR 团队、业务一起实现组织上的可持续成长和商业上的持续成功。具体来说，业务型 HR 部门需要从管理战略、管理变革、管理干部、管理组织效能和管理价值五个方面入手开展工作。其中，管理战略是目标管理，管理组织是宏观管理，为了更好地管理组织和战略，需要三个核心抓手，即建设好干部、有效推动变革和牵引价值。

图 15-1 钻石模型具体说明了业务型 HR 部门在这五个方面的核心角色和能力要求。需要清楚的是，这五个核心任务不是任何一个角色就可以完成的，如之前讨论的 HR 角色之间如何配合，需要实现大到非常有挑战的问题，小到日常事务性工作的高效交付，HR 整个团队都需要一起

配合，协同作战才能有效实施和达成。

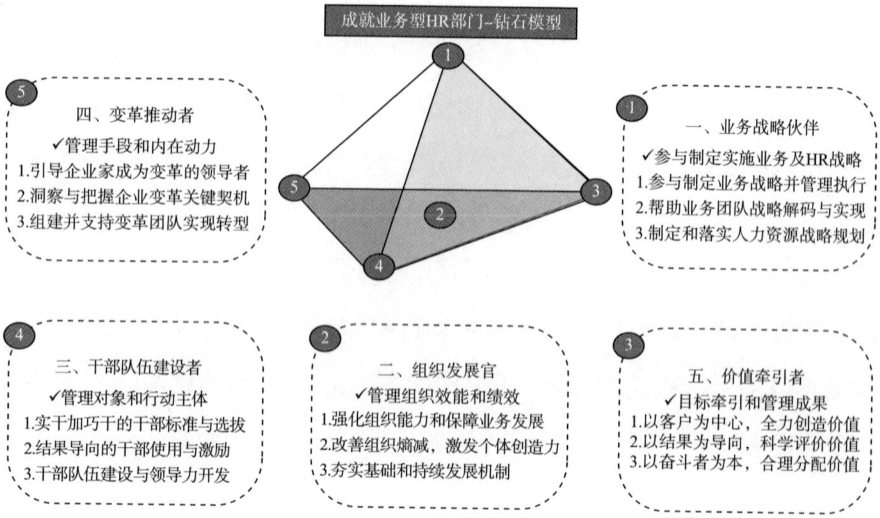

图 15–1　业务型 HR 部门 – 钻石模型

一、业务战略伙伴

HR 所有工作的“始作俑者”是业务战略，不了解业务战略就如同“无源之水，无本之木”，人才计划缺乏根据，薪酬设计也会缺乏导向；不参与业务战略的制定，如何理解战略的意图和战略的目标，也不可能制定有意义的 HR 战略；没了有意义的 HR 战略，我们所谓的人才战略、组织发展等工作将处在无序和无休止的忙乱之中。

HR 需要参与业务战略的制定和解码，我们很多时候需要将高管拉到一起共创共识公司战略，然后帮助中基层管理者解码、共识，协助战略的落地和达成。

二、组织发展官

组织是平台，提高组织能力就像为大地提供所需的空气、水和土壤。文化就像空气，无处不在，并且渗透所有的组织活动中，因此 HR 需要树立和管理公司的文化。人才就像水，缺水的组织是无法有效运作的，更无法在市场竞争中胜出，所以 BP 要多找水，多找一些优质的水井，有时还要从雪山上高价运一些水给组织，有了人才，组织才有信心。运行机制就像土壤，系统化科学的组织运行机制可以大大激发组织活力，政策和制度是运行机制的保障，所以 HR 团队需要大胆的创新，甚至创造可以兼顾眼下，同时又可以指导未来的制度和政策。如此，才可以为组织能力创造条件。

三、干部队伍建设者

这里的干部除了通常意义上的管理人员外，还包括业务骨干，比如技术骨干。吸引和管理好这些人就可以确保公司长盛不衰。干部队伍的管理是 HR 日常人才管理的核心，除了具体的聘用、考核、激励和晋升等具体活动的操作，更重要的是，要建立一套合理的适合公司业务战略和文化的干部管理体系。HR 将是背后这套体系的设计者、引导者和监督者。

干部管理事关公司的战斗力，比如干部任用中的可上可下，道理很简单，但实际可以做到的人不多，所以不能依靠人的意愿，要靠机制确保真正意义上的可上可下。

四、变革推动者

有人说，变革是推动组织成功最重要的推动力。特别是对于危机意识强、渴望成功的企业家一定是投入非常多的精力和金钱在各种变革项目中。作为人力资源部，在推动各项变革中大有可为。

结合 HR 对业务的理解和人性观察，去洞察与把握企业变革关键契机。通过不断沟通和验证，确认自己的发现，建立变革的决心，然后大胆提出改革的建议。

变革通常是一把手工程，所以 HR 需要引导企业家和高管成为变革的主导者，通过帮助领导者打破常规的认知和对过去成功的“自我感觉良好”，让领导者觉察然后觉醒，愿意自发提出变革。

在变革管理的开始和过程中，组建并支持变革团队实现转型。过程中 HR 要主导和落实招兵买马、参与过程鼓励和项目结果激励的所有活动，通过处理项目成员关心的问题，促成变革项目成功。

五、价值牵引者

企业核心工作和活动就三个：价值创造、价值评估和价值分配。每一个板块都可以独立操作、自成体系，但背后的关键是你的价值定位及存在的意义是什么？创造价值和分配之间如何建立积极有效的关联？评估背后的原则是什么？这三个重要问题的核心是如何牵引价值。

现实中会说 HR 要推动业务和管理者去改变，去行动。笔者想真正需要 HR 去思考的是如何反转过来，从推动业务和管理者到牵引。这背后需要建章立制，并且有约束和制衡的机制。

表 15-1 是五个方面的评估表，这张表明确了业务型 HR 的角色和关键工作，并且设定了一个参考的基准要求（最低要求），企业的 HR 可以评价自己，也可以让业务管理者作为客户给 HR 评估。目的不是挑

战 HR，而是更客观地认识自己，找到差距，然后将差距变成动力去提升自己。

表 15-1　评估表

主要角色	关键业务	最低要求	4 卓越	3 优秀	2 合格	1 需人指导
业务战略伙伴	能够参与制定业务战略，帮助业务团队战略解码，业务导向的制定和落实人力资源战略规划	4				
价值牵引者	以客户为中心，通过组织阵形设计、组织绩效设计和管理激发业务团队全力创造价值。能够以结果为导向，人力资源部门带动业务部门科学评价价值，能够以奋斗者为本，合理分配价值	3				
干部队伍建设者	构建选拔制的干部管理体系，明确干部标准，做好选拔、配备、使用与激励、开发等工作。构建干部梯队，全面激发干部发挥中流砥柱作用	4				
变革推动者	能够敏锐洞察与把握企业变革关键契机，引导企业家成为变革主导者，各级干部和骨干参与变革工作，组建变革组织，支持变革团队实现转型	3				
组织发展官	在方向大致正确的前提下，始终保持组织活力。在保持业绩增长的前提下，持续强化组织能力。重视内部管理机制和内部赋能工作，支撑企业未来发展	3				

以上是业务型人力资源部门的角色定位和关键任务的描述，为 HR 部门建设提供了参考。当 HR 部门明确自己的角色之后，提醒自己找到差距，指导 HR 的学习成长。成长需要更多的实践，通过具体的项目和工作任务的设计、规划、交付和复盘才可以真正提高。这些实践工作需要的不只是一个角色完成，而是 HR 作为一个团队，通力合作，最大化地为客户提供最大的价值。

下面我们再回到具体的 BP、CoE 和 SSC 的角色，具体看看他们的能力如何提升。

第二节 业务战略伙伴提升方法

一、角色定位

帮助业务团队制定业务战略、计划，并帮助组织进行战略分解、沟通、落地和实施，保证组织管理的战略与业务的一致性并确保真正实现，必要时对组织进行重新设计调整，使其更好地支持战略。

二、三个核心能力

BP 的培养和成就首先是 B——业务，然后才是 P——伙伴，对业务不了解就谈不上伙伴，但是只懂业务不懂 HR 也不行。因为只有用专业的 HR 知识工具，结合对业务的了解，才能给业务提供合适的关于“人”的解决方案。因为处理的是“人”的问题，所以 BP 跟业务打交道的过程中，必须有能力通过建立个人威信然后建立信任，这样才能更高效地促进事情落地。

合格的 BP 需要具备的熟悉业务、精通专业和快速建立个人威信的核心能力，如图 15-2 所示。

（一）熟悉业务

熟悉业务是指了解业务战略，包括业务发展方向、目标、指标和关键专注领域（key focus area），由此在制定人力资源战略和人才战略方面就不会有太大偏差；清楚业务价值链，这样才有条件指导人才布局及价值分配政策设计；财务数据是了解经营业绩的重要方式，BP 至少要懂资产负债表、现金流量表和损益表。熟悉这类业务相关的内容将对 BP 的工作指明方向，确保做对的事情。

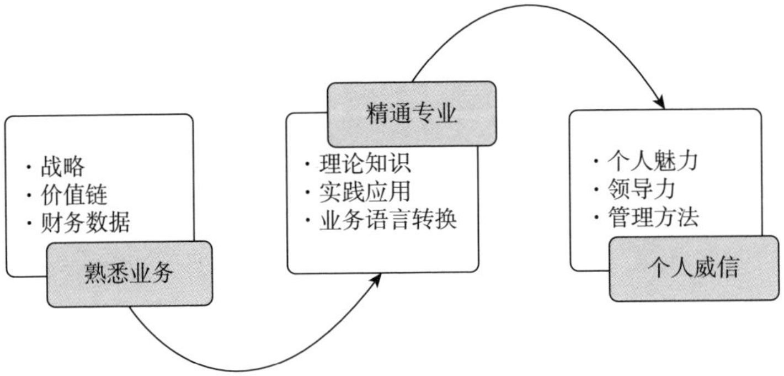

图 15-2　合格的 BP 需要具备的能力

（二）精通专业

既懂理论又能实践的 BP 才是最需要的。理论有助于实践并帮助我们举一反三，实践确保可以达到目的。有时候事情做对了，下一次遇到同样的事情不一定可以做对。所以，将实践进行总结归纳和反思，然后梳理成理论方法或者模型的人才是最厉害的，这样的 BP 才能做到边做边学、边学边做。业务语言的转换是理论和实践中间转换的桥梁，沟通与表达能力强的 BP 意味着可以把专业的 HR 知识翻译成业务语言，同时 BP 也要有能力把听到的业务需求和语言转换成 HR 团队可以听得懂的专业语言，两种语言的有效快速转换是 BP 的一项非常重要能力。精通专业可以帮助 BP 把对的事情做对。

（三）个人威信

很多时候，与人合作的时候除了能做事，个人威信至关重要，在某些场合比做事更重要。建立个人威信可以从三方面提升：一是个人魅力，这个不容易获得但是可以挖掘，比如有些人经历奇特，有些人爱开玩笑，有些人爱好广泛等；二是领导力，人的领导力是可以后天训练和习得的；三是管理方法，领导力不容易学习，如果弱一点可以通过管理能力来弥补，比如计划协调能力强。最后，自己多付出一些、勤奋一点也可以提升个人威信。

三、BP 的角色

关于 BP 的角色有很多描述，表 15-2 是五个角色的 BP 模型。要想成为一个优秀的 BP，要有能力在这 5 个角色间转换，同时具备 10 个关键能力，BP 也可以让业务管理者对自己进行评价，以便更客观地了解自己。

表 15-2　五个角色的 BP 模型

角色 / 任务	关键能力	能力要求	4 卓越	3 优秀	2 合格	1 初级
BP 在组织内的主要角色（5 个）	有效开展这些活动需要具备的关键能力（10 项）	最低要求	卓越	优秀	合格	需人指导
1. 业务战略的合作者	1. 战略思维	3				
	2. 创造性思维与创新	3				
2.HR 解决方案的集成者	3. 客观的判断力	3				
	4. 业务能力	4				
3.HR 业务流程的运作者	5. 高质量的交付	3				
	6. 坚韧性	3				
4. 组织变革的推动者	7. 灵活性	3				
	8. 推动变革	4				
5. 企业文化的驱动者	9. 咨询和沟通技巧	3				
	10. 人际敏锐度	4				

在前面关于 BP 的能力和任务描述里，5 个能力有阐述过 1、4 和 5，2、3 没有详细介绍，这里就重点阐述一下。

（1）HR 解决方案的集成者

在三支柱的架构中，BP 是业务和 HR 团队的主要连接窗口，BP 是传递到 HR 的问题负责人，所以问题从澄清解决和反馈的整个过程主要由 BP 负责。这样就意味着当问题比较严重时，BP 需要从 HR 内部各方获得建议的方案，然后对方案的优劣做出判断，最后对接业务把方案落实下去。

比如在 H 公司，当业务跟 BP 提出需要一批特定能力的干部组成变革小组时，BP 就会跟相关的 CoE 和 SSC 部门要资源，然后整合方案给到业务部门：要干部部推荐合适项目组成员，如果不够，SSC 招聘部帮助招人，对能力上还没达标的成员就需要企业大学设计相应的培训课程和培训资源给到 BP，BP 还要参与项目组的筹建会议和落实项目后期的工作安排。在这个活动过程中，需要 CoE 团队一起给组员培训或者做工作坊等。

由此可见，BP 需要把业务需求澄清，然后找到相关的资源提供方跟他们沟通并获得相应的资源，最后 BP 需要经过自己的专业判断将这些零散的方案和资源整合起来，将集成的方案给到业务部门，并在方案交付过程中持续提供支持和协作，直到项目有成果。

（2）HR 业务流程的运作者

HR 业务流程无论从 0 到 1 还是从 1 到 2 的过程，需求是 BP 提出的，所以流程的运作者从开始就是 BP。比如一个新政策从提出到完成，BP 会领导整个政策的执行，过程中需要 CoE 提供培训和指导，操作者可能是 SSC 或者员工，BP 需要确保这个政策的执行没走样，确保达到当初设定的目标。

对于从 1 到 2 的 HR 业务流程，主要涉及改进和迭代，BP 作为运作者需要的是落实过程监督的和反馈，一部分可能是 BP 自己完成；另一部分涉及其他执行者，BP 就需要跟进和反馈，确保效果。

对于 BP 的 10 个能力，前面关于 HR 能力中也阐述了大部分，但是这里有三个能力可能会被忽略，但是非常重要，下面就来具体描述一下。

（1）创造性思维与创新

这是决定企业 HR 部门的战略选择，是选择生产力战略还是创造力战略。因为创新和创造就会打破过去，选择不同的路径、方法、工具，背后是思维和意识的改变。

对于 BP 而言，创新思维是必需的，原因是变化的因素太多，我们必须跟上节奏,否则我们的成长会跟业务成长脱节。跟业务无法对话的时候，我们的价值也将不存在。

很多人后知后觉，对眼下来说可能不是问题，因为我们可以把眼前的事情做到极致，但这仍然是生产力战略，是在做存量，是在原地徘徊。而创造力战略更多是基于未来，基于不确定性的一种危机意识、长远求生的意识。这样的意识可以让 HR 们，特别是 BP 从自己开始，跑到业务前头，跑到别人的前头大胆地疑问、尝试甚至否定自己，包括以前的所谓成功、所谓的成绩。

（2）客观的判断力

数据和逻辑是客观判断的法宝，然后就是依照常识判断。BP 最怕的就是靠直觉靠主观判断去做事，因为一个人掌握的信息有限，角度也可能陷入标签化。所以，需要借助数据，从中发现趋势和规律再去判断，如果还有疑问，可以做实验去验证。

很多事物之间都有关联，而关联背后就是逻辑，不符合逻辑的判断和决定最好不要做。

还有一个客观判断的依据是常识。我们对人和事的判断有时候会陷入某种路径依赖，会忽略基本常识。所以，我们可以在重大的决定或者决策之前先从事物的原点，比如我做这件事的初衷来重新思考一下，或者从客户的角度多思考一下，可能会有很多漏洞。这是避免误判的方法。

（3）坚韧性

坚韧性是指面对挫折的时候能够坚持，不因为挫折而气馁，一种触底反弹的能力。这种挫折可能是来自事情所遇到的困难，可能是不被人理解，也可能是需要一种长期的坚持或者忍耐。这些情况可能会多次出现，需要 BP 具备这种坚韧性。

四、BP 常用工具

下面推荐几个常用工具，帮助 BP 更好地开展工作。

工具一：BLM 模型。

图 15-3 讲述了 BP 在战略管理过程中运用业务领先模型（BLM）参与战略管理的 4 个阶段，履行 3 个主要责任并达成 2 个主要效果。

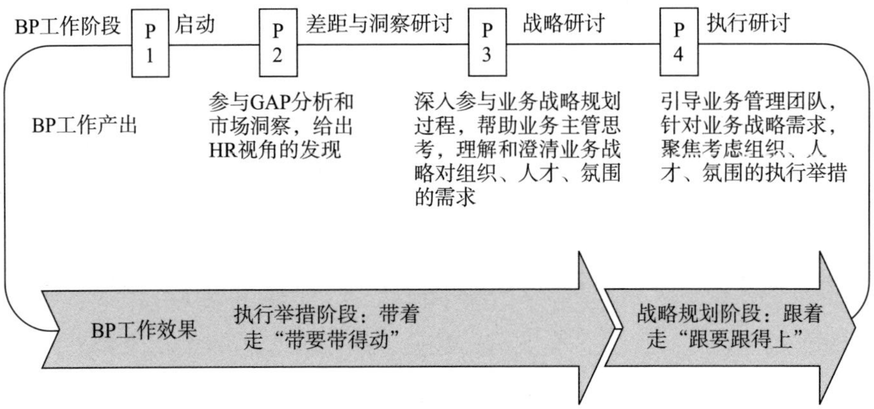

图 15-3　BLM 模型

具体来说，BP 的价值要体现在战略规划和执行举措两个阶段，规划阶段是配角，效果上要跟得上业务的节奏，在目标和关键举措的制定方面要有 HR 不可替代的贡献。在战略执行阶段，需要 HR 能够带着管理团队走，要推动管理者落实这些举措，过程中为业务提供所需的关于组织、人才和变革管理等政策及资源上的支持。HR 要参与变革团队搭建、设定目标和执行变革的整个过程。

而这些活动中，BP 是作为核心成员参加的。

以上工作对 BP 来说非常有挑战，所以要在业务、专业和个人影响力方面加快提升的步伐，同时在学习和实践中承担好五个主要角色及提高十个核心能力。

工具二：GROW 模型。

GROW 模型是一种教练工具，本质是通过问题引导客户发掘问题并最终找到问题的答案，然后做好下一步的行动计划和承诺，如图 15-4 所示。

Goal 目标设定	Reality 现状分析	Option 方案选择	Will 行动计划
· 具体目标是什么？ · 实现目标的标志是什么？ · 有什么具体化的指标？ · 什么时候实现？ · 设想的最佳状态是什么？	· 目标的现状是什么？ · 你如何知道这是事实？ · 什么时候发生的？ · 发生的频率如何？ · 你都做过哪些努力？ · 都有谁与此相关？ · 他们都持什么态度？ · 什么阻止你不能实现目标？	· 改变目前的情况，你能做什么？ · 你有哪些选择？ · 都有哪些解决办法？ · 相同情况下，你见过其他人如何解决的吗？ · 还有其他方法吗？ · 如有足够的预算/资源，你会怎么办？ · 如果哪个障碍不存在，你会怎么办？	· 下一步打算做什么？何时做？ · 实施过程的可能障碍是什么？ · 你会去执行这个可行性方案的概率有多少？ · 挑战哪个指标可以提高可行性？ · 还需要哪些帮助和支持？ · 你何时需要支持？ · 你如何得到支持？

图 15-4　GROW 模型

五、BP 行动学习

Learning by Doing（做中学）是最好的学习，也叫行动学习。具体来说，就是成立一个项目组就某一个现实中的问题设定目标、制订计划，然后小组群策群力解决这个问题，过程中通常会有导师支持、专家引导，辅以某些必要的课程、参访交流作为知识输入。

图 15-5 的“教、学、练、用和测”是行动式学习的必经阶段。

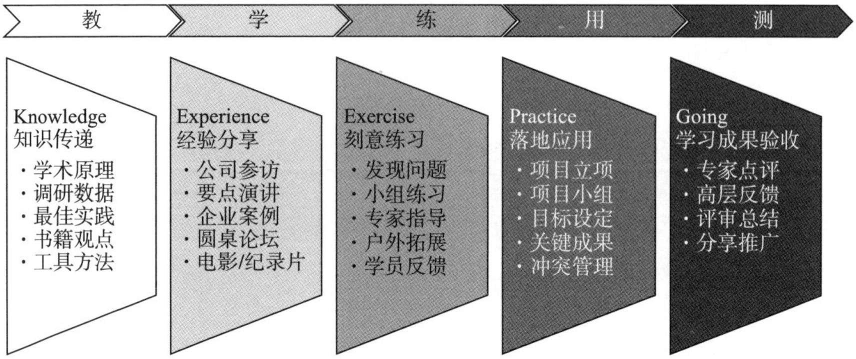

图 15-5　行动式学习的必经阶段

举一个 BP 成长训练营的例子来看看如何应用行动学习系统提升 BP 的能力，该项目叫“五步法建设 BP 队伍”。

背景：某集团公司正在建设业务型 HR，选择用三支柱作为 HR 的组织架构，两年前搭建了 SSC，正逐步将事务性工作集中处理，剥离了事务性工作后的 BP 能力远没有达到业务伙伴的要求，所以希望系统提升 BP 的能力、强大 BP 团队，从而加快业务型 HR 部门转型。

HR 团队希望从集团总部联合几个业务单元为试点，帮助现有 BP 通过人才和组织绩效为主题的行动学习，加上专业课程学习来完成 BP 角色认知与能力提升，打造一支真正贴近业务的人才资源业务伙伴队伍。然后将成功经验推行到全集团，推动组织向人力资源三支柱转型，支持集团业务的长远发展，如图 15-6 所示。

此项目持续一年，分两个阶段。第一阶段为期 6 个月是试点，完成 1~4 步；第二阶段是推广阶段，将成功的 BP 提升模式推广到公司的主要业务单位，同时摸索出未来业务型 HR 部门建设，以及如何赋能业务的可行的路径和方法，框架见图 15–6 所示。

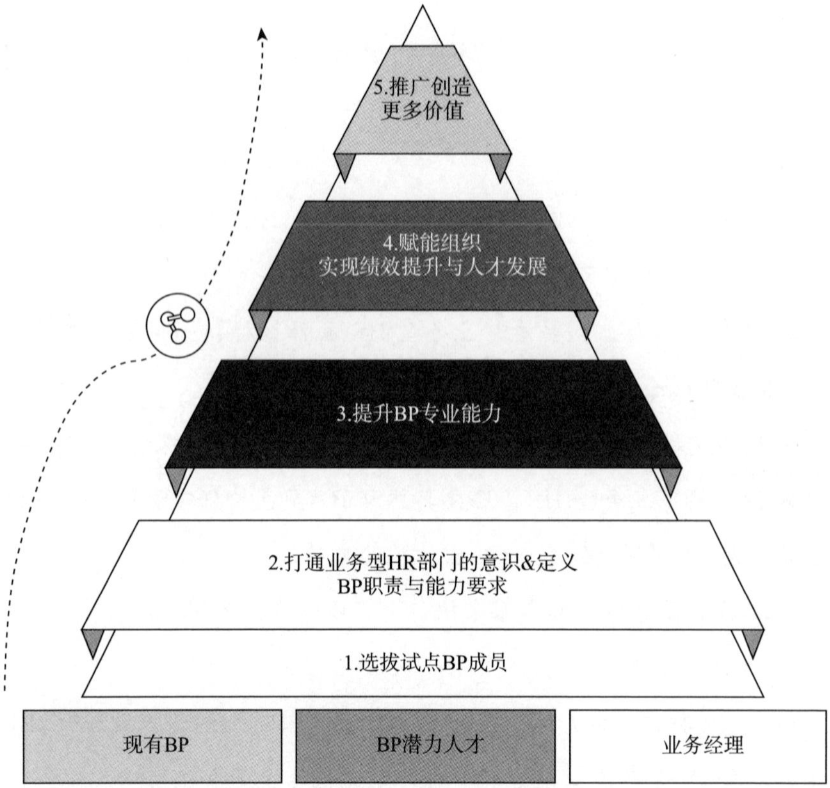

图 15–6　人才和组织绩效为主题的行动学习

（1）选拔试点 BP 成员

从各业务单元选拔 BP 高潜候选人，与现有 BP 队伍共同组成“试点班”，同时邀请有意愿的少数业务经理共同参与，人数控制在 20 人以内。选拔的标准主要考虑几个方面：

➢ 结合能力、绩效、潜力和发展意愿的综合评价前 20 名的 BP 参加。

➢ 邀请部分对 BP 有一定概念且有较强意愿支持 HR 部门转型的业务中高层管理者参加，人数可控制在 5 人以内。

➢ BP 的人员搭配要平衡，一般总部和业务部门都要包含，业务的覆盖更多。

（2）打通意识、定义任务和能力

通过“业务型 HR 转型工作坊”打通 HR 与业务部门间的转型共识；通过“BP 角色认知画像”共创工作坊，共同定义公司特色的“BP”角色职责与素质要求。

这一步非常重要，只有 BP 的意识统一了，才清楚自己要去哪儿。实现这一步的关键有以下几点：

➢ 从公司层面上，要清楚业务型 HR 长什么样，如何开展工作，以及对 HR 团队和个人的工作方式、能力要求是什么。

➢ 这不是培训是工作坊，一定要业务高管参与，一同探讨并达成共识。

➢ 除了清楚业务型 HR，还要具体到 BP 角色、任务和能力的具体要求层面，也要业务管理参与并给出他们的期待。

➢ 工作坊最好请外部专家来执行，可以更专业和客观。

（3）提升 BP 专业能力

通过 HR 特训营的形式，定期安排课程，采用训练营模式提升 HR 专业能力。表 15-3 是专业提升的参考计划，包括主题和主要内容。

表 15-3　专业提升的参考计划

序号	培训主题	提升维度	提供的工具 / 交付物
1	转型BP，成为组织变革推动者	从理念、能力技巧、工具三个层面，帮助 HR 全面转型业务伙伴型 BP	1. 工具：团队效能评估矩阵、业务价值链结构模型、“三层理性”模型、意义之塔与语言换框、项目管理 2. 企业文化落地之赋能管理者 3. 打通并建立与业务的关系
		通过案例分析萃取经验，掌握企业文化落地的流程方法，掌握公司企业文化应用于企业管理方方面面的技巧	

续表

序号	培训主题	提升维度	提供的工具 / 交付物
2	**做好关键人才管理，成为人才开发建设者**	本课程将重点放在澄清人才盘点的误解，理解人才盘点如何有效地支持业务的发展，并应用不同类型人才发展计划的制订	1. 人才盘点后的应用策略（个人、团队和组织） 2. 人才继任计划制订方法 3. 高潜人才培养及应用方法
3	**加强绩效管理，成为人才开发建设者**	典型案例与实战经验相结合，帮助参与者充分理解绩效管理理念，明确自己的角色定位，掌握绩效管理的过程管理、绩效考核的工具与方法；掌握有效的员工赋能和激励的方法	1.PDCA 之绩效管理体系和整体流程 2.4K 绩效目标管理模型及应用 3.KPI 关键战略要素、关键绩效指标 4. 教练式辅导技术 5. 辅导反馈工具及应用 6. 基于绩效之 IDP 制定及人才培养方案设计 7. 管理者的激励“工具箱”
4	**做好组织诊断与咨询引导，成为解决方案咨询师**	体验并理解 OD 咨询的全过程，建立一张业务伙伴的行动路线图；在任务模拟中，掌握 OD 咨询过程中的关键操作要点，为业务部门提供专业价值	1.OD 咨询的全流程 2. 业务伙伴的行动路线图 3.OD 咨询启动、诊断、干预设计等环节操作要领

在完成以上学习后，为了确保对内容的掌握特别是工具的掌握，建议每个学员都要将课堂中掌握的 3 个工具在学习后一个月内刻意实战练习 1~3 次，具体方法如表 15–4 所示。

表 15–4　绩效管理工具和方法实战应用

绩效管理工具和方法实战应用（至少选 3 个）		
措施	**工具实战应用描述**	**工具应用效果记录**
工具 1		
工具 2		
工具 3		

专业能力是必需的，在学习和课后练习之外，为了确保专业能力的提升，还要注意以下几点：

➢ 主题的设计是基于方案的第一步和第二步，这样的主题设计才有依据。

➢ 具体学习内容的设计需要外部专家和 HR 一起共创。

➢ 学习时间不能太密集，建议最多一个月到一个半月一门课，但间隔也不能太长，否则会遗忘或者失去学习耐心。目的是有一定的紧张度，有学、有练和有用，保证学习效果，属于轻量级的行动学习。

学习项目的运营是看着简单，但是非常重要，需要遵循一定的方法和规律，图 15-7 提供了学习项目的运营模式。

图 15-7　学习项目的运营模式

（4）通过行动学习赋能组织——实现梯队人才建设和绩效提升

对业务和管理者来说，他们最关心绩效和人才梯队建设。前者解决业务绩效，比如销售、利润和市场占有率，后者是为了达成前者的目标，需要充足的优秀人才和人才保障。所以，BP 用这两个主题做行动学习可以呼应业务的需求，也是 HR 可以帮助组织成长的关键板块。

①赋能组织 - 人才发展项目。

这个项目的周期是一年，伴随人才管理年度主要活动为一个循环，这样就可以有针对性地设计、执行和完善整个公司的人才管理体系。

图 15-8 是人才发展项目的框架，最上面是步骤、最下面是行动，中间是交付的结果。最终通过这个项目可以交付的综合目标有下面三个：一是解决人才梯队不足的问题；二是提升 BP 的人才发展能力；三是通过这次项目完善公司人才管理体系。

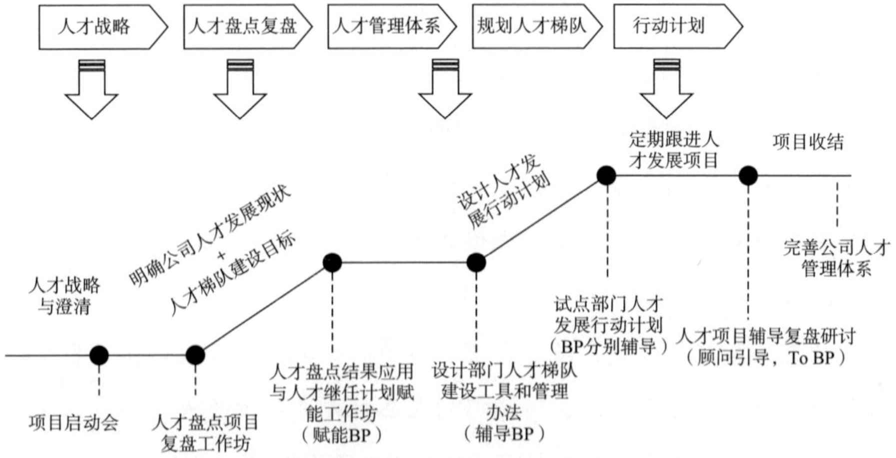

图 15-8　人才发展项目的框架

为了确保BP的人才学习项目可以开花并结果，需要注意以下几个方面：

第一，人才战略澄清要 BP 跟业务高管一起完成，可以借助 CoE 或者外部专家通过战略工作坊完成人才战略梳理。

第二，人才盘点将在能力和绩效两个维度基础上增加一个潜力维度，这样可以发现更多的潜在人才，为梯队建设提供更多动力。

第三，人盘点后的 IDP 发展计划的落实是一个非常重要工程，可以通过人才发展工程去再次选拔、影响、塑造和淘汰。同时，盘点出的人才需要给予学习和实践的机会。这是 BP 帮助业务发展人才非常好的机会。如果公司人数太多，可以先从试点开始。

第四，人才发展项目建议有外部人才发展专家一直跟进和指导，从而确保 BP 有人指导，让项目可以顺利推进、交付有保障。

第五，这个项目需要高层的重视和支持，否则推进非常困难。

②赋能组织 – 绩效提升项目。

以往各部门自己定绩效指标，执行和考核也都是自己搞定，跟 HR 没有关系，但我们又经常看到部门墙很严重。有人说这是沟通的问题，比如没有同理心，认为有艺术的沟通就可以解决部门协作的问题。

非也，问题的根源是大家的目标不一致，跟战略目标没有统一共识、没有达成有直接关系，跟执行过程中对绩效管理的程序和方法也有关系。有些管理者年初制定目标后就没有任何作为，年底评价一次，然后就决定下属晋升和淘汰，这是不负责任的管理行为。最后，还跟绩效管理没有打通薪酬激励、人才梯队建设有很大关系。

你无法指望管理者在做好自己业务的同时又要掌握人力资源管理的政策、制度、流程和方法，还能够站在公司或者对方的角度考虑，这些靠业务部门自动自觉是不现实的，HR必须有所作为，这是HR存在的价值。

图 15–9 是 BP 在绩效管理中应该承担的角色和工作。

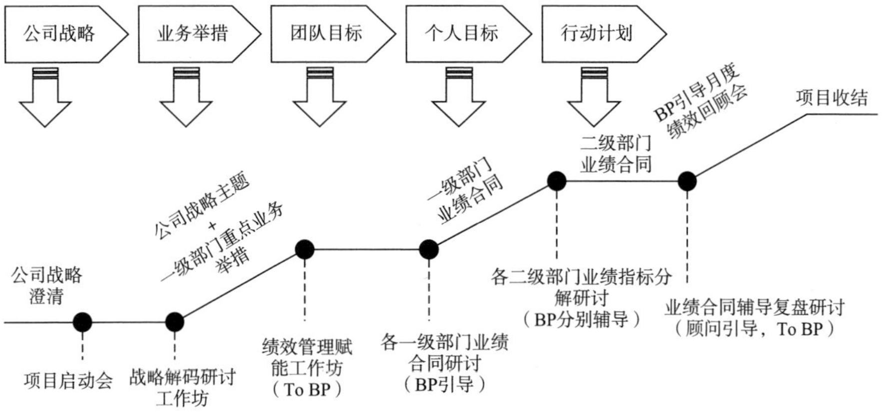

图 15–9　BP 在绩效管理中应该承担的角色和工作

BP 参与业务的绩效管理是一项非常有挑战的工作，难点在于是否能够被邀请参加战略会议？你对公司的业务足够熟悉吗？你有能力在目标制定过程中去协调和推动目标的达成吗？你的建议和干预，业务管理者是否买账？

这样的行动学习项目可以帮助 BP 在业务中建立威信。为了更好地实施该项目，需要注意以下几点：

➢ BP 要对战略解码、绩效管理体系等做好知识储备，对公司的做法要很清楚，明确接下来改进的重点。

➢ 自己能力不够，可以考虑借助外部专家，先带路、后辅导和再放手的三个步骤，让自己先掌握。

➢ 先做试点，再推广。这样可以降低风险，一步一步地成功。

➢ 高层对这个工作必须支持，再开展相关的工作。

（5）推广到其他业务单位

在经过一个完整的部分 BP 的培养周期后，首先对以上四个阶段的项目开展情况有个总体评价。因为试点是在资源和配合方面投入比较多的，效果通常不会太差，如果总体效果在公司被认可，就进入推广阶段。

在大面积推广之前，对试点项目做好总结和归纳，调整方案避免出现类似的问题。要清楚，后面的推广不会因为前面的“成功”就一定会复制成功。为了确保推广可以一直成功，需要注意以下几点：

➢ 推广也要根据业务单位或者部门的配合度和准备度去评估，然后再制订推广计划，准备度和配合度高的优先安排。

➢ 把接下来的 BP 提升项目作为业务型 HR 部门建设重点推广，以此让整个公司的员工和管理层对 HR 有全新的认识。通过 BP 的项目成功，同业务建立更多的信任。

➢ 通过这个项目对 BP 开展评价，然后根据每个人的优势、劣势安排和调整 BP 负责的部门或者业务单位，能力强的理当委以重任，不合适的就考虑换到 HR 其他岗位。

以上是对于 HR 能力提升的两个重点内容：一个是提升整个 HR 部门；另一个是提升 BP。对于 CoE 和 SSC 来说，基本逻辑是一样的，我们也要了解他们的角色、任务和核心能力，通过分析差距然后设计合适的培养方案，再落实和完善。

第三节　CoE 培养方法

表 15-5 是 CoE 的能力任务模型，可以参考这个模型去制订 CoE 的培养方案。

表 15–5　CoE 的能力任务模型

角色定位：参与业务战略的制定、解码和落地，并达成业务目标并在专业方面提供技术和工具支持，协助 BP 和 SSC 完成各自的工作							
角色	关键任务	能力要求	最低要求	4 卓越	3 优秀	2 合格	1 初级
业务战略的参谋	理解业务，参与业务战略制定，并提供相关知识和工具	业务思维意识	3				
	运用教练或引导的方式共创，并协助战略制定和解码	战略制定与解码	4				
HR 解决方案的专家	协助业务和 BP 深度理解业务需求，并转换为 HR 系统解决方案	深度的 HR 专业知识	4				
	对内了解业务特点和痛点，对外了解市场和技术前沿知识，并及时传递给 BP 或业务管理者	学习力	4				
制度流程的咨询师和推手	运用流程设计的方法设计，或者再造 HR、业务流程和制度，并提供辅导和培训	设计思维和创新	3				
	制定变革管理的策略和计划	变革规划	3				
组织变革的催化师	设计和运用有效的变革沟通工具推动变革	推动变革	3				

续表

角色	关键任务	能力要求	最低要求	4 卓越	3 优秀	2 合格	1 初级
组织变革的催化师	通过与业务管理者建立关系赢得信任	影响力	3				
	主动学习和了解 HR 最前沿的理论和方法，并定期对组织内的制度检视、诊断，提出改进建议	咨询和沟通技巧	4				

为了更好地提升 CoE 的能力，在设计方案的时候需要注意以下几个方面：

（1）专业能力的提升要合适，因为内部专家很难只关注一个领域，无法像外部专家那样专注一个主题内容和工具的开发，专业提升的参考边界要非常清晰。

（2）作为业务型 HR 部门，CoE 提升重点可以放在定制化方案的设计及对 BP 和管理者的培训上，确保公司的整体专业能力提升。

（3）CoE 要加强与 SSC 的合作，一方面确保方案落地；另一方面帮助 SSC 利用好数据和客户反馈的信息，通过主动分析和梳理活动找到组织发展的深层次问题，提前发现问题并反馈给 BP，然后再设计解决方案。

第四节　SSC 提升方案

表 15-6 是 SSC 的能力参考要求，同样道理，通过这个能力分析再设计适合企业的 SSC 提升方案。

SSC 作为公司 HR 事务性工作主要的交付方，提升工作有时会被忽略。因为跟客户的触点非常多，很多工作涉及员工的切身利益，所以提高 SSC 的能力和意识特别重要。

表 15-6　SSC 的能力参考要求

角色定位：作为交付专家，快速理解 BP、CoE 和业务需求，高效高质量交付 HR 运营任务，并为业务伙伴和专家提供数据分析，给予决策参考						
角色	**能力要求**	**最低要求**	**4 卓越**	**3 优秀**	**2 合格**	**1 初级**
HR 运营活动的交付者	HR 运营和交付	4				
	数据分析和解构	4				
数据收集、分析和汇报者	呈现与表达	3				
	学习力	3				
持续改进的参与者和推动者	设计思维和创新	3				
	改进工具	4				
政策流程和组织合规合法的落实和监控者	合规合法的意识	4				
	问题分析能力	3				
	沟通技巧	3				

笔者认为，提升的重点可以体现在两个方面：一个是一些特别的能力要提升；另一个是一些重要的意识一定要建立。具体总结为以下几个方面：

（1）数据分析和解构是非常重要的能力，需要重点提高，可以培训现有骨干员工，从市场上招聘一些有专才的数据分析师，前提是对 HR 有一定的基础或者敏感度。

（2）改进意识强，再伟大的变革都是基于一点一滴地改进，这些改进措施不仅对 CoE 有帮助，对 BP 也是非常好的反馈。通过这些改进，SSC 的价值将得到提升，通过这些改进项目可以探索更多 SSC 职业发展机会。

（3）社会化和外包是趋势。这个不需要隐藏或者刻意忽略，重要的是让 SSC 在业务型 HR 的工作中发挥更大作用。要为 SSC 向其他 HR 岗位转岗及打通其他职业发展通道提供具体的政策支持。

我们把 HR 部门、BP，以及专家 CoE 和共享服务中心 SSC 的能力提升做了一个完整的梳理和探讨。

到这里，我们完成了业务型 HR 部门建设的落地篇，在设计和搭建之后，对新组织如何落地，包括人的能力提升都做了非常详细的梳理。在此基础上，业务型 HR 部门已就位并将开启新的征程！

第十六章
业务型 HR 为组织创造价值

什么是最重要也是最难的组织发展问题？这跟中国大多数企业正处于创造组织发展的第二曲线阶段有关。这个阶段对企业和组织发展的质量将提出更高的要求。单纯靠勤劳、靠简单的技术、靠粗犷劳动力资源把企业从大做强，做成一个可以持续健康发展的企业或者组织几乎是不可能的。背后需要突破的不是普通管理者更不是员工，首先需要突破的是企业的一号位和企业的高管团队，他们的认知和领导力。

本章将聚焦公司高层，去引导、影响他们，一起突破过去的成功，打破自我认知的局限，突破组织发展瓶颈，最后共同制定组织发展的方向和行动计划。我们把这些叫作第二曲线领导力。

第一节　第二曲线领导力的意义

一、火山理论——治疗未病

我们知道组织发展会经历成立期、生存期、成功期、推进期、发展期和成熟期等六个阶段，第三个阶段之后，很多企业将面临着如何继续发展和继续成功的问题，很多企业特别是民营企业因为很多原因发展停滞了。

还有面临着被淘汰的危险，即使没有被淘汰，也可能有人才流失、利润下降、市场被剥夺、军心涣散等问题。最可怕的是，躺在成功或者功劳簿上，对眼前的问题甚至是危机视而不见。他们总是很忙，没有时间思考未来，更别说去改变自己了。

为了避免不可收拾的结果发生，在“大”问题和灾难发生之前，作为企业高管，我们需要勇于面对问题，去解决它。而解决的关键不是求他而是求己。从自己入手最难的地方就是放下“成功”的包袱，吃老本的思想将影响整个组织所有人的行为。有研究表明，“大”灾难来临之前会有 29 个“中”事件发生，而每一个事件的发生前都会有 300 个“小”隐患已经存在了。我们不能等到火山喷发了再去灭火，要“治未病”。

图 16–1　火山理论

作为总经理，他的行为会影响 29 个中层干部，而每一个中层干部又会影响超过 300 个主管或者员工。企业高管的影响力很大，也意味着杀伤力很大。高管处理组织问题时关注的重点一定是这 29 个“中”问题，“中”问题的数量和级别累加到一定阶段的时候，就是火山喷发的日子，也是企业崩塌之时。

二、重塑领导者认知

	COMPANY	CEO	NEW GROWTH AREAS (% of total business)	STOCK CAGR (vs. benchmark since base year of transformation)
#1.	**Netflix***	Reed Hastings	original content (**44%**)	**59%** (vs. 10% for S&P 500 since 2012)
#2.	**Adobe***	Shantanu Narayen	"digital experiences" (**27%**)	**26%** (vs. 10% for S&P 500 since 2009)
#3.	**Amazon***	Jeff Bezos	Amazon Web Services (**11%**)	**39%** (vs. 10% for S&P 500 since 2009)
#4.	**Tencent**	Pony Ma Huateng	fintech, transportation (**25%**)	**32%** (vs. 1% for Hang Seng – 2011)
#5.	**Microsoft***	Satya Nadella	intelligent cloud (**29%**)	**17%** (vs. 9% for S&P 500 since 2010)
#6.	**Alibaba**	Daniel Zhang	fintech/sports/entertainment (**14%**)	**8%** (vs. 1% for NYSE Index since 2013)
#7.	**Ørsted**	Henrik Poulsen	offshore wind (**37%**)	**30%** (vs. 0% for OMX Copenhagen – 2017)
#8.	**Intuit**	Sasan Goodarzi	"online ecosystem" (**14%**)	**22%** (vs. 10% for S&P 500 since 2012)
#9.	**Ping An**	Ma Mingzhe	fintech and health tech (**6%**)	**17%** (vs. 2% for SSE Index since 2012)
#10.	**DBS Group**	Piyush Gupta	global digital platforms (**48%**)	**12%** (vs. -1% for Singapore Xchange – 2013)
#11.	**A. O. Smith**	Kevin Wheeler	water tech (**100%**)	**25%** (vs. 10% for S&P 500 since 2009)
#12.	**Neste**	Peter Vanacker	renewable fuels (**70%**)	**24%** (vs. 7% for OMX Helsinki 25 – 2010)
#13.	**Siemens**	Joe Kaeser	"digital factory" initiative (**26%**)	**8%** (vs. 8% for the DAX Index since 2012)
#14.	**Schneider**	Jean-Pascal Tricoire	IoT solutions (**22%**)	**8%** (vs. 6% for S&P Global 100 since 2012)
#15.	**Cisco**	Chuck Robbins	subscription applications (**43%**)	**9%** (vs. 9% for S&P 500 since 2010)
#16.	**Ecolab**	Douglas Baker Jr.	water and energy services (**44%**)	**16%** (vs. 9% for S&P 500 since 2011)
#17.	**Fujifilm**	Shigetaka Komori	healthcare/medical imaging (**18%**)	**7%** (vs. 6% for Tokyo Exchange – 2010)
#18.	**AIA Group**	Ng Keng Hooi	wellness & prevention (**10%**)	**15%** (vs. 2% for Hong Seng Index – 2013)
#19.	**Dell Tech.****	Michael Dell	infrastructure & security (**51%**)	**29%** (vs. 11% for S&P 500 since 2013)
#20.	**Philips**	Frans van Houten	healthcare (**65%**)	**6%** (vs. 6% for S&P 500 since 2014)

*previous winners, from the 2017 T10 ranking　　**Dell stock includes the periods the stock was public

图 16–2　转型最成功的前 20 名的企业

图 16-2 是一家国际知名的领导力咨询公司 INNOSIGHT 对全球标准普尔 500 和福布斯 2000 的企业做出 10 年的追踪调查，选出了转型最成功的企业，共 52 家入围，这里所列的是前 20 名的企业。该报告发现企业转型成功的关键是必须让变革成为领导者的核心能力，这个核心能力包括三个——重新定义组织的目的、重设企业的核心竞争力和尽责，这一发现还被 181 位 CEO 共同签字认同。

这个报告告诉我们：转型是组织长期生存的保证，领导者的变革思维和变革能力是保持企业发展的关键。在思维和能力之间，首要的是前者，如果无法重塑企业领导者的思维和认知，企业将加速被市场淘汰。

三、第二曲线的系统性挑战

同样来自 INNOSIGHT 的研究表明，第二曲线的系统挑战主要体现在战略、组织和人才三个方面，具体如下：

（一）战略方面

Higher Purpose —高追求。

181 家美国顶级 CEO 在华盛顿召开“商业圆桌会议”（Business Roundtable）上联合签署了《公司宗旨宣言书》。宣称：股东利益不再是一个公司最重要的目标，公司的首要任务是创造一个更美好的社会。

领导团队应该致力于达成以下几个目标：向客户传递企业价值；提供公平的待遇投资员工；与供应商交易遵守商业道德；积极投身社会事业；注重可持续发展，为股东创造长期价值。

（二）组织方面

More Agile —更敏捷。

敏捷性是一种概念，由早期一批软件工程师提出，将灵活性、平衡性、适应性和协调性的概念融为一体，帮助产品进行快速迭代。敏捷性指组织以富有成效和具有成本效益的方式快速适应外部环境和或市场变化的能力。

组织必须能在体系里运作像个有灵魂的生命体，自我思考、感受和行动的能力。使组织能够不断地调整和更新其业务模式、组织结构、战略和流程，以适应不断变化的市场条件。

（三）人才方面

T Type —T 型人才。

让员工找到工作的意义是最佳的激励方式。推荐一本书叫《能力陷阱》（*Act Like A Leader, Think Like A Leader*），这本书指出很多人在工作上错误的习惯而导致一步步踏进陷阱中。斜杠（SLASH）将是未来的工作方式，也是意义的开始。T 型人才发展模式将成为主流取代过去的专业分工模式。学会懂得如何“取舍”，让员工找到成就感、自信感和安全感。

以上三个关注点是改变的起点，但领导者的认知决定关注的重点在哪里，我们回到解决问题的根源来看：成功找到企业的第二成长曲线就要从领导力第二曲线开始。而第二曲线领导力的缺失和不足主要体现在以下四个方面：

第一，缺乏意义感（Meaning）。

创始人持续推动组织和业务发展的动力跟不上，对公司未来发展的意义和价值无力重塑或者重新定义。

有一次，跟一个企业家访谈过程中，我们问他：“企业经过这几年的成功发展，当我们展望未来的时候，您有没有想到办企业的初心是什么？”他说：“我的初心早就实现了。”接下来谈到了企业发展的未来打算，说了很多有关政府监管、产品挑战等现实问题。

从这样的谈话中，明显感觉到这位企业家对企业发展的目标和意义并不清晰，这对企业的长远发展会带来很大阻力。

第二，注意力不集中（Attention）。

高管团队注意力聚焦或者专注力对企业发展意义重大。一个人的时间、精力和智慧是有限的，必须有所取舍。

专注体现在战略性产品和技术、体现在企业文化或者组织能力打造，也体现在人才的吸引和保留，最终目的一定是发现并打造自己的核心竞争力。

第三，领导力意识的缺失和心智迷恋（Self）。

有些高管团队并非真正的高管，缺乏领导意识。往往对自己的经验和成功迷恋，过于相信自己，难以自拔。

对新事物充满怀疑，无法打破常规，尝试或者接受不同的声音。

第四，高管团队信任危机（Trust）。

因为缺乏有远见令人鼓舞的目标和对企业发展的意义不清楚，高管更多关注眼前得失；因为缺乏专注和专注力，大家都很忙且精力分散，难免焦虑。更重要的是，高管对领导力缺乏认知及匹配的能力。每一样都会使得团队的信任难以建立和凝聚，如果三者叠加，这个组织就会出现高管团队的信任危机，中层管理者协作困难，基层拔河效应明显。

第二节　第二曲线领导力框架

根据笔者长期的观察和实践，结合企业第二曲线、组织发展和领导力发展的研究，我们把突破第二曲线领导力的步骤做了梳理。基本思路是：

（1）觉醒领导力：通过组织高管团队的对话，在科学方法的引导下、同伴的影响和干预下，唤醒领导者自身新的认知、建立成长思维，这样才有力量去突破舒适区，从而点燃内心渴望成功的火花。

（2）组织领导力：自身的觉醒会引发高管对组织的重新思考，剖析组织障碍和加密价值密码，从而对组织的问题有更清楚的认识。因为对自身和组织问题的深刻反省，会激发领导者努力前进的动力。

（3）变革领导力：基于这个动力，借助高管团队的共创，最后形成明确而坚定的行动纲领，开变革之路。

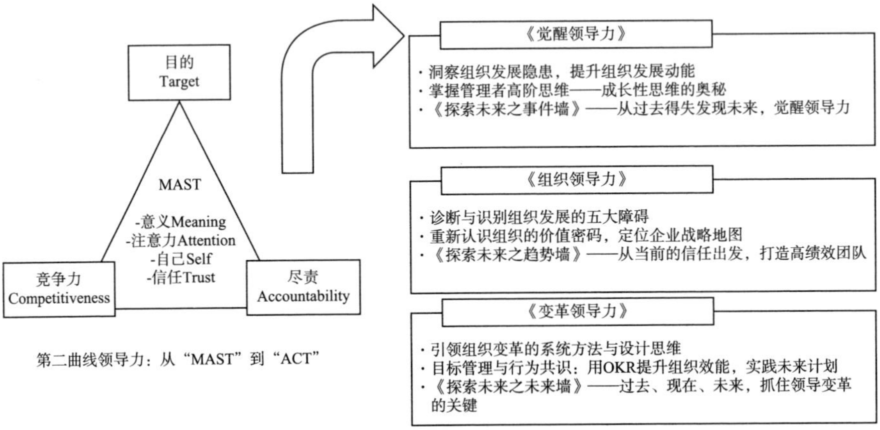

图 16-3　突破第二曲线领导力

无论是领导自己、组织还是变革都是巨大的工程，也是前所未有的改变，无法面面俱到。接下来介绍一些关键的模型和方法，作为 HR 帮助高管突破第二曲线领导力的有利“武器”。

第三节　领导力觉醒

领导者的自我突破是为了更好地领导自己，然后才谈得上负责任的领导组织。换句话说，您将无法重塑组织，除非您先重塑自己。

领导力觉醒参考路径：在不断打破舒适区的过程中获得成长，在成长中获得快乐，在突破—成长—快乐这个模式中不断重复，从而突破保守思想和宿命论。在不断打破舒适区的过程中，逐渐培养和建立成长型思维。

在成长型思维的带动下，领导者将有能力重新审视自己和组织的未来，才有可能去重新定义成功，包括自己和组织的成功。这些活动需要外界的推动，要方法、智慧，更要坚持，HR 在中间可以作为组织架构师去设计、引导和推动领导者的自我觉醒。

经过以上这些富有挑战的努力，我们再将这个过程进行归纳、总结，通过领导者共创共识的方式梳理属于自己组织的领导力画像。

重塑领导力的画像是一个承诺，对员工、对组织更是对自己的庄严承诺，然后身体力行地执行。过程中 HR 部门通过日常活动的参与，最终才可能实现领导力真正的觉醒。

图 16-4 是领导力觉醒突破的框架。

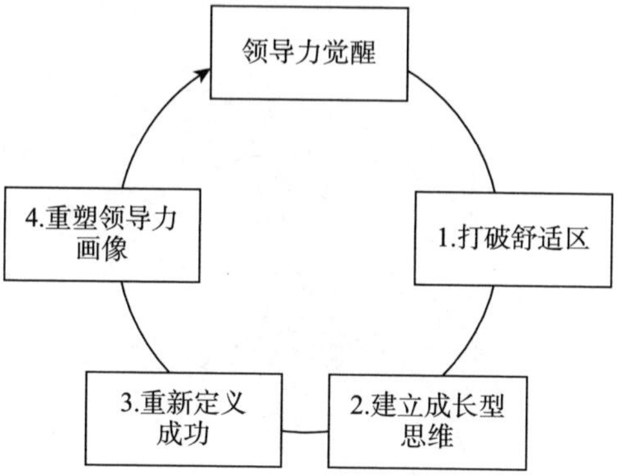

图 16-4　领导力觉醒突破的框架

一、打破舒适区

从生活在舒适区到成长区是一个艰难的旅程，也不是想就可以做到的，除非天赋异秉、自我觉察能力奇高，基本上没有多少人可以短时间内做到。除非遇到了大灾大难，因为刺激过大而引发觉醒。高管没有资格非得等到这样的结果发生再去改变，因为当灾难来临的时候，一切都将被毁灭。作为业务型 HR，我们要在大事件发生的时候，利用大问题和大事件，因势利导，影响高管正视自己和组织的问题，再提供科学有效的方法才可能促成改变。

不能不断吐旧纳新的人，会停止前进的脚步，会被新一代取代，被时代淘汰。所谓吐旧，不是去否定过去而是借鉴经验，不仅仅是成功的经验，更重要的是失败的经历，这样可以避免同样的问题再次发生。所谓纳新，是指保持一个开放、尝试和接纳的心态。也就是说，面对不同的想法、不同的做法，特别是跟自己不同的人和事，第一时间不是去否定而是先去了解、理解，再去学习和尝试。在这个过程中，你一定会经历焦虑、担心、害怕甚至非常痛苦的过程，但是这些都是值得的，因为没有经过这些就无法获得学习和成长的机会，也无法真正实现改变，如图 16-5 所示。

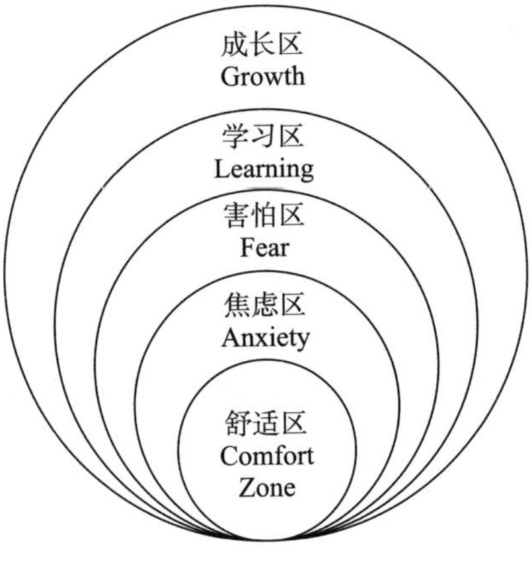

图 16-5 打破舒适区

现实生活中，我们经常会遇到管理者觉得管人麻烦，不愿意花太多时间在人的问题处理上，更有甚者，当出现人的问题的时候会将问题推给人力资源部。令人担忧的是，人力资源部会接这个活并认为这很正常，然而问题会再出现且越来越难改观。比如有些管理者把试用期自认为不合格的员工推给 HR，让 HR 把员工辞退。当 HR 了解到这个管理者的管理风格简单粗暴的时候，认定这个管理者很重要但不愿意改，于是 HR 不去想办法改变管理者而是退而求其次，找出其他理由辞退员工。

当这样的事情出现的时候，如果 HR 认定是管理缺陷或者缺位，这就是 HR 的机会。面对这种情况，HR 需要把这件事放大处理，最好能够上升到组织层面。否则管理者会忽略这件事，也会忽略 HR，自己无法提升，HR 也觉得无意义，最后这类事情传递，并且营造了一个糟糕的人才管理氛围。

二、重新定义成功

如果之前的成功是为了赚更多的钱，获取更多的利润，或者让自己有一个富足的生活。那么高管财务自由后，需要重新定义成功，将时间拉长到未来，将对象从自己推到组织。

成功的定义没有标准，但是背后的逻辑是相似的：

（1）缺乏目的性的体系靠规模化壮大，有生命的组织凭信息和知识强大。

（2）定义成功的前提是：要有利他并使人快乐的心理动机，要有促成结果的能力，以及设定合理的预期。

成功(Succeed)= 快乐(Happy)+ 期待(Expectoration)+ 能力(Ability)

就像公式一样，因为利他可以让他们和自己快乐，因为快乐所以成功，因为成功可以点燃领导力觉醒的火苗。

三、建立成长型思维

有人说，成长型思维是天生的，其实不是，成长型思维是可以后天习得的。所谓天助自助者，当领导者有一定的自我觉察再加上组织发生重大事件的影响，HR 乘势创造机会来推动领导者的转变，这时候的成功概率会大大提高，如图 16-6 所示。

图 16-6　成长型思维

在乘势创造或者制造成长机会的过程中，HR 可以借助外力，通过工作坊和行动学习引导领导者尝试以下行为：

（1）接受不同的声音，包括批评。当接受批评并在现实中改进后，再将这些批评和不同建议升级再试，从而逐渐提高领导者的抗击打能力。

（2）寻找过去因为注定论而阻碍公司发展，或者错过了大好成长机会的反面案例，让大家讨论和反思，从而愿意接纳成长思维。

（3）寻找外部的专家从理论和外部案例的视角去拓宽领导者的眼界。

四、领导力钻石模型

为了成就伟大并达成非凡的成果，觉醒后的领导者应该具备四个方面的领导能力，并在行为上有所体现：

（1）心要大，考虑问题要长远，做胸怀远大、愿意突破的领导者。

（2）胸怀天下，一切想法要从利他的美德角度思考，成就他人也成就自己。

（3）要敢于面对事实而不是幻想，避免假大空的领导作风，将面子丢进垃圾桶。

（4）在执行和行动过程中，需要勇气和担当，持续努力并切实落实到行动，而不是三天打鱼两天晒网，或者说一套做一套。

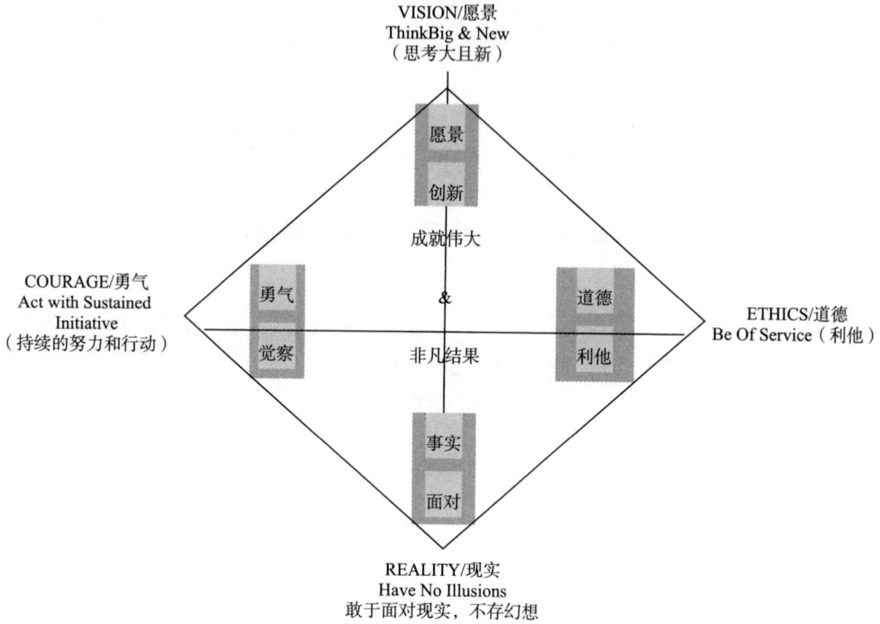

图 16-7　领导力钻石模型

以上就突破觉醒领导力的步骤、内容和方法，业务型 HR 部门要内心坚定，帮助高管实现突破。千万不能低估改变的难度，要有耐心，要深信这样的努力是值得的。

第四节　激发组织领导力

领导力觉醒后，作为组织的负责人，如何激发组织活力将是领导者第一时间想到并渴望提升的工作。图 16-8 是领导组织的三个重要板块。它们是制定有意义的且能赢的战略，建立和完善有意义的工作，以及建立信任的团队。

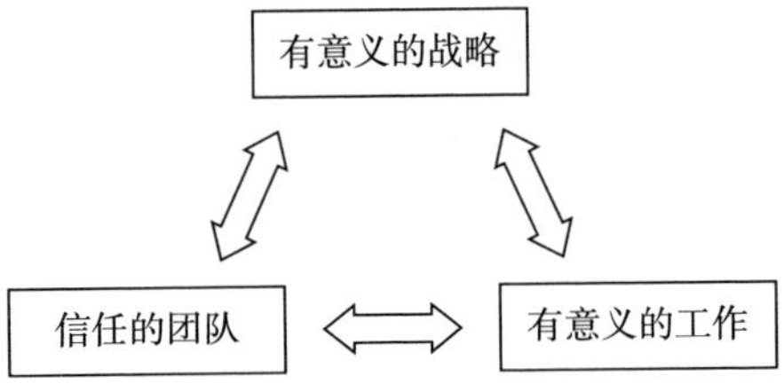

图 16–8　领导组织的三个重要板块

一、制定有意义的且能赢的战略

在中国，战略更多的是基于生产力角度考虑，某种程度上造成产能的积压，所以必须上马新的项目并产生新的产能，如此循环使产能越来越大，又造成新的积压和浪费。所以，未来的战略需要做平衡和取舍，在考虑基本产能的情况下，将更多的资源用在创造力方面，比如加大管理投入、加大创新和研发的投入等。要记住：ROA=Productivity（生产力）× Utility（创造力）。

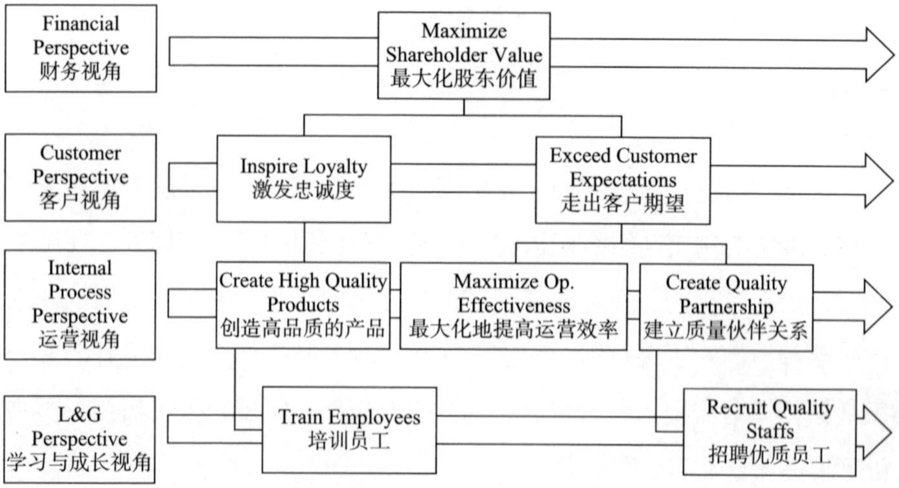

图 16-9　用平衡计分卡的工具来制定有意义的战略

图 16-9 是用平衡计分卡的工具来制定有意义的战略，每个视角都有一些大目标，每个组织可以根据具体情况再制定下一层的目标和 KPI。通过这张图，理解什么是有意义的战略：

首先是有意义，这个意义对外超出客户期望，对内体现高质量的运营和员工的成长。

有意义还是一个赢的战略，这个赢体现在财务指标上，比如满足股东价值最大化，这样可以获得更多的投资和利益，从而建立一个良性的投资和回报循环。

二、建立和完善有意义的工作

在组织里，我们会发现很多无意义的工作，即没有意义的岗位、工作和任务，对这些无意义的工作一定要引起重视。这提醒了领导者：他们的很多决策和管理行为产生很多无意义的工作，而无意义的工作对组织的伤害是非常大的。这些伤害首先是造成低效的产出，然后是无用的劳动，更可怕的是让员工觉得工作无价值，从而使整个组织氛围变得散漫、士气低落，最终导致优秀人才流失。所以，由 HR 统筹来建立和完善有意义的工作尤为重要。

在建立有意义工作方面，要用自上而下的方法，就是从战略意图的选择、战略的制定、组织架构的设计到运营流程的设计和规划，在源头上对是否有意义的工作打根基并在框架上确定。新业务和新组织的建立比较简单。但对于现有组织而言，在盘点和调整工作之前，最好梳理一下战略和运营流程，然后将盘点后的岗位根据一定规则再去盘点，再去处理那些无意义的工作和岗位。

在完善有意义的工作方面，可以自下而上的开展，比如通过设计好的调研或者访谈来深入了解某些有争议的岗位，然后对调研后的岗位排序并处理，执行过程需要遵循合理的原则和规则。

这里有很多重要、专业的工作去做，执行时也要考虑各种因素，必要时请外部专家参与。

三、建立信任的团队

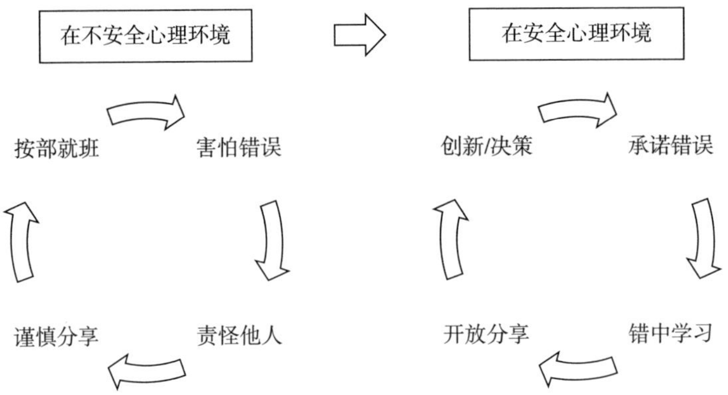

图 16-10　安全心理环境

在安全的心理环境下，人的安全感会增强，对一个团队而言也是一样的。图 16-10 描述了不同的心理状态营造了两种完全不同的安全心理环境。这对建立一个信任的团队和组织非常有帮助，HR 可以在以上框架内发挥，鼓励或者创造一些含有以上元素的安全的公司氛围。具体可以考虑以下几点：

（1）建立公司的创新机制，其中建立一套允许失败的机制。

（2）决策方面建立决策委员会和决策机制，避免独断和低级决策失误。

（3）建立分享的机制，鼓励高管以身作则，分享自己的技术或者管理经验。

（4）建立失败案例的复盘和分享机制，让更多人知道并避免类似的错误。

第五节　共创变革行动纲要

领导力觉醒会点燃前进的火种，照亮组织前进的方向。当企业高层深刻理解组织发展的阶段和主要障碍时，就可以破解组织的价值密码，找到组织前进的动力。清楚组织前进动力的时候，企业领导者必将对变革充满渴望和能量，并会思考接下来的规划和行动。

这是一个非常棒也是非常关键的时刻，HR 要利用好这个时刻，和高管团队一起讨论共创出公司的变革思路、框架和可能的切入点。共创的方法工具很多，可以考虑用 OKR 工具，把接下来需要确定的中长期的目标（Objectives）和相对应的关键结果（Key Results）共创出来。

有一点非常重要，HR 领导者一定要参加组织层面的中长期 OKR 的共创，因为这些变革行动框架包括 OKR 必将由 HR 部门来承接整个项目的设计、规划和执行的工作。这个工作坊非常重要，可以邀请外部专家一起设计和实施。

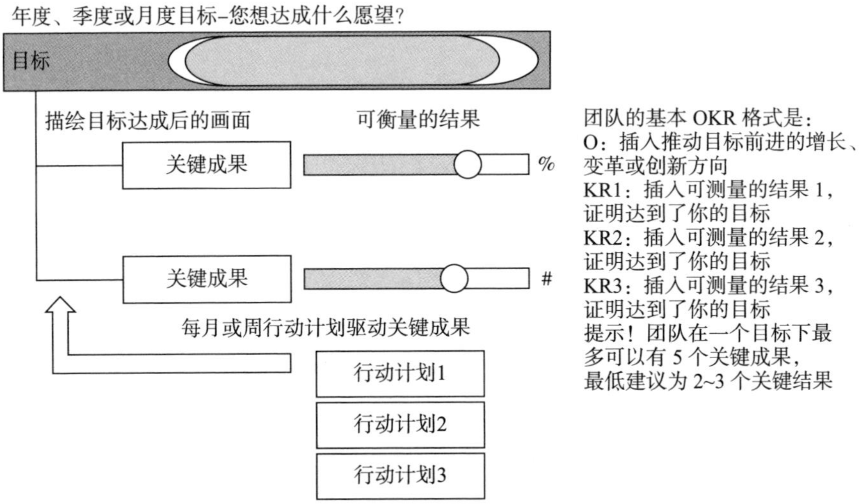

图 16–11　OKR 编写的方法

图 16-11 是 OKR 编写的方法，在推广 OKR 的过程中需要避免以下典型的误区，否则在开始制定 OKR 的时候就会走偏。

（1）OKR 针对的是改善（Improvement），改变以往被动接受指令的目标设定的模式，透过公司与个人目标的相互依存的关系，通过员工自发或者共创的形式制定出鼓舞人心或者有野心的目标，然后上下同心，共同实现目标。

（2）OKR 不是用来考核的，它更关注共创共识、上下协调和沟通，团队的目标实现是第一位的。

（3）OKR 强调突破，采用创新突破的方式发现改进机会，并制定既有挑战性又鼓舞人心的目标，实现后不会作为奖金发放的依据，这样就会出现订立的目标难以突破的情况。

以上是业务型 HR 部门建成后，如何应用新 HR 组织来探寻企业领导力的第二成长曲线。摆正自己的位置，发挥自己的才能，HR 可以通过这些重要且必须由 HR 主导的工作，提高自身的影响力。

老板·创业			
一、经理人			
书名	内容	书名	内容
老总有想法，高层有干法 王清华　著	企业将、帅之间的定位问题、角色问题、方法问题、思维问题、管理问题等	**历史深处的管理智慧1：组织建设与用人之道** 刘文瑞　著	通过历史鉴照当今企业选人用人、二代接班人、创业团队管理等问题
历史深处的管理智慧2：战略决策与经营运作 刘文瑞　著	通过历史鉴照当今企业决策、战略规划、战略冒进、决策监督等问题	**历史深处的管理智慧3：领导修炼与文化素养** 刘文瑞　著	通过历史鉴照当今企业的领导修养、用权、管理风格等问题
老板经理人双赢之道 陈明　著	经理人怎么选平台、怎么开局，老板怎样选/育/用/留		
二、用人			
用好骨干员工 王敏　著	系统化分享关键人才打造与激励方法	**领导这样点燃你的下属** 孟广桥　著	领导者如何才能让员工积极主动地工作
让用人回归简单 宋新宇　著	帮助管理者抓住用人的要害，让用人变得简单	**激活新生代员工** 史量　孙斌　著	走进新生代的世界，一套行之有效的管理、激活90后、95后、00后的方法
三、转型·创业			
创业要过哪些坎 董坤　著	15年创业咨询经验总结的创业遇到的问题及办法	**高潜牛人** 董坤　著	创业和事业发展中如何找到牛人
成为下一个SaaS独角兽 崔牛会　主编	19位SaaS领专家，7个不同的视角总结SaaS行业实践	**创模式：23个行业创新案例** 段传敏　著	CEO社群23位企业家的思考与实践分享
重生——中国企业的战略转型 施炜　著	本书对中国企业战略转型的方向、路径及策略性举措提出了建议和意见	**7个转变，让公司3年胜出** 李蓓　著	企业估值、业务模式、营销、生产制造、客户服务、用户黏性、组织管理7个转变
企业二次创业成功路线图 夏惊鸣　著	五步骤给出了一幅企业二次创业经营突破、管理提升的成功路线图	**跟老板“偷师”学创业** 吴江萍　余晓雷　著	如何通过“偷师”学习与积累当老板的阅历
公司由小到大要过哪些坎 卢强　著	企业成长路线图，现在我在哪儿、未来还要走哪些路都清楚了	**跳出同质思维，从跟随到领先** 郭剑　著	66个精彩案例剖析，帮助老板突破行业长期思维惯性
极速增长：企业扩张策略 董坤　著	以“8shoes扩张法则”为思考框架，帮助处于这个阶段的创业公司及以创业公司形式孵化的变革型项目做出清晰的战略选择		
企业经营			
经营打造你的盈利系统 高可为　著	选择最有效的经营策略，打造属于自己的商业模式	**中国企业的觉醒** 王涛　著	企业告别自私、野蛮，转向善良、爱，才会赢得消费者
成为敏感而体贴的公司 王涛　著	未来有竞争力的企业，一定是那些敏感而体贴的公司	**有意识的思考** 王涛　著	对头脑中固有观念保持觉察，从而超越它们的局限
简单思考 孔祥云　著	著名咨询公司（AMT）CEO创业历程中的经验与思考	**写给企业家的公司与家庭财务规划** 周荣辉　著	以企业的发展周期为主线，介绍各阶段企业与企业主家庭的财务规划

续表

书名	内容	书名	内容
从10亿到100亿的企业顶层设计 刘建兆　著	重新定义企业成长方式，有效益、有效率、有效能、有效果、有品质的良性成长	**企业融资：投资人没告诉你的那些事** 杨军　著	资深投资人揭示融资“潜规则”，让企业有的放矢
宗：一位制造业企业家的思考 刘建兆　著	发展20年营业额近亿元制造业企业家的思考与心得	**使命：驱动企业成长** 高可为　著	用大企业发展轨迹及企业家的心路历程，揭示企业成长的基因、做事的逻辑
让经营回归简单 宋新宇　著	战略、客户、产品、员工、成长、经营者的经营法则	**边干边学做老板** 黄中强　著	86个案例讲述中小公司成长过程中遇到的问题和方法
盈利原本就这么简单 高可为　著	跨越业务与财务边界，为企业提高盈利水平提供方法	**战略参谋：写出管用的战略报告** 蔡春华　著	企业对自己、市场、行业其实了解更深，助你高质量完成战略规划
不战全胜：给企业家读的孙子兵法 王吉坤　杨伟霞　著	从《孙子兵法》提炼和总结了帮助企业打造行业龙头品牌的体系	**公司离不开的全栈运营高手：产品运营与推广获客** 王虎　著	涉及运营案例、思维理论、实操复盘、管理方式、推广策略等，是作者八年运营推广经验的浓缩
公域引流　私域经营：这样经营用户关系 王庆云　汪洋　著	为大中型企业提供私域建设的顶层和全景式框架，探索不同业务特性可能适配的不同私域模式	**平台生态：价值创造与价值获取** 彭毫　罗珉　著	厂商之间的竞争已经从产品转到平台，如何创造新的价值创造和获取模式，是企业最想得到的答案
合伙制经营：有效激励，而不丧失控制权 胡八一　著	重点阐述实施合伙制的流程，通过四步为企业家提供一种有效激励而不丧失控制权的工具和方法	**机制创造人才** 彭剑锋　尚艳玲　著	华夏基石专家团著作，为个体赋能，经营人成就人，进行机制创新和价值管理
管理·管理学			
一、企业管理			
让管理回归简单 宋新宇　著	从目标、组织、决策、授权、人才、老板自己等提供方案	**管理的尺度** 刘文瑞　著	西医式的体检化验，又要施加中医式的望闻问切
管理：以规则驾驭人性 王春强　著	人性驾驭角度权度运筹安排的可兑现性，管理有效性	**看电影，学管理** 刘文瑞　著	十六部电影的解读，揭示电影内含的管理之道
好管理　靠修行 曾伟　著	从佛法、道法思想中寻找管理智慧	**公司大了，怎么管** 金国华　著	成长型企业发展中的共性问题，通过案例实录解开
低效会议怎么改 王玉荣　葛新红　著	从梳理公司会议体系的层面改变低效会议的现状	**年初订计划年尾有结果** 郭晓　著	总结七步落地方案让战略计划切实落地实现
分股合心 段磊　周剑　著	围绕股权激励，详细介绍相关知识和实行方法	**员工心理学超级漫画版** 邢雷　著	以漫画形式对组织中个体心理的全面介绍和深入探讨
让投诉客户满意离开 孟广桥　著	投诉法律法规，应对各种投诉技巧等提升客诉能力	**管理就是定计划，抓落实** 张国祥　著	员工“看了就会、拿来就用”的计划制订操作指南
不读韩非子，怎么当老板 王春强　著	通过集中分析有关人性的内容，引导现代管理者更深理解人性是如何影响企业运行，以及管理者应如何因人性而实施管理	**重新想象组织** 彭剑锋　尚艳玲　著	华夏基石专家团著作，通过组织变革逐步进化，找到成长之道，让企业可持续发展

续表

书名	内容	书名	内容
战略管理有方法 和恒咨询　著	结合中国企业实践总结的一套独创性、实操性的战略方法，100+工具轻松做战略	高管如何为公司创造高增长 彭剑锋　尚艳玲　主编	战略驱动着企业成长，企业又该如何突破增长的瓶颈
供应链管理改善咨询：案例·方法·工具 于晓光　许忠宁　赵玭　著	掌握供应链改善结构化方法，实现准时交付和低运营成本		
二、管理思想			
管理学的奠基者 刘文瑞　著	近代以来的管理思想发展揭示管理思想的演化奥秘	巴纳德组织理论研读 郭威　著	深度研读巴纳德《经理人员的职能》，帮你理解和看懂
管理学在中国 刘文瑞　著	科学看待管理学流入中国，对继承发展进行深入的阐述	德鲁克管理学 张远凤　著	以德鲁克管理思想发展为线展示20世纪管理学的发展
德鲁克与他的论敌们 罗珉　著	德鲁克与马斯洛、戴明等诸多管理大师论战的故事	德鲁克管理思想解读 罗珉　著	全面解构德鲁克思想的精髓与实践价值
治论：中国古代管理思想 张再林　著	深入分析中国古代哲学基本精神的基础上，梳理分析了儒法墨三家的管理思想	流程经理10年案例笔记 王焕东　著	用自身工作和生活中的鲜活案例及思考后的心得呈现不一样的流程管理思想
透过决策看组织 李慧才　著	对西蒙管理行为进行贴近企业的通俗化解析和阐释	为什么高管爱读德鲁克 王鹏　著	辅助深读德鲁克、提升管理认知
营销·销售			
一、企业销售			
大客户销售这样说这样做 陆和平　著	大客户销售活动的十大模块，68个典型销售场景	向高层销售 贺兵一　著	销售人员与客户高层打交道需要重点掌握的知识、技巧
资深大客户经理 叶敦明　著	将大客户经理必须具备的规划、策略、执行三种能力运用自如	成为资深的销售经理 陆和平　著	让销售经理成功把握销售管理的6个关键点，并提供工具
销售是个专业活 陆和平　著	据客户采购流程拆分销售过程十阶段，讲解方法技巧	学话术　卖产品 张小虎　著	手机、电动车、家电、食品等消费品的一线销售话术
工程项目大客户销售攻略 陆和平　著	三十八讲循序渐进，全方位透视工程大项目拿单的奥秘，通俗易懂，看了就能用	大客户销售谈判：获得利润的最快途径 陆和平　著	从不会谈判到成为谈判专家，帮助你在与大客户的谈判中轻松说服对方，实现从一次成交、成本价成交到高价成交、持续成交的转变
二、企业营销			
新营销组织力 迪智成　著	适应最新数字化外部环境，系统化协同组织能力建设	营销按钮 老苗　著	讲述存在于人性及各个营销环节中的“按钮”
精品营销战略 杜建君　著	“精品营销战略”核心逻辑与营销组合策略	360°谈营销 王清华　古怀亮　著	营销是立体的，从不同角度观察不同企业的营销精髓
互联网精准营销 蒋军　著	互联网时代整体策划、包装品牌和产品	招招见销量的营销常识 刘文新　著	做好基本的营销动作都可以提高销量、降低成本

续表

书名	内容	书名	内容
用数字解放营销人 黄润霖　著	用数字说话覆盖营销工作的方方面面	**用营销计划锁定胜局** 黄润霖　著	让营销计划落地，营销人员只需解决两个问题：基数与概率
新营销2.0：从深度分销到立体连接 刘春雄　公方刚 牛恩坤　等著	立体连接打通三度空间，在互联网时代诞生快消品领域的超级巨头	**中国营销战实录** 联纵智达研究院　著	51个案例，46家企业，46万字，18年积淀
弱势品牌如何做营销 李政权　著	产品与物流通道、服务通道、促销互动通路，提供方法	**解决方案营销实战案例** 刘祖轲　著	十大工业品作者实操案例解码解决方案营销
升级你的营销组织 程绍珊　吴越舟　著	根据企业的实际情况建立有机性营销组织	**孙子兵法营销战** 刘文新　著	理解《孙子兵法》原意的同时，还可体悟到营销之用
老板如何管营销 史贤龙　著	十六个招式，理论与案例相结合，高段位营销方法	**渠道管理就这样做** 陆和平　著	渠道规划和设计、渠道成员选择和寻找、渠道谈判和签约、管理渠道日常活动、设计渠道激励政策、解决渠道冲突、渠道的评估和调整
三、品牌			
中国品牌营销十三战法 朱玉童　著	深度演绎最符合企业品牌营销策划的十三套实战战法	**中小企业如何打造区域强势品牌** 吴之　著	从如何建立强势品牌的角度解析扩张难题
小众战略：小资源打造强势品牌 吴修利　著	从品牌观念、市场调研、竞争机会、内部调整等角度，对产品、渠道、传播等核心原则进行了系统梳理	**把品牌建在顾客心里：4步实现品牌IP化** 张学军　著	让品牌自带话题，自主传播
四、营销策划			
这样写文案，就没有卖不动的产品 秦剑　刘安丽　著	术、法、道三个层面由浅至深培养商业文案创作能力	**洞察人性的营销战术** 沈坤　著	介绍了28个匪夷所思的营销怪招，大部分可以直接运用
双剑破局：沈坤营销策划案例集 沈坤　著	双剑公司8年来的实操案例，每个项目诞生过程、策划角度和方法	**社区团购就这么干：供应商•平台•团长•用户** 陈海超　杨顶刚　著	分享最新实践经验，一看就懂，照着就能做
企业案例			
鲁花：一粒花生撬动的粮油帝国 余盛　著	鲁花如何成长为优秀的带动农业产业发展的品牌，鲁花你一定学得会	**金龙鱼背后的粮油帝国** 余盛　著	以金龙鱼为脉的一部中国粮油行业的史诗
你不知道的加多宝 曲宗恺　牛玮娜　著	以时间为轴线，详细叙述了加多宝品牌的发展历程	**静水流深** 黄治国　著	作者在美的十五年对何享健内部讲话资料的整理
娃哈哈区域标杆 罗宏文　快车君 赵晓萌　寇尚伟　著	讲娃哈哈豫北市场如何成为娃哈哈全国第一大市场、全国增量第一的市场	**借力咨询：德邦成长背后的秘密** 官同良　王祥伍　著	德邦将自己积累的与咨询公司发展共赢的合作逻辑和盘托出
六个核桃凭什么从0过100亿 张学军　著	全视角深度解读养元企业的裂变成长，复盘十年蜕变轨迹	**像六个核桃一样** 王超　著	六个核桃为什么卖得这么好，产品畅销的6大要义36条简明法则

续表

书名	内容	书名	内容
中国首家未来超市 IBMG 集团　著	对乐城超市的掌门人及内部员工的采访详细阐释了乐城的经验	**三四线城市超市如何快速成长：解密甘雨亭** IBMG 集团　著	甘雨亭的许多关键经营指标均高于行业标准，学习其成功的方法
集团化企业阿米巴实战案例 初勇钢　著	作者在某酒厂推行阿米巴经营模式的心得		
经销商			
新经销：新零售时代教你做大商 黄润霖　著	探访近 100 位经销商在传统营销手法上的创新，传统营销微创新和新营销本地化	**商用车经销商运营实战** 杜建君　王朝阳 章晓青　著	对商用车经销商的经营与管理、4S 店运营做了全方面的总结
跟行业老手学经销商开发与管理 黄润霖　著	从管理耐用消费品经销商角度提炼了 48 个代表性问题并给出解决办法	**快消品经销商如何快速做大** 黄润霖　著	经销商如何通过经营实现规模，通过管理实现规模效益
建材家居经销商实战 42 章经 王庆云　著	经营管理的心法和战法，帮助经销商成为"业务妙手"和"管理能手"	**成为最赚钱的家具建材经销商** 李治江　著	针对建材家居行业的经销商，从销售模式、产品、门店、市场等方面给出方法
白酒经销商的第一本书 唐江华　著	对经销商如何选择厂家、合作、运营品牌等问题给出建议	**快消品招商的第一本书** 刘雷　著	从招商理论到招商动作进行系列化分解，化繁为简
大商方法：榜样经销商与厂家的合作之道 唐道明　著	洞察厂商合作的核心，为经销商提供可行的方法，手把手教你做大商	**快消品经销商成功密码** 舟谱商学院　著	通过 8 个真实经销商案例，分享快消品经销商成功经验与方法
中小企业			
中小企业如何打造区域强势品牌 吴之　著	从如何建立强势品牌的角度解析扩张难题	**用流程解放管理者** 张国祥　著	8 个板块构成，共 66 篇文章，14 幅流程管理图
用流程解放管理者 2 张国祥　著	对中小企业规范化流程管理进行系统的阐述	**弱势品牌如何做营销** 李政权　著	产品与物流通道、服务通道、促销互动通路提供方法
本土化人力资源管理 8 大思维 周剑　著	用最贴近中国中小企业现实管理情境的案例讲述周围人的"家事"	**中小农业企业品牌战法** 韩旭　著	农业企业需要全产业链视野，更需要品牌实战方法
门店管理			
门店销售冠军复制系统 王吉坤　著	门店型企业如何打造可复制的销售冠军系统	**新零售动作分解与实操：建材·家居·家具** 盛斌子　著	对泛家居行业趋势、店面管理、团队管理、促销推广、五感营销等提供策略
家具建材促销与引流 薛亮　李永锋　著	对泛家居营销执行模式和工具、关键环节等进行汇总	**建材家居门店 6 力爆破** 贾同领　著	产品力、导购力、形象力、推广力、服务力、组织力
家具行业操盘手 王献永　著	总结家具终端门店发展的现状及问题并给出策略	**手把手教你做专业督导** 熊亚柱　著	系统梳理督导的核心技能，岗位职责、工作流程及技能

续表

书名	内容	书名	内容
手把手帮建材家居导购业绩倍增 熊亚柱　著	针对建材家居门店的业务人员，用案例故事还原场景教你成为好导购	**10 步成为最棒的建材家居门店店长** 徐伟泽　著	梳理店长管理的核心工作职责、店面管理规范，帮助销售人员成长
建材家居门店销量提升 贾同领　著	9 个板块讲述建材门店一个单店如何做到经营的良性循环	**总部有多强大，门店就能走多远** IBMG 集团　著	五大方向综合阐述连锁零售企业总部如何提升管理能力
赚不赚钱靠店长，从懂管理到会经营 孙彩军　著	注重专卖店的经营思路拓展、门店管理细节方面能力的提升	**新医改了，药店就要这样开** 尚锋　著	从药店定位的思考，内部和会员管理等方面探讨中小型药店发展方向
电商来了，实体药店如何突围 尚锋　著	新时代药店经营的三驾马车：药学专业服务、会员贴心服务和精准定向促销	**引爆药店成交率 1：店员导购实战** 范月明　著	药店人的零售工作，怎样接待顾客，完善销售技巧
引爆药店成交率 2：药店经营实战 范月明　著	从药店经营角度建立改善门店现状的实用标准	**引爆药店成交率：专业化销售解决方案** 范月明　著	从简单的拿药服务到提供多角度的专业解决方案
口腔门诊盈利倍增：精益口腔 杨伟霞　王吉坤　著	为口腔门诊定制业绩提升管理系统并落地实施		
互联网			
一、互联网转型			
画出公司的互联网进化路线图 李蓓　著	18 个“可以……吗”的问题作为产品、客户和价值方面的指引牌	**7 个转变，让公司 3 年胜出** 李蓓　著	企业估值、业务模式、营销、生产制造、客户服务、用户黏性、组织管理 7 个转变
重生战略移动互联网和大数据时代的转型法则 沈拓　著	四个重生战略对应四个法则，告知传统企业的转型重生之路	**创造增量市场：传统企业互联网转型之道** 刘红明　著	为读者提供了寻找这些互联网的切入点和接触点的具体方法，带来增量市场
互联网+变与不变 本土管理实践与创新论坛　著	61 篇精华文章，聚焦传统行业如何互联网 + 时代转型	**今后这样做品牌** 蒋军　著	顶层设计、营销创新、产品战略、渠道变革、品牌策略
移动互联新玩法 史贤龙　著	立足现实，剖析新时代背景下的移动互联趋势与热点	**互联网时代的成本观** 程翔　著	多维组合成本的互联网精神和大数据特征及应用
正在发生的转型升级实践 本土管理实践与创新论坛　著	100 多位本土管理专家当年对最新一年的思考和实践	**1000 铁杆女粉丝** 张兵武　著	如何让普通女性成为忠实追随的铁杆粉丝，磁力点、情感结、甜蜜区、信任圈
混沌与秩序 Ⅰ：变革时代企业领先之道 彭剑锋　施炜　苗兆光 王祥伍　孙波　夏惊鸣	新环境下企业面临变革应如何应对，企业家如何坚守并与企业共同成长	**混沌与秩序 Ⅱ：变革时代管理新思维** 彭剑锋　施炜　苗兆光 王祥伍　孙波　夏惊鸣	对处于时代变革下的企业管理新机制、人力资源管理新思维，组织与人的新型关系，结合案例提出优化建议
消费升级：实践·研究 本土管理实践与创新论坛　著	从经营、管理、行业三个方面记录消费升级下的实践	**互联网精准营销** 蒋军　著	互联网时代整体策划、包装品牌和产品
智能推荐：让你的业务千人千面 刘国昊　周波　著	从资讯、电商、文娱行业来详细讲解智能推荐的应用，用户时间的争夺战	**制造业外贸营销网站建设** 宋金亮　著	介绍整个网站从无到有的实现过程，从分析思路、撰写内容到规划页面，列举了大量正反面实例，帮助读者理解和投入实践

续表

书名	内容	书名	内容
零售巨头数字化转型操盘笔记 江楠　著	一线操盘运营经理分享传统零售巨头的新零售到家业务全盘操作细节		
二、抖音、微信微商、电商			
书名	内容	书名	内容
抖音营销系统 刘大贺　著	抖音系统的实战营销知识，上百个从0做大的案例	**金牌微商团队长** 罗晓慧　著	微商团队长创业实操的指导工具书
微商生意经：真实再现33个成功案例操作全程 伏泓霖　罗晓慧　著	精心挑选的33个微商成功案例，阐述具体操作过程	**快速见效的企业微信营销方法** 孙巍　著	站在微信生态的立体高度系统讲述企业微信快营销方法论
阿里巴巴实战运营：14招玩转诚信通 聂志新　著	产品定位、阿里巴巴排名因素、数据分析、标题优化等	**阿里巴巴实战运营2：诚信通热卖技巧** 聂志新　著	打开诚信通运营的金钥匙，十大具体运营技巧
三、行业新营销			
餐饮新营销 杨勇　程绍珊　著	聚焦餐饮企业转型，系统的餐饮企业营销管理体系	**新零售进化路径** 李政权　著	预先复盘新零售及商业的未来，找到方向
珠宝黄金新营销 崔德乾　著	珠宝业新营销/新品牌/新产品/新零售/新连接/新场景/新服务/新传播/新管理	**新经销：新零售时代教你做大商** 黄润霖　著	探访近100位经销商在传统营销手法上的创新，传统营销微创新和新营销本地化
新零售动作分解与实操：建材·家居·家具 盛斌子　著	对泛家居行业趋势、店面管理、团队管理、促销推广、五感营销等提供策略	**新营销** 刘春雄　著	让品牌商和渠道商掌握获得独立流量的能力，能够与平台商博弈
快速见效的企业网络营销方法 B2B　大宗 B2C 张进　著	数据和案例90%来自作者服务的中小企业，快速全面地学习企业网络营销方法	**移动互联下的超市升级** 联商网专栏　著	超市未来的发展趋势，对社区超市、生鲜、全渠道建设、O2O等提出观点
百货零售全渠道营销策略 陈继展　著	零售行业的竞争重点、行业本质、战略转型、未来趋势、经验和案例	**互联网时代的银行转型** 韩友诚　著	银行业在互联网金融变革浪潮中所做的积极应对和转型布局
触发需求：互联网新营销样本·水产 何足奇　著	通过鲜誉案例解读阐述水产行业如何进行互联网转型	**新农资如何弯道超车** 刘祖轲　著	从农业产业化、互联网转型、行业营销与经营突破四个方面阐述农资企业转型
新零售　新终端 迪智成　著	将新零售系统打法做梳理并落地在新终端建设上		
医药医疗			
一、药店			
新医改了，药店就要这样开 尚锋　著	从药店定位的思考、内部和会员管理等方面探讨中小型药店发展方向	**电商来了，实体药店如何突围** 尚锋　著	新时代药店经营的三驾马车：药学专业服务、会员贴心服务和精准定向促销
引爆药店成交率1：店员导购实战 范月明　著	药店人的零售工作，怎样接待顾客，完善销售技巧	**引爆药店成交率2：药店经营实战** 范月明　著	从药店经营角度建立改善门店现状的实用标准
引爆药店成交率：专业化销售解决方案 范月明　著	从简单的拿药服务到提供多角度的专业解决方案	**连锁药店新风口：资本　智能　大数据** 动脉网　著	对我国连锁药店的市场环境、行业现状等进行分析，给出对连锁药店未来发展趋势的预判
药店导购关联销售技巧与成交话术 范月明　著	以药店情景案例导入，介绍常见疾病的导购销售话术与顾客心理分析，进而提供关联销售解决方案		

续表

二、药品销售			
书名	内容	书名	内容
医药第三终端：从控销到动销　诊所　基层医疗 王祥君　张芳文　著	用大量案例来梳理药企落地动销的策略、方法和技战术	**医药营销：诊所开发维护与动销** 张江民　著	从六个方面系统阐述基层诊所市场营销攻略
处方药合规推广实战宝典 赵佳震　著	对处方药推广体系搭建、推广人员岗位内容等六个方面进行阐述	**医药代理商经营全指导** 戴文杰　著	从产品选择、价格体系设计、路径管理等维度描述代理商产品操作的基本策略
处方药零售这样做 田军　著	处方药零售的重要性及做市场的具体措施和方法	**OTC 医药代表药店开发与维护** 鄢圣安　著	一位从初级 OTC 医药销售代表成长起来的销售经理的经验分享
OTC 医药代表药店销售 36 计 鄢圣安　著	以《三十六计》为线，阐述 OTC 医药代表向药店销售的技巧与策略	**做医生信赖的医药代表** 邹晓徽　宁剑锋 朱文虎　著	医药代表如何在合规要求下做好药品推广工作的操作工具书
三、药企转型			
药企战略·运营与医药产业重构 杜臣　著	医药产业的深度认知与发展趋势结合，战略思考与经营操作相统一	**医药行业大洗牌与药企创新** 林延君　沈斌　著	围绕创新介绍医药行业，介绍近百家医药企业创新实践案例
医药新营销 史立臣　著	从药企最关心的八个方面阐述制药企业、医药商业企业营销模式转型	**医药企业转型升级战略** 史立臣　著	从商业模式转型、管理转型、定位转型、运营模式转型和跨界转型五方面阐述转型
新医改下的医药营销与团队管理 史立臣　著	立足新医改相关政策的解读，为中小医药企业出谋划策	**在中国，医药营销这样做** 段继东　著	时代方略在医药营销领域思想、方法文章的精选合集
四、新医疗			
成为医疗器械领军者 王强　著	中小医疗器械生产企业和代理商怎样转型	**新型诊所经营与创新** 动脉网　著	对新型诊所从标准化管理、经营方式、团队建设、连锁模式四个方面进行解读
医美新风口：颜值经济下的亿万市场 动脉网　著	详细介绍中国医疗美容行业的发展趋势、现状及医美产业链等	**互联网医院：正在发生的医疗新变革** 动脉网　著	介绍互联网医院的建设与运营、管理，发展模式和市场布局，以及发展规律
快消品			
一、快消案例			
中国快消品营销这些年 史贤龙　著	一本书浓缩快消品营销 15 年的实战历程与前沿思考	**这样打造大单品** 迪智成　著	通过 13 个大案例帮助企业梳理打造大单品的路径
你不知道的加多宝 曲宗恺　牛玮娜　著	以时间为轴线，详细叙述了加多宝品牌的发展历程	**娃哈哈区域标杆** 罗宏文　快车君　赵晓萌 寇尚伟　著	娃哈哈豫北市场如何成为娃哈哈全国第一大市场、全国增量第一的市场
六个核桃凭什么从 0 过 100 亿 张学军　著	全视角深度解读养元企业的裂变成长，复盘十年蜕变轨迹	**像六个核桃一样** 王超　著	六个核桃为什么卖得这么好，产品畅销的 6 大要义 36 条简明法则

续表

书名	内容	书名	内容
5小时读懂快消品营销 陈海超　著	20年快消品市场风云洞察解码，丰富的案例解析		
二、快消品区域经理			
快消品营销团队管理 刘雷　伯建新　著	快消品团队管理相关的20余个工具+20余个案例	**这样打造快消品区域标杆** 罗宏文　牛玉龙　著	分两篇解决如何成功打造标杆市场和进行持续增量管理两大问题
成为优秀的快消品区域经理（升级版） 伯建新　著	作为区域经理的“速成催化器”，升级版增加11篇内容	**快消老手都在这样做：区域经理操盘锦囊** 方刚　著	一线成长起来的资深快消品营销人“压箱底”绝活
快消品营销人的第一本书 刘雷　伯建新　著	针对一线厂家业务员工作中常遇到的问题给予建议	**销售轨迹：一位快消品营销总监的拼搏之路** 秦国伟　著	一个普通营销人的故事，16年背井离乡的职场拼搏之路
快消品营销：一位销售经理的工作心得2 蒋军　著	从市场操作、团队管理、传播推广、营销的具体策略和战略等方面提供方法	**快消品区域/城市经理全渠道管理** 许翔　著	一位在日化巨头一线打拼多年的城市经理操作经验分享
三、快消品动销			
动销：产品是如何畅销起来的 余晓雷　著	从怎么被消费者买走和竞争对手是谁这两个原点解决动销问题	**动销操盘：节奏掌控与社群时代新战法** 朱志明　著	用七个章节阐述关于动销操盘的要诀，节点、节奏、主次、条件匹配性等问题
动销四维：全程辅导与新品上市 高继中　著	从产品、渠道、促销和新品上市四个方面详细讲解提高动销的具体方法	**快消品经销商这样做才赚钱** 张宇　著	从全新的角度，解读经销商的经营困境，并提供可实操的解决方法
快消新产品成功上市 伯建新　著	新产品是什么？新产品该如何去做？新产品要如何销起来，长销而不是昙花一现？本书给你答案		
四、快消品渠道			
深度分销 施炜　著	渠道价值链、模式选择、渠道策略与管理、零售经销商管理、最佳实践、团队建设	**通路精耕操作全解** 周俊　陈小龙　著	对康师傅的制胜法宝通路精耕进行系统的介绍与说明，图表和完善入微的操作方法
酒水饮料快消品餐饮渠道营销手册 朱伟杰　著	对餐饮渠道深入挖掘，建立适合餐饮渠道发展的服务模式和组织保障措施	**快消品经销商如何快速做大** 杨永华　著	经销商如何通过经营实现规模，通过管理实现规模效益
快消品营销与渠道管理 谭长春　著	解决日常涉及的渠道管理、市场、产品等营销事务	**快消品招商的第一本书** 刘雷　著	从招商理论到招商动作进行系列化分解，化繁为简
采纳方法：化解渠道冲突 朱玉童　著	21个最新的渠道冲突案例立体地介绍渠道冲突的现象和方法	**快消品促销管理与方案：规划 技能 工具** 张荣举　著	涵盖促销规划、打法、具体落地执行的细节和终端人员技能及训练，结合线上线下运作，提供全套方法
五、快消品企业战略			
重构：升级你的竞争优势 杨永华　著	用7大思维，帮你的企业提升档位	**变局下的快消品实战策略** 杨永华　著	从5个角度针对快消品企业如何应对行业变局给出答案
新营销 刘春雄　著	让品牌商和渠道商掌握获得独立流量的能力，能够与平台商博弈	**采纳方法：破解本土营销8大难题** 朱玉童　著	破解困扰营销人的八大难题，给出解决方法
白酒营销培训宝典：复制高业绩 刘孝鞅　著	总结白酒营销人员系统运作市场的要点，转化为易学可复制的动作和工具表单	**酒水饮料快消品餐饮渠道营销手册** 朱伟杰　著	对餐饮渠道深入挖掘，建立适合餐饮渠道发展的服务模式和组织保障措施

续表

白酒			
书名	内容	书名	内容
白酒营销的第一本书 唐江华　著	多角度阐释白酒一线市场操作的最新模式和方法	白酒经销商的第一本书 唐江华　著	对经销商如何选择厂家、合作、运营品牌等问题给出建议
白酒到底如何卖 赵海永　著	多角度阐释白酒一线市场操作的最新模式和方法	白酒到底如何卖 2：从市场培育到动销 赵海永　著	系统化、标准化、模式化的促成动销的实战操作方式和方法
变局下的白酒企业重构 杨永华　著	白酒企业重构期的营销战略与实操策略 6 大方法	酒业转型大时代 微酒　著	酒水营销、新闻资讯及行业分析、预测的知识宝典
区域型白酒企业营销必胜法则 朱志明　著	以 36 条法则从战略、营销、推广、产品线、品牌、市场、战术等方面提供方法	10 步成功运作白酒区域市场 朱志明　著	从市场攻守、产品攻略、新品上市、占领渠道、促销等十个层面阐述
白酒营销 1：中小酒企操盘与崛起 徐伟　徐涛　著	深入分析品牌与行业、操作方法，提供营销实操宝典	白酒营销 2：品类创新策略升级 黑格咨询　著	立足行业现状，建立品类创新、营销模式创新路径，提供市场建设方法、营销策略与工具案例
茶·调味品·油·乳业			
营销中国茶：2 小时读懂茶叶营销 史贤龙　著	中国茶营销的“困局”“破局”和“创举”	中国茶叶营销第一书 柏龑　著	纵览中国茶叶市场的全局，并且有针对性地提出问题并阐述解决方法
调味品营销第一书 陈小龙　著	15 年监控中国市场 50 个中外著名调味品品牌市场运作、管理等的经验总结	调味品企业八大必胜法则 张戟　著	提炼了调味品企业八大规律性的关键成功要素
食用油营销的第一本书 余盛　著	从小包装油行业概述到产品的基本知识，从基本执行动作到品牌整体策划等	鲁花：一粒花生撬动的粮油帝国 余盛　著	鲁花如何成长为优秀的带动农业产业发展的品牌
金龙鱼背后的粮油帝国 余盛　著	以金龙鱼为脉的一部中国粮油行业的史诗	乳业营销的第一本书 侯军伟　著	区域型乳品企业如何才能稳健发展
调味品经销商公司化运营 张戟　著	调味品和快消品经销商如何从“个体户”到“公司化”，一步步推进的具体方法		
工业品			
一、工业品销售			
大客户销售这样说这样做 陆和平　著	大客户销售活动的十大模块，68 个典型销售场景	销售是个专业活 陆和平　著	据客户采购流程拆分销售过程十阶段、讲解方法技巧
成为资深的销售经理：B2B 工业品 陆和平　著	让销售经理成功把握销售管理 6 个关键点，并提供工具	一切为了订单：订单驱动下的工业品营销实践 唐道明　著	以订单流程的三个环节为主线讲述工业品营销管理新思路
订单是这样拿到的 郑文洲　著	作者近 10 年销售生涯的回顾，真实销售故事和成功经验分享		
二、工业品营销			
工业品营销管理实务（第 4 版） 李洪道　著	是信任导向工业品营销体系的深化版、工业品营销管理体系优化咨询的升级版	工业品企业如何做品牌 张东利　著	为当下中国制造的品牌化转型提供经过实践证明的理念、方法和体系

续表

书名	内容	书名	内容
工业品市场部实战全指导 杜忠　著	解决职能不清、市场部五大职能如何运作、职业发展路径等具体问题	解决方案营销实战案例 刘祖轲　著	十大工业品作者实操案例解码解决方案营销
资深大客户经理：策略准　执行狠 叶敦明　著	将大客户经理必须具备的规划、策略、执行三种能力运用自如	渠道管理就这样做 陆和平　著	渠道规划和设计、渠道成员选择和寻找、渠道谈判和签约、管理渠道日常活动、设计渠道激励政策、解决渠道冲突、渠道的评估和调整
三、工业品企业			
变局下的工业品企业7大机遇 叶敦明　著	探索工业品企业成长的新机会，7大战略与战术性机会	两化融合管理体系贯标流程与方法 戴勇　著	融合五十多家企业在两化融合贯标过程的经验，总结重点与举措
丁兴良讲工业4.0 丁兴良　著	多角度阐述中国在工业4.0的机遇和挑战		
建材家居			
一、建材家居门店			
家居建材促销与引流 薛亮　李永锋　著	对泛家居营销执行模式和工具、关键环节等进行汇总	新零售动作分解与实操：建材·家居·家具 盛斌子　著	对泛家居行业趋势、店面管理、团队管理、促销推广、五感营销等提供策略
家具行业操盘手 王献永　著	总结家具终端门店发展的现状及问题并给出策略	手把手教你做专业督导 熊亚柱　著	系统梳理督导的核心技能、岗位职责、工作流程及技能
手把手帮建材家居导购业绩倍增 熊亚柱　著	针对建材家居门店的业务人员、案例故事还原场景，教你成为好导购	10步成为最棒的建材家居门店店长 徐伟泽　著	梳理店长管理的核心工作职责、店面管理规范和帮助销售人员成长
建材家居门店销量提升 贾同领　著	9个板块讲述建材一个单店如何做到经营的良性循环	建材家居门店6力爆破 贾同领　著	产品力、导购力、形象力、推广力、服务力、组织力
二、建材家居经销商			
新经销：新零售时代教你做大商 黄润霖　著	探访近100位经销商在传统营销手法上的创新，传统营销微创新和新营销本地化	建材家居经销商42章经 王庆云　著	经营管理的心法和战法，帮助经销商成为“业务妙手”和“管理能手”
成为最赚钱的家具建材经销商 李治江　著	针对建材家居行业的经销商，从销售模式、产品、门店、市场等方面给出方法		
三、建材家居企业			
定制家居黄金十年 韩锋　翁长华　著	对中国定制家居行业20年发展历程进行深度、系统、专业的解读	建材家居营销：除了促销还能做什么 孙嘉晖　著	探索家居建材行业营销的革命，发现行业“营销天花板”的突破口
建材家居营销实务：新环境、新战法 程绍珊　杨鸿贵　著	针对建材家居市场特点提出以客户价值为基础的整体营销价值链	全屋整装　高利润运营手册 翁长华　陈平　著	十大维度解决实际问题，是0到1极具操作性的整装指南
零售·餐饮·服装·影院·美容院			
新零售进化路径 李政权　著	预先复盘新零售及商业的未来，找到方向	新零售　新终端 迪智成　著	梳理新零售系统打法并落地在新终端建设上

续表

书名	内容	书名	内容
移动互联下的超市升级 联商网　著	超市未来的发展趋势，对社区超市、生鲜、全渠道建设、O2O 等提出观点	**百货零售全渠道营销策略** 陈继展　著	零售行业的竞争重点、行业本质、战略转型、未来趋势、经验和案例
超市卖场定价策略与品类管理 IBMG 集团　著	零售企业的市场拓展与商品定位、商品结构与商品陈列、毛利分析与库存分析	**连锁零售企业招聘与培训破解之道** IBMG 集团　著	围绕零售企业组织架构、培训体系建设等内容进行探讨
总部有多强大，门店就能走多元 IBMG 集团　著	五大方向综合阐述连锁零售企业总部如何提升管理能力	**三四线城市超市如何快速成长：解密甘雨亭** IBMG 集团　著	甘雨亭的许多关键经营指标均高于行业标准，学习其成功的方法
中国首家未来超市：解密安徽乐城 IBMG 集团　著	对乐城超市的掌门人及内部员工的采访详细阐释了乐城的经验	**零售：把客流变成购买力** 丁昀　著	通过大量的实际案例对中国零售业态的升级转型之路提出思考
餐饮新营销 杨勇　程绍珊　著	聚焦餐饮企业转型，系统的餐饮企业营销管理体系	**电影院的下一个黄金十年** 李保煜　著	介绍了中国电影产业的运作模式及电影院的开发、设计思路
餐饮企业经营策略第一书 吴坚　著	阐述餐饮企业产品之道、市场之道、顾客之道及盈利之道	**赚不赚钱靠店长，从懂管理到会经营** 孙彩军　著	注重专卖店的经营思路拓展，门店管理细节方面能力提升
时装买手自学通 范敏娜　编著	从流行趋势调研、商品企划、采购渠道、数据管理到店铺销售等时装买手需要具备的能力与操盘技巧	**美容院/养生馆高盈利经营模式** 陈鹏飞　著	5 步实现店铺高盈利方法与策略
零售巨头数字化转型操盘笔记 江楠　著	一线操盘运营经理分享传统零售巨头的新零售到家业务全盘操作细节		
农牧业			
一、农资			
饲料营销有方法 陈石平　著	饲料营销的 7 大核心命题	**农资营销实战全指导** 张博　著	在农资市场行之有效的营销策略和工具
新农资如何弯道超车 刘祖轲　著	农业产业化、互联网转型、行业营销与经营突破		
二、农牧企业			
中国牧场管理实战 黄剑黎　著	对牧场管理标准、管理制度、操作规程做出剖析和指引	**中小农业企业品牌战法** 韩旭　著	农业企业需要全产业链视野，更需要品牌实战方法
变局下的农牧企业 9 大成长策略 彭志雄　著	为农牧企业量身打造了 9 个立足现在、展望未来的成长策略	**农产品营销实战第一书** 胡浪球　著	针对 33 个农产品营销的核心问题提供具体招数
农产品全网营销 吴之　著	帮助全国农业合作社、家庭农场打造农产品品牌		
地产·汽车			
一、地产			
中国城市群房地产投资策略 吕俊博　刘宏　著	挖掘主要城市群的现状特征、发展因子、演化趋势、竞争关系等，给出分析建议	**产业园区/产业地产：规划、招商、实战运营** 阎立忠　著	从认知、规划、招商、运营四方面系统解读产业园区的建设精要和运营技巧
人文商业地产策划 戴欣明　著	“全球化视野（创意）” + “人文 +” 思维	**产业园区/产业地产 2：系统化经营与操盘攻略** 阎立忠　著	全方位系统解析产业园区运营策略

续表

书名	内容	书名	内容
从零开始打造产业园区 刘晓君 著	全流程，系统化，注重细节，多角度教你打造产业园区		
二、汽车			
书名	内容	书名	内容
商用车经销商运营实战 杜建君 著	对商用车经销商的经营与管理、4S 店运营做了全方面的系统总结	汽车配件这样卖 俞士耀 著	适合轮胎、机油、维修、快保、美容、洗车等汽车服务业态销售实操办法
润滑油销售：这样说，这样做更有效 张金荣 著	总结润滑油销售面对三大客户常遇到的 200 余个营销问题解决方法	润滑油品牌营销 张金荣 著	没有说教，只有方法，适合小微企业、代工品牌、经销商、营销人阅读
投资理财·收购资本			
交易心理分析 马克·道格拉斯 【美】 著	一语道破赢家的思考方式，并提供了具体的训练方法	财报背后的投资机会 蒋豹 著	零基础轻松掌握财务报表的相关知识，快速入门
写给企业家的公司与家庭财务规划 周荣辉 著	以企业的发展周期为主线，介绍各阶段企业与企业主家庭的财务规划	分股合心 段磊 周剑 著	围绕股权激励，详细介绍相关知识和实行方法
成功并购 300 问 浩德并购军师联盟 著	系统学习资本运作和企业并购知识的金融工具书	并购名著阅读指南 叶兴平 著	从全球 5000 多本并购图书中精选 200 本并进行评价
避开股权合伙这些坑 苏雯静 著	根据创始合伙人、外部合伙人、内部合伙人等方面的实际案例做归纳和梳理	产业并购操盘手 张军杰 著	15 个案例，11 个范本，38 个图表，拿来即用
科创板 IPO 上市全流程指导 丁先云 刘海旭 著	不仅有各项制度的深入剖析，更有各种问题和解决方案的详细论述，配合案例，轻松操作	市值战略：上市公司市值管理有方法 和恒咨询 著	正确理解，系统规划、全面执行市值战略。从“势道法术力”五个维度思考和设计市值战略
阿米巴			
阿米巴经营的中国模式 李志华 著	基于阿米巴经典理念提出了适合中国本土的员工自主经营的“1532”模型	集团化企业阿米巴实战案例 初勇钢 著	作者在某酒厂推行阿米巴经营模式的心得
中国式阿米巴落地实践之激活组织 胡八一 著	划分原则、裂变与整合、组织管控、重新定位、巴长竞聘和组阁	中国式阿米巴落地实践之从交付到交易 胡八一 著	从 6 个方面阐述经营会计，从交付到交易是成功实施阿米巴的标志
中国式阿米巴落地实践之持续盈利 胡八一 著	企业做成平台、平台做成阿米巴、阿米巴做成合伙制		
人力资源管理			
一、绩效·薪酬			
回归本源看绩效 孙波 著	从目的和概念帮助企业梳理绩效管理与经营的关系	走出薪酬管理误区 全怀周 著	从 7 个常见的薪酬误区入手为企业提供一套系统解决方法
曹子祥教你做绩效管理 曹子祥 著	作者核心授课课程的还原，掌握绩效管理的核心内容	曹子祥教你做激励性薪酬设计 曹子祥 著	作者 28 年咨询经验总结，如何进行科学的薪酬体系设计
把招聘做到极致 远鸣 著	资深招聘经理多年工作心得的提炼	把招聘做到极致 2：灰度招聘全攻略 黄渊明 李佳倩 著	从实战需求出发，兼容并包各种优秀的招聘理论、方法、经验与工具，并进行创新性的应用

续表

书名	内容	书名	内容
二、招聘·面试·培训			
书名	内容	书名	内容
把面试做到极致 孟广桥　著	一套实用的确定岗位招聘标准，提升面试官技能方法	**世界500强资深培训经理人教你做培训管理** 陈锐　著	构建培训体系、培训组织、培训文化、开发培训资源，教你做培训管理
把猎头做到极致 李佳倩　黄渊明　著	帮助猎头顾问从平庸走向优秀	**招聘面试：用提问得到真相** 陈硕　著	十二年资深HR招聘面试经验分享，教你学会如何提问
人才评价中心漫画版 邢雷　著	用漫画形式写成的人才测评专业书籍	**上市公司培训体系搭建** 初忠宝　著	上市公司培训经理分享体系搭建的框架和案例
三、HR高管·劳动法			
经营型HRD 黄渊明　著	总结企业HRD如何支撑企业经营，抓好七件关键事情	**人才供应链：实现高绩效均衡的人才管理模式** 许锋　著	打造人才供应链的四大支柱、十项修炼的完整体系
新任HR高管如何从0到1 新海　著	到互联网创业型企业担任HRVP，从0到1建立较完善的HR体系	**人力资源体系与e－HR信息化建设** 刘书生　陈莹　王美佳　著	6大框架、28个关注点、5大目标、6大优势、166个交付物咨询体系和盘托出
集团化人力资源管理实践 李小勇　著	针对集团型企业人力资源管理的问题提出科学建议	**我的人力资源管理笔记** 张伟　著	第三方咨询视角跳出“技术方法”看人力资源管理
人力资源的5分钟劳动法 李皓楠　著	入职管理、在职管理、离职管理中遇到的劳动法问题及应对	**海外人力资源管理：帮企业成功“走出去”** 黄渊明　著	弥补了中国企业海外人力资源管理实践体系建设的空白，具有开创性意义
从零开始学：胜任力模型建模与应用 林丽萍　著	手把手教你做胜任力建模，并通过大量的企业案例拆解介绍模型在各个方面的落地应用	**上市公司总经理助理工作笔记** 黄娜　著	40个案例，教你从小白助理到资深总助
用好任职资格体系 杨序国　著	以某企业为案例，系统地介绍了企业HR如何通过任职资格体系帮助员工成长	**胜任力模型咨询笔记** 韩文卿　著	吸取和总结了世界500强企业的胜任力模型搭建体系和方法
四、HRBP			
HRBP是这样炼成的之菜鸟起飞 黄渊明　著	作者在初步转型HRBP两年时间里摸索实践的亲身经历与总结	**HRBP是这样炼成的之中级修炼** 黄渊明　著	结合作者亲身从事HRBP的工作经历，总结HRBP的作战故事
HRBP高级修炼 黄渊明　著	故事方式，HRD角度深度呈现运用HRBP的思维、方法		
企业文化			
企业文化落地本土实践 王祥伍　著	华夏基石“知信行”模型描绘企业文化落地路线图	**企业文化的逻辑** 王祥伍　著	从文化起源深刻剖析文化、效率、企业、企业文化联系
企业文化定位·落地一本通 王明胤　著	企业文化理念传播和落地聚焦的17种方法，解读了近100个实战案例	**36个拿来就用的企业文化建设工具** 海融心胜　著	汇集整理了36个通用的企业文化实践工具
企业文化激活沟通 宋杼宸　安琪　著	系统阐述沟通与企业文化的关系，给予企业提升沟通效能的企业文化解决方案	**企业文化建设超级漫画版** 邢雷　著	用漫画形式写成的企业文化建设专业书籍，理论体系和29个具体的操作方法
在组织中绽放自我 朱仁建　著	个人与组织之间的关系，文化对组织化形成的影响	**用企业文化提升经营绩效** 彭剑锋　尚艳玲　主编	企业要想在竞争中利于不败之地，就不能没有能打胜仗的企业文化与领导力
流程管理			
营销·研发·供应链业务架构与流程管理 谭勋晖　著	营销、研发、供应链三大业务流程变革实践经验总结	**打造集成供应链** 王春强　著	第一用力在“集成”上，梳理内外部相关模块及其依赖关系
人人都要懂流程 金国华　余雅丽　著	50幅流程管理漫画，内部对流程价值理念的高度共识	**用流程解放管理者** 张国祥　著	8个板块构成，共66篇文章，14幅流程管理图
用流程解放管理者2 张国祥　著	对中小企业规范化流程管理进行系统的阐述	**跟我们学建流程体系** 陈立云　罗均丽　著	在《跟我们做流程管理》的基础上丰富了标杆实践案例

续表

质量管理			
书名	内容	书名	内容
16949质量管理体系落地与全套文件汇编 谭洪华　著	对IATF16949每个条款讲解采用理解、作用、落地、模板、成功案例模块解析	**ISO9001：2015制造业文件模板全集** 贺红喜　著	五篇内容组成的完整的质量管理体系工具文件
精益质量管理实战工具 贺小林　著	四个方面对精益质量管理进行了全方位介绍和解读，并提供大量的方法工具	**五大质量工具详解及运用案例** 谭洪华　著	APQP、FMEA、MSA、SPC、PPAP五大质量工具的具体运用
IATF16949质量管理体系详解与案例文件汇编 谭洪华　著	针对IATF16949的标准原文做详细解说，同时提供大量的表单案例	**SA8000：2014社会责任体系认证实战** 吕林　著	将SA8000多版本及10多年的体系实战经验汇编成书
ISO9001：2015新版质量管理体系解读与案例文件汇编 谭洪华　著	对ISO9001：2015新版标准理解和运用操作进行详细解读	**ISO14001：2015新版环境管理体系解读与案例文件汇编** 谭洪华　著	ISO14001：2015改版后的差别和操作运用进行详细讲解
我在世界500强做供应商质量管理 宋华　著	分享汽车行业成熟的供应商质量管理体系和方法，都是作者的亲身经历	**ISO45001职业健康安全管理体系落地+全套案例文件** 谭洪华　著	每个条款清晰讲解，内容完全落地，轻松运用
五大质量工具之FMEA（2019第五版）详解及运用落地 谭洪华　著	对2019年6月修订的第五版FMEA标准进行详解，提供落地操作方法和全部案例文件，可直接套用		
精益生产			
一、精益·JIT·IE			
精益思维：超越对手的力量 刘承元　著	以尊重人性的精益思想为切入点，分别从管理者的精益理念、精益思维、精益实践、精益中国制造等方面进行独到的分析	**比日本工厂更高效** 刘承元　著	管理提升无极限+超强经营力+精益改善里的成功实践
计划与物流精益改善之道 于晓光　著	围绕“计划与物流战略咨询的方法论”进行解析，提供方法论和案例	**300张现场图看懂精益5S** 乐涛　著	通过日本丰田、上市企业案例，用300张现场图系统讲解5S管理
3A顾问精益实践1：IE与效率提升 党新民　苏迎斌 蓝旭日　著	系统、全面地介绍IE工厂管理技术，提高效率创造价值	**3A顾问精益实践2：JIT与精益改善** 肖智军　党新民　著	系统、全面地介绍JIT生产方式，并加入实践案例
高员工流失率下的精益生产 余伟辉　著	从三方面论述推行精益管理时如何应对员工流失	**让员工爱上6S管理** 肖智军　著	提供了众多企业的原版资料、案例，还汇集了一些企业骨干的推行感想、感悟及反思
200张图表学精益管理：IE工厂效率提升方法 刘秀堂　著	IE工程师视角，全是一线经验。精益落地的实操方法，大量图表工具让你上手就能做		
二、生产管理			
化工企业工艺安全管理实操 黄娜　著	围绕化工工艺安全14要素来展开分析	**手把手教你做专业生产经理** 黄娜　著	生产经理如何在信息流、物流、资金流三大流中开展工作

续表

书名	内容	书名	内容
欧博心法：好工厂 靠管理 曾伟 著	从管人篇和管事篇帮助读者解决人难管、事难控	**欧博工厂案例1：生产计划管控对话录** 曾伟 曾子豪 著	工厂管理生产计划管控模块的8个全景细节大案例
欧博工厂案例2：品质技术改善对话录 曾伟 曾子豪 著	工厂管理品质、技术、效率管理模块的10个全景细节大案例	**欧博工厂案例3：员工执行力提升对话录** 曾伟 曾子豪 著	工厂管理人员管控模块的5个全景细节大案例
工厂管理实战工具 曾伟 著	中国传统文化指导下的工厂管理工具	**制造业成本倍减42法** 王天江 著	42种经过实际验证有效的成本降低方法，用61个真实案例说明
制造企业上10亿其实并不难 杨小林 著	年产值1亿～10亿元中小制造企业在工厂经营和管理上的业务指导		
三、班组长			
全能型班组：城市能源互联网与电力班组升级 国网天津电力公司 著	从互联网时期的班组转型升级出发，对新型班组组织模式和运行机制进行设想	**国网天津电力全能型班组建设实务** 国网天津电力公司 著	聚焦天津电力公司在探索全能型班组转型升级时的优秀实践
咨询·培训师			
培训师事业长青之道 廖信琳 著	培训师自我管理的“洋葱模型”、十项内容与五个层级	**管理咨询师的第一本书** 熊亚柱 著	深度剖析初级入行咨询师在工作中遇到的问题
资深管理咨询顾问工作心得 张国祥 著	使用手册讲述咨询师如何操作项目、老板如何选择咨询师、企业如何自主落地	**手把手教你做顶尖企业内训师** 熊亚柱 著	从开、控、收、编、制、用的角度去履行培训师的职责
TTT培训师精进三部曲上 廖信林 著	手把手教你“深度改善现场培训效果”的一招一式	**TTT培训师精进三部曲中** 廖信林 著	建构一整套培训课程设计与开发的认知架构和方法体系
TTT培训师精进三部曲下 廖信林 著	通过“沉淀职业功力的六度模型”，帮助培训师在职业技能上持续精进		
产品·研发			
研发体系改进之道 靖爽 陈年根 马鸣明 著	取材数十家企业研发改进的咨询实践，提炼一套实操的改进步骤与工具	**新产品开发管理，就用IPD（升级版）** 郭富才 著	把产品经营的思想凝结在新产品开发管理机制中，升级版更丰富
产品开发管理：方法·流程·工具 任彭枞 著	结合超过300家企业的实际研发管理方法，总结问题和方法，大量表格	**资深项目经理这样做新产品开发管理** 秦海林 著	采用过程管理方法，对新产品开发的四大过程进行分析，主要针对小电器产品
产品炼金术Ⅰ：如何打造畅销产品 史贤龙 著	打造畅销产品的四个方法	**产品炼金术Ⅱ：如何用产品驱动企业成长** 史贤龙 著	从经营者视角重新认识产品，快速诊断产品现状
快消品产品开发方法：打造快消爆品 张荣举 著	提供整套实战性的思维、方法、技能和工具，直接带有表格及公式，一看就能上手		